경제·금융질서와 사회적 조화

김상규 지음

저자 김상규

한국경제교육학회 회장, KDI 경제모니터전문가위원, 교과용도서 검정심의회 심의위원장(고등학교 통합사회), 중등임용고시 출제위원, 관세직시험 출제위원, 교과용도서 검정위원, 국정도서 심의위원, 고용노동부 지역일자리 컨설팅위원 등을 맡아왔으며, 현재 대구교육대학교 사회교육과 교수(경제학 박사), 수필가로 활동하고 있다. 다년간 텔레비전(KBS, MBC, EBS, TBC) 및 라디오(KBS, SBS, CBS, 국립국악원, 서울·대구교통 방송)에 출연하여 〈책, 내게로 오다!〉, 〈속담으로 풀어 본 생활경제〉, 〈우리 아이 경제교육 어떻게 하면 좋을까?〉 등의 주제로 방송을 해왔다.

지은 책으로는 『속담 먹고 경제 잡고』, 『민요와 경제학의 만남』(한국연구재단 인문저술지원도서), 『공자와 묵자로 만나는 군자의 경제』(한국출판진흥원 2017년 우수출판선정작), 『캥거루족, 주머니에서 탈출』(한국출판진흥원 2016년 우수출판선정작), 『왜 세상에는 가난한 사람과 부자가 있을까요』, 『생각학교 초등경제교과서, 1~5권 : 중국어 번역출간』 등이 있고, 주요 논문으로는 「시대별 동요로 살펴본 사회경제적 함의」, 「사마천 경제사상의 경제교육적 함의」, 「박제가의 '우물론'과 절약의 역설」, 「패러다임의 변화와 퓨전형 경제교육」, 「계절 관련 속담을 통한 경제교육 활용방안」 등이 있다.

경제·금융질서와 사회적 조화

초판인쇄	2019년 9월 1일
초판발행	2019년 9월 1일
저　자	김상규
펴낸곳	지오북스
주　소	서울 중구 퇴계로 213 일흥빌딩 408호
등　록	2016년 3월 7일 제395-2016-000014호
전　화	02)381-0706 ㅣ 팩스 02)371-0706
이메일	emotion-books@naver.com
홈페이지	www.geobooks.co.kr

ISBN 979-11-87541-62-2
값 15,000 원

이 도서의 국립중앙도서관 출판예정도서목록(CIP)은 서지정보유통지원시스템 홈페이지(http://seoji.nl.go.kr)와 국가자료공동목록시스템(http://www.nl.go.kr/kolisnet)에서 이용하실 수 있습니다. (CIP제어번호 : CIP2019032122)

이 책은 저작권법으로 보호받는 저작물입니다.
이 책의 내용을 전부 또는 일부를 무단으로 전재하거나 복제할 수 없습니다.
파본이나 잘못된 책은 바꿔드립니다.

••• PREFACE •••

　오늘날 세계는 대외적으로는 미국과 중국의 치열한 무역전쟁, 유럽의 재정위기, 영국의 브렉시트(Brexit), 지진, 제4차 산업혁명, 대내적으로는 저출산, 고령화, 저성장, 고실업, 양극화의 심화, 북핵위기 등 불확실성(uncertainty)의 시대로 전개되고 있다. 이러한 무한경쟁·무국경의 지구촌 시대에 어떻게 살아가는 것이 좋을까? 무엇을 어떻게 준비해야 할까? 경제질서란 무엇이며 그 사상적 연원은 어디에서 비롯됐을까? 포퓰리즘의 출현과 이에 대한 대응은 어떠해야 할까? 본서는 이들에 대해 각 장에서 올바른 경제적 마인드와 능동적인 대처 방안들을 제시하려고 한다.

　먼저 경제·금융질서편에서는 사회과학으로서의 경제학, 경제학의 발달과정, 경제체제와 이념의 변화, 경제질서의 의의, 금융질서와 조절정책 등을 집중·탐색한다. 이와 관련하여 제1장에서는 경제학적 시각, 경제학의 내용과 구분, 경제학의 과학적 성격, 경제문제와 해결과제 등 사회과학으로서의 경제학을 살펴본다. 제2장에서는 경제학의 생성배경, 고전학파, 사회주의학파, 역사학파, 한계효용학파, 스웨덴학파와 빈학파, 신고전학파, 케인즈혁명과 케인지언, 시카고학파, 합리적 기대가설과 공급중시경제학 등 경제학의 발달과정과 그 내용을 살펴본다. 제3장에서는 경제체제의 생성배경, 경제체제의 내용, 경제이념의 변화, 자본주의 1.0, 자본주의 2.0, 자본주의 3.0, 자본주의 4.0, 따뜻한 자본주의, 창조적 자본주의 등 경제체제와 이념의 변화를 살펴본다. 제4장에서는 경제질서란 무엇이고, 경제질서와 사회제도와의 관계, 수요공급에 의한 가격결정, 합리적 소비, 합리적 생산 등 경제질서에 대해 살펴본다. 제5장에서는 인체에서의 피와 경제에서의 돈의 관계, 돈의 의미와 기능, 금융정책수단, 물가와 인플레이션 등 금융질서와 조절 정책에 대해 살펴본다.

다음으로 사회적 조화편에서는 효율과 형평의 조화, 인적자본투자와 경제사회발전, 생활의 질의 개선과 편익의 재분배, 시장의 실패와 조절 정책, 정부의 실패와 조절 정책, 사회적 기업과 조화, 사회적 시장경제와 조절 정책 등을 집중·탐색한다. 이와 관련하여 제1장에서는 효율과 형평의 양립가능성, 시장질서와 분배, 분배제도, 분배와 재분배 정책 등 효율과 형평의 조화에 대해 살펴본다. 제2장에서는 인적자본투자의 중요성, 이론적 배경, 경제적 효과, 인적자본투자와 형평분배, 경쟁력 강화 등 인적자본투자와 경제사회발전에 대해 살펴본다. 제3장에서는 양의 시대에서 질의 시대로 변화됨에 따라 생활의 질에 대한 공적 관여와 필요성, 재정의 운영을 통한 재분배 개선, 생활의 질의 향상을 위한 공적관여와 재분배 개선 등 생활의 질의 개선과 편익의 재분배에 대해 살펴본다. 제4장에서는 애덤 스미스의 꿈인 '보이지 않는 손(invisible hand)'의 경제가 왜 사라지게 되었는지, 시장실패의 원인인 독과점기업의 존재, 공공재, 외부경제와 외부불경제, 도덕적 해이 등 시장의 실패와 조절 정책에 대해 살펴본다. 제5장에서는 현대경제와 정부의 역할, 불완전한 지식과 정보, 정부규제, 주인-대리인 문제(principal-agent problem) 등 정부실패의 원인과 대책에 대해 살펴본다. 제6장에서는 양극화의 심화 시대에 취약계층에게 사회서비스 또는 일자리를 제공하거나 지역주민의 삶의 질을 높이는 등의 사회적 목적을 추구하면서 재화 및 서비스의 생산·판매 등 영업활동을 수행하여 이익을 추구하는 방안인 사회적 기업에 대해서 알아본다. 사회적 기업은 기업 본연의 수익성을 추구하면서 동시에 공공성을 창출함으로써 양극화에 대한 묘약이라고 할 수 있다. 방글라데시의 마이크로 크레딧, 유럽, 미국, 일본 등 사회적 기업의 성공 사례, 발전 방안 등을 살펴본다. 제7장에서는 사회적 시장경제의 생성배경, 사회적 시장경제의 의미와 원리, 구체적인 정책들, 국가의 역할, 사회적 시장경제의 정책적 함의 등에 대해 살펴본다.

  이 책이 나오기까지 많은 분들의 노고가 있었다. 본 원고를 기꺼이 책으로 발간해주신 지오북스 김남우 사장님, 교정 및 편집과정에서 노력을 아끼지 않으신 김명희 선생님 그 외 모든 분들께 진심으로 감사를 드린다.

2019년 8월
저자 김상규

CONTENTS

제1부 경제·금융질서편

1장 사회과학으로서의 경제학   10
- 경제학적 시각 ································· 10
- 경제와 경제학 ································· 12
- 경제학의 과학적 성격 ······················· 16
- 경제문제와 해결과제 ························ 19

2장 경제학의 발달 과정   23
- 경제학의 생성배경 ··························· 23
- 고전학파 경제학 ······························ 25
- 사회주의학파 경제학 ······················· 26
- 역사학파 경제학 ······························ 28
- 근대경제학 ······································ 29

3장 경제체제와 이념의 변화   38
- 경제체제의 생성 배경 ······················ 38
- 경제체제의 내용 ······························ 39
- 경제이념의 변화 ······························ 46
- 따뜻한 자본주의 ······························ 56

4장 경제질서의 의의   60

- 경제질서의 뜻 ·· 60
- 경제질서와 사회제도 ·· 63
- 수요공급에 의한 가격결정 ··· 65
- 합리적 소비에 대한 탐색 ··· 72
- 합리적 생산에 대한 탐색 ··· 79

5장 금융질서와 조절 정책   87

- 돈의 의미와 기능 ··· 87
- 금융정책수단 ··· 92
- 이자율의 결정 ··· 98
- 물가와 인플레이션 ·· 102

제2부 사회적 조화편

1장 효율과 형평의 조화   114

- 효율과 형평의 양립가능성 탐색 ··································· 114
- 시장질서와 분배 ··· 115
- 분배의 제도적 모색 ·· 122
- 분배와 재분배정책을 통한 양립가능성 모색 ··············· 136
- 운영의 묘 ·· 149

2장　인적자본투자와 경제사회발전　151

- 인적자본투자의 중요성 ……………………………… **151**
- 인적자본투자의 이론적 배경 ………………………… **153**
- 인적자본투자의 경제적 효과 ………………………… **164**
- 인적자본투자와 형평분배 …………………………… **169**
- 인적자본투자에 의한 경쟁력 강화 …………………… **182**

3장　생활의 질의 개선과 편익의 재분배　185

- 생활의 질에 대한 공적관여의 필요성 ……………… **185**
- 재정의 운용에 의한 재분배 개선 …………………… **187**
- 생활의 질의 향상을 위한 공적관여 ………………… **199**
- 생활의 질의 공적관여와 경쟁력 강화 ……………… **203**

4장　시장의 실패와 조절 정책　211

- 사라진 애덤 스미스의 꿈 ……………………………… **211**
- 시장실패의 뜻 ………………………………………… **214**
- 시장실패의 원인과 대책 ……………………………… **215**

5장　정부의 실패와 조절 정책　229

- 현대 경제와 정부의 역할 ……………………………… **229**
- 정부실패의 뜻 ………………………………………… **234**
- 정부실패의 원인과 대책 ……………………………… **235**

6장　사회적 기업과 조화　240

- 사회적 기업의 필요성 ………………………………… **240**
- 사회적 기업의 의의 …………………………………… **243**

· 사회적 기업의 성공 사례 ·················· 249
· 발전 방안 ······································ 265

7장 사회적 시장경제와 조절 정책   269

· 사회적 시장경제의 생성배경 ·············· 269
· 사회적 시장경제의 의미 ···················· 270
· 사회적 시장경제의 원리 ···················· 273
· 사회적 시장경제의 구체적인 정책 ········ 276
· 사회적 시장경제에 있어서 국가의 역할 ··· 278
· 사회적 시장경제의 정책적 함의 ··········· 280

➜ 참고문헌 ·· 283
➜ 색인 ·· 293

제 1 부

경제 · 금융질서편

1장

사회과학으로서의 경제학

· 경제학적 시각

우리는 사회과학 각각의 영역 안에서 인간의 행동을 다양한 시각으로 조명해 볼 수 있다. 역사학자, 사회학자, 정치학자는 각각 다른 태도를 가지고 세계의 기아, 빈곤에 관련된 문제들을 바라본다. 각각의 사회과학은 인간의 드라마를 파악할 수 있는 렌즈를 제공해 주며, 우리는 경제학을 통하여 인간행동을 특정한 시각으로 볼 수 있다. 경제학에서는 대상으로 되는 인간이 사물을 배우는 능력을 가지고 있고, 학습의 결과로 행동을 바꿀 런지도 모른다고 하는 더욱 곤란한 사정이 있다. 이를테면 주가(株價)가 5일 동안 계속 오르다가 6일째부터 떨어진다는 예측이 행해졌다고 한다면, 바로 그 5일째에는 매도(賣渡)가 쇄도하여 그날 중으로 값이 떨어져버리고 당초의 예측은 잘못된 것이 된다. 이와 같은 일정이 사전에 알려져 버린다면 그것이 예측 그 자체를 무너뜨리는 행동을 야기하는 것이다. 뿐만 아니라 관찰대상이 인간이고 더구나 관찰하는 과학자 자신도 인간이기 때문에 경제학에 자연과학적 방법을 적용하는 것, 특히 양적 계측이나 수학적 방법을 적용하는 것이 유효하지 않다는 의견도 있다. 어떤 의미에서는 관람하는 관객도 연기하는 배우도 모두 인간이기 때문에 사회과학자에게는 자연과학자들이 가지지 못하는 강점이 있다고 할 수 있다. 그와 같이 생각하는 오스트리아학파의 학자들에 의하여 지지되는 견해는 내성(內省: introspection)의 방법으로서 자기의 마음으로 다른 사람의 마음을 추측하는 감정이입 방법의 장점을 거론하고 있다.

　경제학도들에게 있어서 간과해서는 안 될 중요한 문제는 끊임없이 사실을 추구해 가지 않으면 안 되며, 또 단순한 사실만으로 만족해서도 안 된다는 것이다. 현대의 세계에서는 여러 가지 일들이 상당한 정도로 경제학의 성과나 경제학자들의 견해에 의하여 방향지워지고 있다. 사실 일상생활 속에서 단기적으로 보면 정치가 경제를 지배하는 것처럼 보이지만 장기적 관점에서 보면 경제가 정치를 지배하고 있는 것이다. 실업·인플레이션·경제성장·빈곤·무역마찰·환율·노사관계·해외원조·에너지자원·환경오염 등 어느 하나를 놓고 보더라도 정치적 지도자는 어떠한 조리있는 사고나 조언, 정책적 처방 등을 경제학자에게 의지하지 않고는 일을 할 수 없는 상황에 와 있다. 국민 한 사람 한 사람은 선거민으로서 이러한 문제들과 씨름할 위정자를 선출하는 입장에 있고, 그와 같은 경로를 통하여 간접적이지만 중요한 정책상의 의사결정을 좌우할 수가 있다. 여기에서 의사결정에 대한 판단재료로서 경제문제에 관한 다소의 기본적 소양과 전문적 지식은 대단히 중요하다.

　사회과학으로서의 경제학은 그것이 기본적으로 의도하는 바는 어디까지나 사회전체 규모에서의 경제문제의 해명과 개선이므로, 그 속에 나타나게 되는 여러 가지 문제는 기업의 장부나 개인의 은행통장의 입장에서가 아니라 오로지 총합체로서의 사회전체의 입장에서 조망(眺望)되고 평가되지 않으면 안 된다. 결국「왜 경제학을 배우는가?」라는 물음에 대한 가장 훌륭한 대답은 금세기 최대의 경제학자의 한 사람인 케인즈(J. M. Keynes)가 그의 주저(主著)에 남긴 다음의 문장에 함축되어 있다.

　「경제학자와 정치철학자들의 사상은 그것이 옳을 때에나 틀릴 때에나 일반적으로 생각되고 있는 것보다는 더 강력하다. 사실 세계를 지배하는 것은 이 밖에 별로 없는 것이다. 어떤 지적인 영향으로부터도 완전히 해방되어 있다고 믿고 있는 실무가들도 이미 고인이 된 경제학자의 노예인 것이 상례이다. 허공에서 소리를 듣는다는 권좌에 앉은 미치광이들도 그들의 미친 생각을 수년전의 어떤 학구적인 잡문으로부터 빼내고 있는 것이다.」[1]

· 경제와 경제학

　경제라는 어원은 그리이스어의 oikos(가계: 家計)와 nomos(관리: 管理)의 결합어인 oikosomos이고, 독일어의 wirt(가장: 家長)와 schaft(직

---

1) J. M. Keynes, *The general theory of employment, interest and money*, (London : Macmillan and company limited), 1936, p. 383.

분: 職分)의 결합어인 wirtschaft이며, 중국어의 경세(經世)와 제민(濟民)의 결합어인 경세제민(經世濟民)이다. 이상을 종합해 볼 때 '경제'란 세상을 잘 다스리고 백성을 슬기롭게 구제해야 된다는 인재의 활동이라고 할 수 있다. 이 경우 인간은 최소의 비용으로 최대의 효과를 얻으려고 하는 합리적인 행동인 경제원칙을 추구하게 된다. 그리하여 인간의 경제원칙에 입각한 경제행위가 계속적·규칙적으로 이루어져 일정한 사회질서가 형성된다.

일찍이 애덤 스미스는 『국부론, 1776』이라는 저서를 펴냄으로써 경제학의 아버지라 불리게 됨은 물론 경제학을 독립한 사회과학으로 출발시킨 계기를 마련하였다. 그는 이 책에서 경제학을 여러 나라 국민의 부(富)에 관해서 연구하는 학문, 즉 부의 생산·교환·분배·소비에 관해서 연구하는 학문이라고 정의하였다. 알프레드 마셜은 경제학(economics)이란 「일상생활을 영위하고 있는 인간에 관한 연구로서, 개인적 사회적 차원에서 복지에 대한 요구를 해결하기 위해 재화를 사용하여 가장 밀접하게 그 목적을 달성하도록 탐구하는 학문」[2]이라고 규정하였다.

부는 국가적·사회적인 차원에서 논의할 수도 있고 개인적인 차원에서 논의할 수도 있다. 또 부는 생산 활동을 통한 소득의 수취와 처분을 통하여 그 규모가 변한다. 따라서 오늘날은 부보다는 생산이나 소득이 일차적인 관심의 대상이므로 재화와 서비스를 생산하는 데에는 희소한 자원을 효율적으로 사용하지 않으면 안 된다.

---

[2] Alfred Marshall, *Principle of Economics*, London: Macmillan & Co Ltd, 1890, p. 1.

이상을 종합해 볼 때 경제학은 개인이나 사회가 여러 가지 용도를 가지는 희소한 자원을 선택적으로 사용하여 다양한 재화와 서비스를 생산·교환·분배·소비하는 과정에서 발생하는 여러 가지 경제현상의 법칙과 질서를 체계적으로 연구하며, 자원배분의 효율성과 비효율성을 분석하고, 나아가서 경제의 양적·질적 발전을 통한 인간의 복지향상을 가져올 여러 가지 방안을 연구하는 학문이라고 할 수 있다. 이러한 경제학은 연구대상에 따라 미시경제학과 거시경제학으로 구분한다.

미시경제학(microeconomics)은 국민경제 있어서 개인이나 기업이 어떤 동기로 어떤 법칙에 의하여 의사결정을 하며 그 활동의 결과로 여러 가지 재화·용역·생산요소의 가격 및 공급량이 어떻게 결정되는가의 문제를 연구대상으로 하는 학문이다. 다시 말하면 어떤 기업일지라도 신제품을 출하하거나 새로운 사업을 시작할 때는 소비자나 사용자에게 대대적인 시장조사를 실시하게 되며, 그 결과를 기초로 가격을 결정하거나 생산량을 결정한다. 또한 이미 판매된 상품에 대해서도 가격·만족도 등에 소비자의 판단을 기준으로 어느 상품이 얼마만큼 팔렸는가를 조사한다. 이와 같이 자본주의 경제를 다루는 미시경제학에서는 경제행위의 상호작용이 시장에서 나타난다. 시장에서의 상호작용은 시장가격을 둘러싸고 이루어지며, 가계의 소비와 기업의 생산이 이루어지는 시장에서 가계와 기업의 상호작용이 가격을 결정하고, 거꾸로 가격은 개별 경제주체들의 상호작용에 영향을 미친다. 따라서 미시경제학에서는 시장에서의 가격결정원리가 중요하며 이와 같은 맥락에서 이를 전통적으로 가격론(price theory)이라고도 부른다. 여기에서의 분석의 초점은 자원의 완전고용을 가정하여 여러 가지 상대가격의 결정문제와 희소자원을 여러 용도에 분배하는 문제이다. 본서의 경제질서에서 다루어지는 주된 내용은 미시경제학에 관한 내용이 초점을 이룬다.

거시경제학(macroeconomics)은 어떤 개개의 재화·용역·생산요소의 수요공급 및 가격결정에 관심을 가지는 것이 아니라 국민경제 전체의 견지에서 볼 때 국민소득·고용·물가·통화량·국제수지·경제성장 등이 어떻게 결정되며 국민소득 중에서 얼마만큼의 부분이 소비되고 저축되는가, 또 투자는 무엇에 의하여 결정되는가 등의 문제를 연구대상으로 하는 학문이다. '미시경제학'이 소비자의 생활에 직접적으로 밀착되어 있는 것이라면 '거시경제학'은 국가가 재정정책이나 금융정책을 시행할 때에 중요한 판단기준이 되는 것으로, 이와 같이 결정된 정책은 국민에게 커다란 영향을 미치게 된다. 케인즈의 『고용, 이자 및 화폐의 일반이론, 1936』의 사고방식은 국가가 경제활동에 관여하는 것을 전제로 자본주의의 기본은 자유경쟁에 제한을 가하고 있는데, 이점이 바로 제1차 세계대전이 끝난 뒤 세계공황에 허덕이던 선진 국가들이 경제에 대한 국가의 관여를 필요한 범위 내에서 인정한 '수정자본주의'의 핵심적 내용을 이룬다. 거시경제학에서의 분석의 초점은 국민경제전체의 총량개념(aggregate concepts)이며, 마셜(A. Marshall의 「숲의 이론」이나 논리학에서의 「구성의 오류」등은 이를 잘 지적해 주고 있다.

· 경제학의 과학적 성격

인간의 삶으로서의 사회현상을 대상으로 할 경우 자연과학과 같은 의미에서 과학적 인식이 과연 이루어질 수 있는 것일까? 만일 이루어진다고 한다면 어떠한 의미에서 그러한가?

자연현상을 대상으로 하는 과학적 인식, 즉 자연과학의 성립에 대해서 근본적인 의문을 품을 사람은 그리 많지 않을 것이다. 그러나 문제가 다름 아닌 인간의 삶인 사회현상을 대상으로 할 경우 자연과학에서와 같이 엄밀한 의미로서의 과학적 인식, 다시 말하면 사회과학이라고 할 수 있는 학문이 과연 성립할 수 있는가 없는가에 이르게 되면 문제는 훨씬 복잡해진다. 따라서 자연과학의 경우에는 볼 수 없는 어려운 문제에 부딪치지 않을 수 없게 된다.

경제학은 사회과학이라고 말했을 때 우리는 사회라고 하는 형용사에 강조점을 두었지만 과학이라고 하는 점에도 주의를 기울일 필요가 있다. 경제학은 우선 사물을 있는 그대로의 모습으로 관찰하는 것을 존중하고 가능한 한 반증가능한 여러 가지 관계 위에서 세워져야 하는 것이다. 어떤 정당에 하나의 경제학이 있고 다른 정당에는 또 다른 경제학이 있다고 하는 것과 같은 일이 있어서는 안된다. 그것은 어떤 나라의 사람에게 들어맞는 물리학이 다른 나라의 사람에게는 들어맞지 않는다고 하는 것과 같은 것이다. 오늘날의 경제학은 혼미한 상태에 있다고 말하고들 있으나 그래도 역시 기초적인 원리에 관한 한 경제학자는 세상 사람들이 생각하는 것보다도 훨씬 비슷한 생각을 가지고 있는 것이다. 물론 그렇다고 해서 그들의 견해가 경제의 예측이나 정책의 분야에서 항상 일치하는 것은 아니다. 아마도 이와 같은 불일치는 그 대부분이 다음과 같은 두 가지의 이유에서 생길 것이다.

그 하나는, 모든 경제모델이 그 모델 밖에 있는 요인에 의하여 좌우된다는 것이다. 모델내부의 요인을 정확하게 예측하기 위해서는 외부요인의 동향도 또한 정확하게 예측하지 않으면 안 된다. 그런데 모델은 과거의 자료에 들어맞게 만들어지기 때문에 과거의 경험을 잘 설명할 수는 있지만, 장래의 외적인 요인의 동향은 모르고 있다. 따라서 그것들에 관하여 경제학자가 각각 다른 전망을 세우게 된다면 도출되는 결론도 또한 다른 것이 되지 않을 수 없다.

또 하나의 이유는, 공공정책을 제안하는 데는 반드시 입안자의 가치판단이 들어가게 된다는 것이다. 그러한 가치판단은 이론의 기술적인 부분과는 아무런 관계도 없지만 대개는 그것이 정책적 주장의 차이의 핵심을 이루고 있다. 어떤 경제학자는 어떻게 해서라도 완전고용을 달성해야 한다고 주장할는지 모르지만 다른 경제학자는 물가안정 쪽이 중요하다고 버틸는지도 모른다. 실업을 감소시켜야 하는가? 그렇지 않고 인플레이션을 억제해야 하는가? 설사 그들이 각각의 기술적 결과와 이해득실의 분석에는 완전히 동의하고 있다고 하더라도 목표설정의 우선순위에 대해서는 의견이 일치한다고 할 수 없는 것이다.

이와 같은 목표의 옳고 그름에 관계되는 가치판단은 과학 그 자체만에 의해서 해결될 수 있는 문제는 아니고, 궁극적으로는 정부나 국민의 집단에 의하여 정치적으로 결정될 수밖에 없을 것이다. 전문가로서의 경제학자가 할 수 있는 것은 기껏해야 그러한 정책들이 실현될 수 있는 선택의 범위를 제시하는 것, 그리고 그 차림표의 각각의 처방에 수반되는 진정한 비용을 밝히는 것이다.

그러나 이러한 사실로부터 경제학의 과학성에 관하여 100퍼센트의 회의론을 주창한다면, 그것은 분명히 지나친 일일 것이다. 과학에는 그 나름의 연구절차의 준칙이 있고, 경제학의 경우도 그러한 대다수의 준칙은 비젼 속에서 이데올로기적 편견을 물리치는 데 이바지하여 오고 있다. 편견에 방해받지 않는 완전한 과학적 의식 상태는 달성할 수 없는 유토피아라고 하더라도, 그러한 과학적 방법 자체가 무의미한 것으로 되지는 않는다. 경제학의 거성 슘페터(J. A. Schumpeter)는 그의 저서 『경제분석의 역사』에서 경제학의 과학성에 대하여 다음과 같이 요약하고 있다.

「다른 사회과학에서는 더욱 그러하지만 경제학의 경우에는, 항상 개인적인 경험이나 인상에 관련되는 사물의 외연권이 있고, 그것으로부터 이데올로기나 그로 인한 의식적인 기만을 완전하게 구속하는 것은 실제로 거의 불가능하다는 점에서, 엄밀하게 입증가능한 영역은 한정되고 있다. 그러므로 우리의 논의로부터 얻을 수 있는 위안도 결코 완전한 것은 아니지만, 그러나 그렇다고 하더라도, 이데올로기적으로 오염된 명제의 범위를 좁힌다는 의미에서, 이러한 생각은 대부분의 경우에 유용하다.」[3]

· **경제문제와 해결과제**

모든 사회가 직면하는 경제학의 기본문제는 그 사회의 필요를 충족시키고 그 사회를 계속 유지시키기 위해 한정된 자원을 어떻게 가장 잘 사용할 것인가 이다. 즉 어떤 재화와 용역을 얼마만큼 생산해야 하는가? 어떻게 생산할 것인가? 누구를 위하여 생산할 것인가?

이러한 경제학은 사람들이 다음과 같이 행동하는 것으로 가정한다.
(1) 소비자는 효용(물건 소비에서 오는 만족감 등)을 극대화하려고 한다.
(2) 생산자는 이윤을 극대화하려고 한다.
(3) 공무원은 자신의 승진이나 소속부서의 권한(소관부처의 기구나 인원, 예산 등을 포함)을 극대화하려고 한다.
(4) 정치가는 인기, 집권의 가능성 및 선거에서의 득표율을 극대화하려고 한다.
(5) 외국인들은 철저하게 자기들의 국익을 극대화 하려고 한다.

인간은 본성이 이기적이고 이기심을 극대화하려고 한다. 그러므로 그 본성이 잘못 발동되면 독재자가 등장하여 나라가 불안하게 되고 독점 재벌이 탄생하여 국가의 경쟁력이 저하된다. 그러나 이를 자유경쟁 등으로 잘만 유도하면 국가사회는 반대로 아주 활력있고 경쟁력이 강화될 수도 있다. 한국의 어떤 사회학자는 「한국인은 극단적인

---

3) J. A. Schumpeter, *History of Economic Analysis*, London School of Economics and Political Science, 1954, p. 43.

이기주의자이며 자신의 이해관계가 걸렸을 때는 수단과 방법을 가리지 않는다」고 한 바 있다. 그런데 이런 사람들도 애덤 스미스가 『국부론』에서 밝혔듯이 서로 치열한 경쟁을 통하여 이기심의 극대화를 추구하도록 하면 마치 '보이지 않는 손'의 인도를 받아서 하는 것처럼 결과적으로 본인도 모르는 사이에 자신에게는 물론 국가사회에도 이로운 결과를 초래할 수도 있다. 사실 이렇게 되도록 하는 것이 경제조직의 문제인데 이의 참뜻을 이해하는 것은 경제전문가가 아닌 사람에게는 극히 어려운 일이다. 개인이 경제행위를 철저한 이기심에서 하더라도 결과적으로 사회전체에 이로운 행위가 될 수 있다는 것이 『국부론』의 요체이다.

그런데 경제학은 인간의 선함을 부정하는 것이 아니다. 우리나라에서도 자신의 전 재산을 쏟아 부어 고아원을 경영하고, 자기 자식도 거기에서 다른 고아들처럼 키우는 성스러운 사람도 적지 않다. 동생의 교육에 자신의 생활이나 심지어 장래까지 희생하는 소녀가장이나 이름도 기억 못하는 정신박약아의 뒷바라지에 결혼도 포기하고 일생을 바치는 성스러운 여성들도 적지 않다. 이런 사람들이 많을수록 사회가 성스럽게 되고 경제도 튼튼하게 됨은 물론이다. 따라서 경제학은 알프레드 마셜의 말처럼 '냉철한 두뇌'는 물론 '따뜻한 가슴'을 극히 중시한다.

경제문제와 인간의 욕망과의 관계는 욕망이 경제라는 수레바퀴를 더 힘차게 그리고 더 잘 돌아가게 하는 원동력이라는 것과 모든 경제문제의 근원이라는 관점에서 살펴볼 수 있다.

인간으로 하여금 스스로 열심히 일하도록 만드는 것은 말할 것도 없이 무한한 자신의 욕망이다. 들판에서 고된 일을 열심히 하는 농부, 지하 수백 미터 갱 속에서 비지땀을 흘리며 석탄을 캐는 광부, 밤새워 공부하는 학생, 평생 먹을 것이 있는데도 불구하고 한 푼이라도 더 벌어 보겠다고 전 세계를 누비고 다니는 기업가, 그리고 속마음은 그렇지 않으면서도 국민을 위한다고 외치면서 표를 달라고 호소하는 정치가 등은 모두 자신의 욕망을 채우기 위해서이다. 공무원들도 출세하려고 하기 때문에 더 열심히 일하고 주위사람이나 상사들을 잘 모시며 교양이나 전문지식도 더 넓히려고 노력하는 것이다. 다른 각도에서 보면 인간이 자신의 욕망을 충족하려고 하기 때문에 공장이 더 많이 생기고 경제는 더 힘차게 돌아가게 되는 것이다. 나아가서 인간의 욕망이 경제문제의 근원이라는 점에서 보면, 인간의 물적 행복은 욕망을 분모로, 재화의 소비량을 분자로 하는 식으로 표시된다.

행복 = 재화의 소비량 / 인간의 욕망

이에 따르면 행복을 증진하는 길은 물질의 증대, 욕망의 억제, 그리고 이 두 가지를 동시에 달성하는 등의 세 가지이다. 그런데 중요한 것은 분자와 분모의 상대적 변화이다. 즉 분자가 아무리 빨리 증가하더라도 분모가 더 빨리 증가하면 인간은 불행하게 되고 사회는 갈등과 불만으로 가득 차게 된다. 그러므로 앞으로 우리나라의 경제발전에 있어서도 물적 소비를 늘리려고 할 것이 아니라 국민의 욕망을 잘 다스려야 한다. 물적 소비를 선진국 수준으로 늘리려면 한국인의 경제윤리도 그렇게 되어야 하는 것이다.『불교경전』은 인간의 행복에 있어서 중요한 것은 위의 식에서 분모라는 사실을 강조하고 있다. 막스 웨버(Max Weber)는 청교도 윤리(protestant ethic)가 서양 사람들의 욕망을 건전케 하는 기본윤리가 되었다고 하였으며, 이 말은 서양 사람들도 공감하는 말이다. 그러나 욕망이 모든 경제활동의 기본임을 잊어서는 안된다. 더 많은 돈을 벌어 능력이나 재력을 과시해 보겠다는 욕망, 세계 제일의 물품을 생산하거나 소유해 보겠다는 욕망 등이 인간으로 하여금 더 합리적인 '경제인'이 되게 하고 더 열심히 일하도록 만드는 원동력이다. 따라서 개인의 욕망에 대한 국가의 개입이나 통제가 지나치게 되면 성취의욕이 저하됨은 물론 경제전체의 능률도 크게 떨어지게 된다. 의욕이 저하 없이 국민의 욕망을 건전한 방향으로 인도하는 것은 건강한 경제발전의 요체이다.

2장

경제학의 발달 과정

· 경제학의 생성배경

경제학이 하나의 독립과학으로 성립된 것은 18세기 중엽이지만 그것이 성립하는 데 기초가 되는 여러 가지 경제사상은 고대 그리스, 로마시대에서부터 싹트기 시작하였다. 이를테면 아리스토텔레스, 플라톤, 토마스 아퀴나스 등이 노동과 분업의 중요성을 강조하였고 아리스토텔레스는 교환의 매개로서 화폐의 필요성을 명백히 설명하였다. 근세에 들어와서 16-18세기에 이르기까지에는 유럽 각국에서 근대적인 중앙집권국가가 성립되고 각 나라는 자국상품의 해외진출과 화폐수입 증대를 위한 제반 경제정책인 중상주의(mercantilism)가 전개되기도 하였다. 그러나 근대적인 의미와 경제학을 성립시키는 데 큰 자극을 준 사상은 케네(F. Quesnay, 1694-1774)를 중심으로 한 중농주의(physiocracy)인데, 이의 근본사상은 인간사회에 「자연질서(natural order)」가 존재하는 것이며 이 「자연질서」는 자유방임주의제도 하에서만 실현되며 인위적인 국가의 간섭정책 하에서는 실현되지 않는 질서로 인간사회의 행복을 증진시키는 데 가장 유리한 질서이다. 이 「자연질서」는 자연현상에 존재하는 어떤 규칙성(regularity)으로서, 이는 우주내의 모든 존재가 신의 섭리에 의하여 그 생성(生成)과 운동(運動)이 지배되며, 천체의 운행이 만유인력의 법칙에 따라 이루어지고 있는 것과 같이 경제사회의 질서, 즉 생산·유통·분배 등의 경제순환이 어떤 객관적인 치밀·정확한 법칙에 입각하여 운영되는 것을 말한다. 중농주의학파에 따르면 부의 증진은 새로이 생산된 부에서 그 생산을 위하여 소모된 부를 차감한 부분인 「순생산」이 되는데, 농업만이 이러한 부를 증진시키고 상공업은 하등의 부도 증진시키지 않는다는 것이다. 중농주의자들은 농업을 부의 원천으로 본 제한적인 사고이긴 하지만 경제의 순환적 질서를 밝힌 점에서 큰 의미를 부여할 수 있다. 특히 케네는 사회계급을 생산계급(농민), 지주계급 및 비생산계급(상공업자)으로 3대별하고 「순생산」은 농업에서만 가능하며 상공업이나 운수업 등은 이러한 새로운 부를 생산할 수는 없고, 단지 기존의 부를 이전시키는데 불과하다고 보았다. 그리하여 유통경제보다는 생산경제를 중시하였고, 지주만이 잉여생산을 가능케 한다는 것이다. 이와 같은 관점에서 그는 생산계급에 의하여 생산된 사회적 부가 비생산적인 계급으로 이전해 가는 순환도를 만들었는데 이것이 유명한 그의 『경제표(tableau economique, 1758)』이다. 이것은 경제학의 성립에 큰 영향을 미쳤고 부의 순환 및 각 계급의 소득결정에 대한 체계적·과학적인 분석이라는 점에서 현대적인 거시경제학 분석의 시초로 평가된다.

· 고전학파 경제학

애덤 스미스(Adam Smith, 1723-1790)로 대표되는 고전학파는 경제학을 학문으로 정립시켜 오늘날의 형태를 갖추게 한 일군의 학자들을 지칭한다.

18세기 중엽의 영국에는 산업혁명이 급속히 진행되어 자본주의라는 새로운 경제체제가 나타나기 시작하였는데, 이와 같은 시대를 배경으로 한 자본주의경제에 존재할 경제적 질서를 명백히 설명한 자가 애덤 스미스이다. 그는 『국부론(An Inquiry into the Nature and Causes of the Wealth of Nations, 1776)』에서 종래에 단편적이던 여러 가지 경제사상들을 체계적으로 분석하여 정리함으로써 종합적·체계적으로 경제현상을 파악하였다. 이러한 의미에서 애덤 스미스에 의해서 진실한 경제학이 확립되었다고 말하여지고, 나아가서 애덤 스미스를 경제학의 시조라고 부른다. 애덤 스미스는 케네와 마찬가지로 「자연질서」를 발견하는 데 전력을 다하였으며, 이것의 실현을 위하여 그는 사람들이 각자의 이기심에 따라 경제행위를 하는 것이 중요하다고 강조하였다. 각자는 자기의 이기심에 따라 행동함으로써 개인의 이익증진 뿐만 아니라「보이지 않는 손」에 인도되어 사회전체의 이익증진도 하게 된다는 것이다. 그러나 이기심이 무제한으로 발동되어서는 안되고「정의의 법(law of justice)」에 의하여 제약되어야 한다는 것이다. 아울러 모든 경제영역에서는 경제적 자유의 보장이 이루어질 것과 국가의 인위적인 정책개입은 하지 말 것을 역설하였다. 이와 같은 자유방임주의(laissez-faire) 사상에 기초한 소극적 정부는 오늘날의 민간주도형의 경제에 비교될 수 있다.

애덤 스미스에서 맬더스(T. R. Malthus, 1766-1834), 리카도(D. Ricardo, 1772-1823) 및 밀(J. S. Mill, 1806-1873)로 이어지는 고전파 경제학자들은 비록 이론마다 차이가 없는 것은 아니지만 중상주의적인 개입을 반대하고 시장질서에 따른 경제운용을 지지한 점에서는 비슷한 의견을 내놓았다. 또한 자유주의적인 세계관과 더불어 정치경제학적인 접근방법도 상통되는 사항이다. 그들이 가장 관심을 가졌던 인구·기술·자본축적·경제성장(발전) 및 분배 등의 문제는 오늘날 다시 그 의미를 크게 하고 있다.

· **사회주의학파 경제학**

넓은 의미의 사회주의적 사상은 이미 고대로부터 근세에 이르기까지 계속 있어왔으나 산업혁명 등 사회적인 격변과 더불어 이 사상은 더욱 커지게 되었다. 사회주의 창시자로 알려져 있는 칼 마르크스(Karl Marx, 1818-1883) 이전에도 토마스 모어(Thomas More, 1478-1535), 오웬(R. Owen, 1771-1858), 푸리에(C. Fourier, 1772-1837) 등 수많은 사회주의적인 성향을 피력하였던 사상가들이 있었으나 이를 체계적이고 논리적으로 완결한 사람은 바로 마르크스이다.

헤겔의 변증법적 역사철학을 원용하여 마르크스는 공산주의 혁명의 이론적 기틀을 사적유물론(史的唯物論)에서 확립했다. 그것은 마르크스가 1848년에 기초한 「공산당선언」에서 예로부터 내려오는 모든 역사는 계급투쟁의 역사라고 전제하고, 자유민과 노예, 영주와 농노, 길드의 마스터와 직인(職人) 등 한 마디로 표현한다면 지배자와 피지배자는 항상 서로 대립관계에 있었으며, 때로는 공공연하게 은연 중에 투쟁을 계속해 왔다고 하고 있다. 그리하여 그는 인류역사를 계급투쟁의 역사로 규정하고 인간사회의 구조를 생산양식의 관계로 설명하고자 하여 소위 상부구조와 하부구조로 구별하여 물적생산력에 의해 법·정치·종교 등의 상부구조가 정해진다고 주장하였다. 따라서 자본주의사회는 이러한 생산구조의 모순으로 인하여 필연적으로 붕괴되리라고 전망한 것으로, 경제학적인 사상이라기보다는 정치·역사의 총체적인 세계관이라고 볼 수 있다. 사회주의자들은 사유재산, 특히 생산수단의 사유에서 자본주의의 문제가 생겨나는 것으로 봄으로써 사유재산을 부정하고 나섰다. 아울러 그는 『자본론, (das Kapital, 1867)』에서 리카도의 노동가치설을 더욱 발전시키고 이 노동가치설에 따라 잉여가치설을 수립하였다. 그래서 물적생산력의 발전과 결합하여 과잉 노동력(산업예비군)과 과잉상품(상품공황)의 필연성을 주장하고 그리하여 노동자계급이 자본주의를 붕괴시켜 결국에는 공산주의사회가 도래한다고 기술하고 있다.

한편 마르크스의 이론을 따른 추종자는 그 후 여러 분파로 나뉘어졌으나 주요 인물은 라살(F. Lassalle, 1825-1864), 룩셈부르크(R. Luxemburg, 1870-1919), 레닌(W. I. Lenin, 1870-1924)으로 이어지고 있다. 이 파에 속하는 서방의 학자로는 바란(P. Bara), 스위지(P. M. Sweezy) 및 만델(E. Mandel) 등이다.

· **역사학파 경제학**

　19세기 후반기에 고전이론이 파기되면서 대두된 큰 조류 중의 하나가 바로 이 역사학파이다. 이들의 이론은 역사적 법칙성을 강조하면서 시간을 제외시킨 고전이론에 반기를 들었다고 할 수 있다. 역사학파의 이론은 다분히 급진론적인 사회연구로 그 특징을 보이면서 국가주의적인 성향이 뚜렷하였으나 귀납적인 방법론을 사용하였다. 이 학파에 속하는 학자로는 리스트(F. List)를 위시하여 로셔(W. Roscher, 1817-1894), 쉬몰러(G. V. Schmoller, 1838-1917), 바그너(A. Wagner, 1837-1917) 및 좀바르트(W. Sombart, 1863-1941) 등이다. 이들의 생각은 급진적 사회주의자들과는 달리 사회개량적 색채가 강한 편이라고 할 수 있다.

　역사학파의 선구자로 볼 수 있는 리스트는 그의 저서 『정치경제학의 국민조직, (1841)』에서 경제법칙의 역사성을 강조하여 보호무역정책을 주장하고 있다. 리스트는 경제발전단계를 수렵단계, 목축단계, 농업단계, 농공업단계 및 농공상업단계 등 5단계로 분류하고, 자유무역은 이미 5단계에 접어든 영국에서는 바람직하지만 아직도 4단계에 머물러 있는 독일에 있어서는 바람직하지 못하며, 이를 극복하기 위해서는 보호관세제도를 채용해서 자국의 유치산업을 보호·육성해야 한다고 주장하였다.

　한편 역사학파에 강한 영향을 받은 일군의 미국학자들이 제도학파를 창시하였다. 이들은 일부 경제학자들의 기계적인 사고방식에 싫증을 느낀 나머지 사회제도의 발전과정과 경제현상을 연결하고자 시도하였다. 이 학파의 대표적인 인물은 베블런(T. B. Veblen, 1857-1923), 미첼(W. C. Mitchell, 1874-1948) 등으로 많은 실증적인 업적을 남겼으며 최근 이들의 이론이 다시 부활되는 경향을 보이고 있다.

· 근대경제학

한계효용학파(marginal utility school)

역사학파와 비슷한 시기에 영국, 오스트리아 및 스위스에서는 근대 경제학을 완성시키게 된 한계효용학파가 출현하였다. 이들의 공통되는 특징은 순수이론에 기반을 둔 경제이론을 구축하고자 노력하였다는 점이다. 곳센(Gossen)의 법칙을 시작으로 한계효용이론은 가치결정의 설명을 최후단위의 효용인 한계효용에서 구하고자 하였다. 이는 고전적인 리카도의 노동가치설이 교환가치와 사용가치의 사이의 괴리를 설명하지 못한 것을 주관적인 효용에 따라 설명하려 한 것이다. 이 생각은 기업의 비용, 소득의 분배에까지 이르면서 자원의 효율적 배분을 연구하는 데까지 이르게 되었다. 아울러 한계효용학파에서는 그때까지 무시되어온 소비이론을 새로이 경제학의 주요영역으로 포함시켰다는 점에서 높이 평가된다. 또한 이 학파는 미적분을 경제학에 도입하여 수학적 기법의 사용을 확산시켰다.

이 학파는 지역은 다르나 공통된 점이 많아서 맹거(C. Menger, 1840-1921)를 중심으로 한 오스트리아학파, 제본스(W. S. Jevons)를 중심으로 하는 영국학파, 왈라스(L. Walras) 등의 로잔느학파, 클라스

(J. B. Clark)를 위시한 미국학파로 나누어 볼 수 있다.

왈라스는 시장의 상호관련성과 교환가치의 동시결정을 체계화하여 균형분석을 집대성하였으며, 뒤이어 마셜은 고전학파를 원용하면서 한계효용이론과 역사학파의 이론 등을 도입하여 경제학의 학문적 체계를 갖춘 사람 중의 한 사람이다. 왈라스의 주저 『순수경제학의 요소, 1874』와 마셜의 『경제학원리, 1890』는 경제학에 미친 영향이 지대하다.

스웨덴학파와 빈학파

근세에 들어와서 북구에서도 경제학의 발전에 큰 기여를 하였는데 이 중 중요한 학자는 오스트리아학파의 화폐론을 발전시킨 빅셀(J.G.K. Wicksell, 1851-1926)이다. 그는 그의 저서 『금리와 물가, (1898)』에서 정태이론을 탈피하고 동태이론을 발전시키고자 시도하였다. 그는 물가의 등귀와 하락은 어떠한 사회에도 악영향을 미치기 때문에 물가수준의 안정이 바람직하다고 생각하고 물가변동의 원인을 구명하고자 하였다. 그가 밝힌 물가변동의 원인은 자연이자율과 화폐이자율의 괴리에 있다. 즉 자연이자율이 화폐이자율보다 높으면 화폐대부가 증대하여 물가수준이 누적적으로 등귀한다는 것이다. 아울러 그는 화폐론을 중심으로 한 경기변동이론 이외에도 조세이론과 동태이론의 개발에 영향을 미쳐 다비드슨(D. Davidson), 린달(K. G. Lindal), 올린(B. Ohlin)등으로 이어지는 스웨덴학파를 이루게 하였다.

이 학파의 영향을 받아 소위 빈(Wien) 학파가 형성되었으며 하이에크(F. A. von. Hayek), 뢰프케(W. Ropke) 등의 학자를 낳아 신자유주의사상의 기초가 되었다고 할 수 있다. 신자유주의 경제정책의 기초를 닦은 학자는 프라이부르크학파의 오이켄(W. Eucken)이며, 그는 특히 오늘날 통일 독일의「사회적 시장경제」의 이론적 기초를 마련한 창시자이기도 하다.

신고전학파(케임브리지학파)

케임브리지대학 교수 마셜(Alfred Marshall, 1842-1924)을 창시자로 하고 피구(A. C. Pigou, 1877-1959), 케인즈(J. M. Keynes, 1883-1946), 로버트슨(D. H. Robertson, 1890-1963), 힉스(J. R. Hicks, 1904-1989) 등 케임브리지대학 중심의 한 학파를 신고전학파 또는 케임브리지학파라고 한다. 이 학파는 스미스, 리카도, 맬더스, 밀 등 고전학파의 전당에서 수립된 것이기 때문에 신고전학파(Neo-classical School)라 부르게 된 것이다. 이 학파에 속하는 학자들의 이론내용이나 방법은 각각 상당한 차이가 있고, 때로는 대립되는 것도 있기 때문에 이 학파의 특질 또는 공통점을 기술하기에 대단히 어렵지만 다음의 두 가지 점에서 공통점을 찾아볼 수 있다.

첫째, 케임브리지 방정식(Cambridge equation)이다. 케임브리지학파에서는 화폐가치를 일반대중이 보유하고자 하는 현금잔고의 크기에 의하여 설명하고자 하였다. 이와같은 시도는 처음에 마셜에 의하여 주장되었고, 그 후 피구와 케인즈에 의하여 공식화되어 케임브리지

방정식으로 되었다. 이 학설이 종래의 화폐수량설과 다른 점은 화폐가치결정의 근거를 사람들의 화폐보유동기에서 찾으려고 한 점이다.

둘째, 경제적 후생(economic welfare)의 증진을 이상으로 설정하고 이를 실현시키는 여러 조건을 밝히려고 한 점이다. 피구는 그의 『후생경제학(Economics of Welfare, 1920)』에서 경제학의 과제는 어떠한 조건하에서 경제적 후생의 증진이 가능한가를 분석하는 것이다. 경제적 후생이란 국민소득의 증대, 국민소득 분배의 균등화 및 국민소득의 안정화에 의해서 증진된다고 한다. 그리하여 그는 어떻게 하면 국민소득이 증대되고, 균등화되며, 안정화되는가를 연구하였다. 그런데 피구의 이론에서는 개인적 후생과 사회적 후생과의 관계 및 경제적 후생과 국민소득과의 관계에 대해서 불명확한 점이 있었지만, 그 후 해로드(R. F. Harrod), 칼도어(N. Kaldor), 힉스(J. R. Hicks), 새뮤엘슨(P. A. Samuelson, 1915-) 등에 의해서 재음미되어 후생경제학의 기초가 점차 확립되었다.

케인즈는 경제적 후생에 관해서 연구하지는 않지만 경제학을 어떤 실천적 목표에 부합시키고자 하였다. 그는 1930년대에 발생한 만성적 불황과 실업을 어떻게 해야 제거할 수 있는가를 설명하였다. 그에 따르면 고용량은 유효수요의 크기에 의하여 결정되는데, 그 유효수요는 소비의 크기와 투자의 크기에 의하여 결정된다는 것이다. 케인즈에 의해서 시사된 고용증대방법은 여러 나라에서 이용되었고, 케인즈경제학에 대한 찬성과 비판이 속출하였다. 그래서 1936년 이후의 경제학은 케인즈 저작에 대한 비판과 옹호이론으로 전개되었고,

따라서 하나의 케인즈학파가 형성되어 신고전학파와의 논쟁이 격렬하게 전개되었다.

케인즈혁명과 케인지언

현대 경제학을 오늘날의 형태로 이룩한 학자 중에 가장 중요한 사람은 케인즈이다. 그는 특히 거시경제학을 정립시키면서 경제이론이 현실에 적용되는 시각을 신고전학파의 이론을 수정하여 새로운 경제학의 장을 열어 놓은 학자이다. 이와 같은 케인즈의 『고용, 이자 및 화폐의 일반이론(The general theory of employment, interest and money, 1936)』에 대한 혁명적 의의를 강조한 최초의 체계적 서적은 1947년에 출판된 클라인(L. R. Klein)의 『케인즈 혁명(The Keynesian Revolution)』이다. 그러나 『일반이론』의 의의가 논의의 대상이 되고 혁명적인 사실이 알려지기는 이미 1930년대의 일이다.

케인즈경제학의 혁명적 사실은 불완전고용 하의 균형에 관한 것과 유동성선호설이다. 고전학파는 세이(J.B. Say, 1767-1832)의 판로설에 입각하고 있었기 때문에 언제나 완전고용이 달성되기 마련이라고 가정하고 따라서 완전고용 하에서 자원의 배분문제, 즉 미시적 경제문제들을 다루어 왔다. 그러나 케인즈는 세이의 판로설을 정면으로 부인하고 유효수요의 부족으로 인하여 실업이 발생하고, 따라서 불완전고용이 일반적이라고 주장하였다. 뿐만 아니라 케인즈는 이와 같은 불완전고용 하에서도 경제체계의 균형이 달성될 수 있음을 설명하여 고전학파의 이론체계에 대한 혁명적인 도전을 하였던 것이다. 『일반

이론』을 집필하고 있던 1930년대에는 세계대공황이 발생하여 만성적인 실업상태가 계속되고 있었기 때문에 케인즈는 수요부족으로 인한 실업상태를 직시할 수 있었을 것이고, 따라서 불완전고용하의 균형을 이론화할 수 있었을 것이다. 또한 이자율결정이론으로서는 고전적인 제욕설·시차설·한계생산력설·대부자금설 등이 있었지만, 케인즈는 유동성선호설(theory of liquidity preference)을 주장하여 새로운 이자율결정이론을 수립하였고, 이는 오늘날의 거시적 경제이론에서 중요한 자리를 차지하고 있다.

케인즈의 이론은 그 후 많은 학자, 특히 힉스·한센·새뮤엘슨 등에 의해 보완·발전을 거듭하면서 많은 이론적인 분야를 개척하였고, 또 경제현상의 복잡다기화에 따라 밀턴 프리드만 등을 위시한 통화주의자들과 여타 비주류경제학자들의 비판을 받아 왔으나, 아직도 경제학의 주류 역할을 담당하고 있음을 부정할 수 없는 사실이다.

시카고학파(Chicago School)

케인즈식의 개입주의에 반기를 들고 화폐의 중요성을 주장한 학자들, 특히 프리드만(Milton Friedman)을 중심으로 하는 학파가 시카고학파이다. 이들은 고전적인 화폐수량설을 근대화하면서 1950년대에 나타나 자유재량적인 재정정책과 금융정책을 배격하고 자동화된 통화정책을 주장하고 나선 통화주의자(monetarist)로, 신자유주의적인 세계관을 대변하는 학자들이다.

통화주의(monetarism)의 주장에 따르면 GNP를 결정하는 가장 중요한 요인은 통화량의 증가율이다. 그런데 통화량 증가율의 변화가 GNP에 미치는 효과는 오랜 시간적 지체 후에 나타나게 되므로(짧을 때는 6개월 길면 2년) 자유재량에 따라 경기회복을 위한 통화팽창정책을 하게 되면 경기의 진폭을 격화하여 경제를 더욱 불안정하게 만들지도 모른다는 것이다. 그러므로 통화정책은 GNP에 대해서 강력한 영향력을 행사하지만 통화정책이 경제를 불안정하게 하여서는 안 되기 때문에 적극적인 통화정책을 사용하여서는 안 되고, 통화공급량을 경제성장의 추세에 맞추어 일정률로 증가·유지하도록 하는 통화준칙(monetary rule)을 지켜나가야 한다는 것이다.

이 학파에 속하는 유명한 학자로는 로체스터대학의 브란너(K. Brunner), 캘리포니아대학의 메이어(T. Mayer), 콜롬비아대학의 케건(P. Cagan) 등이다. 그들의 이론은 신화폐수량설이라고도 불리우면서 1970년대 이후 케인즈이론의 현실적응문제에 대한 한계점과 더불어 오늘날 학자들의 많은 관심과 각국의 경제정책에서 중요한 역할을 하고 있다.

합리적 기대가설과 공급중시 경제학

합리적 기대가설(rational expectation hypothesis)이란 소비자·노동자·기업가 등 개별 경제주체들이 미래의 경제적 여러 가지 조건에 대하여 각각 그들 나름대로의 예상을 형성하고 그러한 예상에 입각하여 그들 자신의 현재 행동을 결정하게 된다는 이론체계이다. 이 이론의 대표적 학자로는 시카고대학의 루카스(R. Lucas), 미네소타대학의 서전트(T. Sargent)와 왈레이스(N. Wallace), 로체스터대학의 바로(R. Barro) 등이다.

합리적 기대가설은 개별 경제주체들이 그들의 기대형성에 있어서 이용가능한 모든 정보를 이용하고 그러한 정보를 아주 영리하게 처리한다는 가정에 입각하고 있으므로,「기대하지 못한 정책만이 산출고수준에 영향을 미친다」는 합리적 기대학파의 정리가 나오게 된다. 이 정리에 따르면 산출고와 실업에 영향을 줄 수 있는 재정정책 및 통화정책은 있을 것 같지는 않다. 왜냐하면 경기침체기에 확장적 정책을 하게 되면, 그것이 정부에 의해서 계획되고 국회에서 심의되는 동안 개별경제주체들에 의해서 감지되어, 임금수준과 가격수준이 그에 따라 조정되고 따라서 산출고수준 및 경기회복에는 영향을 주지 못할 것이기 때문이다. 따라서 이 이론의 중요성은 오늘날의 거시적 경제정책들이 왜 그렇게도 성공하지 못하는가의 이유를 설명해 주고 있다는 점에서 찾아볼 수 있다.

한편 공급중시 경제학(supply-side economics)이란 생산(공급)을 증대시키면 고용도 증대하고 물가상승도 억제되기 때문에 공급측에 역점을 두는 경제정책을 수립하여 높은 실업률과 높은 인플레이션율이 병존하는 스태그플레이션 현상을 벗어나야 한다는 이론체계이다. 그러므로 공급중시 경제학은 공급측에 역점을 둠으로써 수요측에 역점을 두는 케인즈적인 수요중시 경제학과는 정반대의 입장을 취하고 있다. 이의 대표적 학자로는 남가주대학의 래퍼(A. Laffer), 조지타운대학의 로버트(P. C. Robert) 등이다.

공급중시 경제학에서는 대불황을 야기하는 것이 경제에 고유한 불안정성이 아니고 오히려 불황을 심화시키고 회복을 저해하는 일련의 정부행동이라고 주장한다. 그리하여 현대경제의 중요한 문제인 높은 실업률과 높은 인플레이션율을 치유하기 위해서 다음과 같은 기본전략을 제시하였다.

첫째, 노동공급을 증대시키고 자본형성을 촉진시키기 위하여 개인세율과 사업소득세율을 대폭 삭감하여 이를 지속시킨다.

둘째, 장기적인 경제성장에 발맞추어 장기적인 적정통화증가를 실현시킨다.

셋째, 재정적 조정과 금융적 조정을 중지하고 자유시장경제의 자동조정 작용에 보다 큰 신뢰를 둔다. 그것을 위하여 금본위제로 복귀시킨다.

그런데 이상의 전략에 대하여 이들 정책들은 전체국민을 위한 것이라고는 하지만 실은 소수의 부유층, 다시 말하면 소득과 권력을 노동자에게서는 자본가에게로, 빈민층에게서 부유층에게로 재분배하는 효과를 가져왔다는 측면에서 많은 비판을 받고 있다.

3장

경제체제와 이념의 변화

· 경제체제의 생성 배경

인간은 사회적 동물이다. 어느 사회 어느 시대든지 반드시 당면하고 해결해야 할 근본적인 경제문제가 있다. 즉 무엇을 얼마나 생산할 것인가? 어떻게 생산할 것인가? 생산물을 어떻게 나눌 것인가? 하는 3대 경제문제가 그것이다. 무엇을 얼마나 생산할 것인가는 한 사회가 생산해야할 재화의 종류와 양에 대한 것이다. 인간이 전개하는 경제활동은 모두가 사회 속에서 이루어진다. 생산활동도 개개인이 서로 독립해서 이루는 것이 아니라, 일정한 생산조직 속에서 이루어지며, 소비활동도 사회의 테두리 속에서 이루어진다. 인간의 사회활동이 필연적으로 마찰과 충돌을 막기 위해서는 정부라는 조직이 필요하다. 한 마디로 인간의 경제활동은 어떤 특정한 경제제도 속에서 이루어진다.

이상에서 논의한 생산, 소비, 부의 소유 및 그 밖의 경제활동을 규정하기 위한 조직과 그 운영, 다시 말하면 3대 경제문제를 해결하기 위한 사회적 기본양식을 경제체제(economic system)라 한다. 각 사회마다 경제체제는 다양한 모습을 나타내지만, 3대 경제문제를 어떠한 원리(principle) 내지 어떠한 질서(order)를 가지고 해결하려 하는가에 따라, 그 사회 그 시대가 어떠한 경제체제를 선택하느냐가 결정된다. 경체체제란 이와 같이 한 나라의 경제를 질서지우는 근본원리로서 그 나라가 무엇을 얼마나 생산할 것인가, 어떻게 생산할 것인가, 그것을 어떻게 분배할 것인가의 문제에 답하는 기능을 한다. 일반적으로 경제체제는 크게 4가지, 즉 전통경제(traditional economy), 시장경제(market economy), 명령경제(command economy), 혼합경제(mixed economy)로 나누어 생각해 볼 수 있다.

· 경제체제의 내용

전통경제체제

전통경제체제는 모든 경제활동이 관습에 의해 이루어지는 사회체제로서, 이 사회에서는 새로운 세대가 이전 세대로부터 내려오는 관습을 별다른 비판 없이 받아들이고 후세에 전달한다. 그러므로 생산 분배 교환 소비 등의 활동에서 변화가 잘 일어나지 않는다. 언제 씨를 뿌리고, 무슨 종류의 씨를 뿌려야 하며, 누가 경작해야 하는지 등의 문제를 전통과 관습이 해결한다.

전통경제체제에서는 전통이 모든 결과를 결정하기 때문에 구성원의 자발적 선택은 사라지게 된다. 오히려 각종 경제문제는 선택을 제거함으로써 해결된다. 이에 따라 누구도 '왜'라는 질문을 던지지 않으며, 변화를 제안하지도 않는다. 그 대신 관습적인 방식이 가져다주는 연속성과 안정성의 유지를 중요한 가치로 인식한다. 그리고 과거에 대한 존경과 미래에 대한 사회의 집단적 기대를 중시한다. 이 체제는 자원의 효율적 활용에 관심을 두지 않으므로 자원의 개발이 제약을 받을 수밖에 없다. 그리고 사람들은 기본적인 욕구의 충족에만 관심을 둔다. 따라서 사람들은 생활수준의 향상이나 새로운 지식으로부터 혜택을 개선시킬 방안을 가지지 못한다. 뿐만 아니라 사람들은 개인적 자유, 문화적 다양성, 변화에 대한 자극 등으로부터 오는 혜택을 바랄 수도 없게 된다.

시장경제체제

시장경제체제란 무엇을 얼마나 생산하고, 어떻게 생산하며, 또 어떻게 분배할 것인가 하는 문제를 시장에 맡기는 경제체제이다. 가격을 매개로 하는 시장에서의 수요와 공급의 원리에 의해 경제문제를 해결한다. 물론 이때 생산자와 소비자는 경제활동에서 정부의 간섭이 없이 완전한 자유를 누리며, 분권적 의사결정이 주체가 된다. 생산자는 이윤극대화를 위해, 또 소비자는 효용극대화를 위해 최대한 자유스러운 활동이 보장되며, 단지 사회적 과잉생산 내지 과소생산을 피하기 위해 가격이 정보전달기능을 담당한다. 즉 과잉생산의 경우는 가격하락을 통해 생산 감소와 소비증가를 유도하고, 과소생산의 경우는 가격상승을 통해 생산증가와 소비감소를 유도한다. 이렇게 수요와 공급을 일치시키려는 시장가격의 매개기능, 정보전달기능을 통하여 무엇을 얼마나, 어떻게 생산할 것인가, 또 누구를 위하여 생산할 것인가 하는 경제의 근본문제를 해결하려는 경제체제가 시장경제체제(market economic system)이다. 모든 생산요소는 민간이 소유하면서 민간들이 추구 목표에 따라 자유롭게 사용할 수 있다는 점에서 자본주의 체제라 부르기도 한다.

시장경제체제에서는 민간이라면 누구든지 의사결정을 내리는 데 참여한다. 이 체제에서는 생산자, 소비자, 저축자, 근로자, 기업가, 투자자 또는 생산요소의 소유자 등이 자신과 관련된 경제문제에 적극적으로 참여한다. 시장경제체제는 가능한 한 많은 사람들의 요구와 욕구를 충족시키고, 선택의 자유를 최대로 허용하도록 노력한다.

시장경제체제는 개인들의 이기심(self-interest)을 활용함으로써 3대 경제문제를 해결한다. 즉 근로자들은 임금과 봉급이라는 소득을 받고서 자신의 노동력을 제공하고, 그 소득으로 상품과 서비스를 구입한다는 것이다. 토지와 자본의 소유자들은 이들 요소들을 제공하는 대가로 지대, 이자, 그리고 배당금을 받으려 한다. 기업가들은 이윤을 기대하고서 각종 모험을 감행한다. 기업의 소유주들은 그들의 소득으로 상품과 서비스를 구입할 뿐만 아니라, 기업을 확장하기 위해 새로운 기계 설비에 투자하기도 한다.

시장경제체제는 소비자들이 원하는 재화와 서비스를 제공하도록 생산요소를 배분하거나 할당한다는 점에서 다른 어느 경제체제보다도 효율적이다. 이 체제는 개인에게 가장 중요한 이념인 선택의 자유를 부여하도록 누구나 자율적으로 경제활동을 참여하게 한다. 따라서 구성원으로 하여금 잠재력을 최대로 발휘하게 하며 창의적이게 한다. 이는 각자의 이익을 위해 서로 간에 최선을 다하도록 하므로 경쟁을 촉진시키고 낭비를 제거시켜 준다. 이에 따라 경제성장이 촉진되는 동시에 개인의 선택에 있어서 자유도 보장해 준다.

하지만 시장경제는 주기적인 경기변동을 유발시킨다. 또한 개인이 가지는 선택의 자유 때문에 사회적 무질서가 발생할 수도 있다. 그 외에 시장경제의 장점인 효율성 중시 때문에 분배의 불평등이 초래될 수도 있다.

명령경제체제

명령경제체제는 중앙 정부가 대부분의 의사결정을 내리는 체제이다. 다시 말하면 중앙계획당국의 계획에 기초하여 지시와 명령원리에 따라 사회적 경제의 근본문제를 풀려는 경제체제이다. 자생적 질서로서의 시장을 활용하지 않고, 작위적 질서로서의 조직, 구체적으로는 정부의 계획을 통하여 경제문제를 해결하려는 체제이다. 따라서 이 경제체제를 계획경제체제(planning economic system)라고도 부른다.

명령경제체제에서는 사회가 필요로 하는 요구가 무엇인지를 정부가 판단하여 해결한다. 즉 정부가 재화나 생산요소의 배분도 결정한다. 이에 따라 대부분의 생산요소들은 정부의 소유가 되거나 정부의 통제 하에 놓이게 된다.

이 체제는 계획당국자들이 충분히 지혜로워서 항상 합리적인 의사결정을 내릴 수 있다는 전제가 가정되어 있다. 그러나 이와 같은 명령경제체제는 수시로 마찰을 일으키는 대형 사업들을 효과적으로 수행할 수 있다는 장점이 있다. 이 체제에서는 중앙 정부가 정책을 강력하게 집행할 수 있는 권한을 가지고 있으므로, 계획만 잘 수립하면 대규모의 생산자원을 유연하게 동원하여 커다란 성과를 거둘 수 있다.

그러나 이 체제는 계획을 수립하는 데 많은 인원이 동원되고 많은 정보를 확보해야 한다는 단점이 있다. 또 중앙집권적 정부가 개인의 자유에 각종 제약을 가한다는 점이다. 명령경제는 모든 개인이 정부가 내리는 대부분의 결정을 수용해야 한다는 것을 전제로 하고 있다. 이는 개인이 누려야 할 선택의 자유를 박탈하는 것이 되고, 결국 개인의 자발적 참여와 그에 따른 창의적 아이디어의 발현을 억제하게 될 것이기 때문이다. 그래서 명령경제체제는 개인의 능력을 발휘하는 유인을 제공하지 못해 사회적 효율성을 떨어뜨린다.

혼합경제체제

케인즈(J. M. Keynes)는 1926년에 『자유방임주의의 종언(The end of laissez-faire)』을 저술했다. 실제로 자유방임적 자본주의체제는 이제 어디에도 존재하지 않는다. 경제에 대한 국가의 간섭은 점차 체계적이고 종합적으로 확대되어가고 있다. 그렇다면 마르크스주의가 주장해 온 것 같이 자유주의경제체제는 반드시 멸망하고 사회주의로 이행해 가는 것이 역사의 필연법칙인가?

70년 전이라면 자본주의 붕괴의 예언은 훨씬 설득력을 가질 수 있었을 것이다. 동유럽은 남김없이 공산화되고 아시아도 거의 절반이 공산권에 편입되었으며 중국과 소련도 형제국의 관계를 맺었다. 그렇지만 이제는 상황이 확연히 달라졌다. 공산주의경제의 비효율성은 모든 공산주의경제에서 적나라하게 드러났고, 대부분의 공산국가들은 이미 자유자본주의국가로 전환했으며, 남아있는 국가들도 위기에 몰려있다.

이러한 상황에서 자유경제도 계획경제도 각각 자신의 문제점을 갖고 있고 무엇인가 중간의 혼합적인 체제로 수렴하여 가는 것이 아닌가 하는 논의가 설득력을 갖게 되었다. 이것이 바로 체제수렴론(convergence theory), 혼합경제체제(mixed economy system)이다. 현실 사회에서는 대부분의 국가들은 전통경제체제, 시장경제체제, 명령경제체제의 세 요소를 동시적으로 내포하고 있다. 물론 나라마다 각 체제의 요소가 혼합되어 있는 정도가 다를 뿐이다. 이러한 혼합경제체제는 국가의 개입 정도에 따라 권위적 사회주의, 자본주의, 민주적 사회주의로 구별된다.

권위적 사회주의는 세 가지 경제문제를 해결하는데 있어서 국가의 개입이 크다는 점에서 명령경제체제에 가깝다. 정부는 거의 모든 생산요소들에 대한 통제권을 가지고 있거나 장기 계획을 세워 민간 부문으로 하여금 이 계획에 따르도록 지시한다. 대표적으로 공산주의국가들이 여기에 속한다.

자본주의는 개인들이 대부분의 생산요소를 소유하며, 세 가지 경제문제들을 해결하는 데 개인들이 주도적인 역할을 한다. 이 체제를 취하는 국가들은 시장경제체제에 가장 가까운 위치에 놓이게 된다. 미국, 캐나다, 일본, 한국 등은 여기에 속한다.

민주적 사회주의 국가들은 위의 두 모형의 중간에 위치한다. 이들 국가들은 일부의 생산요소를 보유하면서 한정된 분야에 대해 각종 결정을 내린다. 물론 대부분의 경우 정부의 소유권 행사는 수도, 전기, 전화, 철도 등 국가 전반에 영향을 끼치는 분야에 한정한다. 그러나 개인들은 선거로 정부 관료를 선정하는 과정을 통해 경제 계획에 영향을 끼칠 수 있다. 프랑스, 스웨덴, 폴란드 등을 포함한 유럽의 국가들이 여기에 속한다.

이상에서 살펴보았듯이 경제체제의 유형은 상호완전배타적인 것만은 아니다. 일반적으로 한 나라의 경제 속에는 위 경제체제의 유형이 모두 함께 존재할 수도 있다. 다만 어느 종류가 보다 지배적 형식이냐가 중요하고 그것에 따라 그 사회가 시장경제체제를 택하고 있느냐 명령경제체제를 택하고 있느냐가 결정된다. 그 사회의 지배적 경제질서가, 즉 경제활동의 70~80% 이상이 명령질서를 통하여 이루어진다면 그 사회는 계획경제 하에 있다고 보아야 할 것이고, 또 경제활동의 70~80% 이상이 시장질서를 통하여 이루어진다면 그 사회는 시장경제 하에 있다고 보아야 할 것이다.

경제체제문제를 논할 때 유의할 점은, 시장경제도 엄밀하게 이야기하면, 다음의 2가지 종류로 나누어 보아야 한다는 점이다. 하나는 경쟁적 시장경제(competitive market economy)이고, 다른 하나는 독점적 시장경제(monopolistic market economy)이다. 경쟁적 시장체제와 독점적 시장체제 사이에는 질적 차이가 너무 크다. 그렇기 때문에 이를 명확히 준별하여 서로 다르게 취급하지 않으면 여러 가지 잘못된 결과와 오해를 일으키기 쉽다. 엄밀히 말하면 독점적 시장경제는 경쟁적 시장경제와 명령경제의 중간에 위치한 경제체제라고도 볼 수 있다.

본래 경쟁적 시장경제 하에서는 무엇을 얼마나 생산할 것인가는 궁극적으로는 소비자의 선택 내지 기호가 결정, 즉 소비자주권이 성립하는 경제이다. 반면에 독점적 시장경제에서는 무엇을 얼마나 만들 것인가 하는 문제를 소비자의 기호나 선택이 아니라, 생산자의 기호나 선택이 결정, 즉 생산자주권이 성립하는 경제이다. 그리고 독점적 시장경제에서는 경쟁의 압력이 없기 때문에 생산자가 반드시 가장 효율적인 방식 내지는 가장 비용이 적게 드는 방법으로 생산을 조직화할 필요를 느끼지 않는다. 그 결과 생산자는 항상 독점이윤을 향유하게 되므로, 자원배분의 비효율과 소득분배의 불공정이 이루어질 수 있다.

· **경제이념의 변화**

최근 300~400년간 인류의 경제이념의 역사를 간략히 정리하면 중상주의→산업자본주의→독점자본주의→신자유주의로의 변증법적 발전의 역사로 이해할 수 있다.

중상주의(mercantilism)

중상주의(mercantilism)는 중세 말부터 근세 초에 걸쳐, 15세기 중엽부터 18세기 중엽까지 약 300년 동안 유럽을 지배했던 경제사상을 의미한다. 이 사상은 금과 은 같은 귀금속의 획득을 중요한 목표로 보고(중금주의), 국가의 부를 극대화하는 방법으로 가능한 한 수출은 촉진하고 수입을 억제함으로써 무역차액을 최대화하려 하였다. 그리하여 정부가 적극 앞장서 식민지를 개척하고 각종 경제규제를 통하여 수출 산업을 지원하고 수입 산업을 억제하는 정책을 사용하였다. 이 중상주의사상의 기본특징은 개인의 이익과 국가의 이익의 자연스런 조화를 믿지 않았다는 데 있다. 그리하여 국가의 이익을 위해 민간의 경제활동에의 국가의 적극개입, 특히 보호무역주의적 지도 및 규제 등이 반드시 필요하다고 보았다. 이와 같은 내용의 중상주의는 18세기 중엽 애덤 스미스(Adam Smith)로 대표되는 경제적 자유주의로부터 심한 공격을 받는다. 부의 원천은 더 이상 화폐가 아니고 노동생산물이며, 정부의 각종 경제규제는 특정 기득권자들의 개인의 이익에 봉사하는 것이지, 결코 국가 전체의 이익에 봉사하는 것이 아니라는 주장이 나오기 시작했다. 또한 개인의 이익은 '보이지 않는 손(invisible hand)'인 시장질서에 의하여 국가의 이익으로 자연스럽게 연결되므로, 민간의 경제활동에 대한 국가의 각종 규제는 결코 바람직스럽지 않은 것이고, 따라서 국가는 경제 간섭을 줄여야 하고 민간의 경제활동에는 최대한의 자유가 허용되어야 한다고 주장했다. 이러한 애덤 스미스의 경제적 자유주의는 존 로크(John Locke:1632-1704)

에 의해 시작된 정치적 자유주의와 함께 고전적 자유주의(classical liberalism)를 이루면서, 18세기와 19세기의 지배적 경제사상이 되었다. 이 고전적 자유주의 혹은 방임적 자유주의는 산업혁명기를 경과하면서, 인류의 물질적 풍요의 수준을 획기적으로 향상시키는 데 크게 기여하였다.

그러나 초기 자본주의 발전에 이 고전적 자유주의가 결정적으로 기여한 것은 사실이나, 19세기에는 소위 빈부격차의 문제, 노동소외의 문제, 독과점의 문제, 공황의 문제 등 자본주의 특유의 많은 사회경제적 문제들을 야기하기 시작했다. 그리하여 점차 자유주의에 대한 회의와 비판이 나타나기 시작했다. 이러한 고전적 자유주의에 대한 회의 내지 비판은 19세기 중엽에는 독일의 역사학파와 시스몽디(J. Sismondi), 오웬(R. Owen) 등과 같은 초기 사회주의자(공상적 사회주의자)가 주류를 이루었고, 그 이후 19세기 말과 20세기 초에는 마르크스(K. Marx)나 레닌(Lenin) 등과 같은 소위 과학적 사회주의자와 케인즈(J. M. Keynes) 등의 수정자본주의자들이 주류를 이루어 왔다.

산업자본주의

산업자본주의가 자본재생산을 의미하고 있을 경우에는 기업가가 화폐로서 노동자를 고용하고, 건물·노동·용구·원료 등의 생산수단을 구입하여 상품을 생산하고, 이것을 판매하여 사용한 화폐를 회수할 뿐 아니라 이윤도 얻는 경영의 끊임없는 영속을 가리킨다. 근대사회의 경제조직은 적어도 산업혁명 이후에 있어서는 이러한 내용의 기업가활동을 기초로 삼고 있으며, 우리들의 일상생활도 그러한 경제 조직 안에서 이루어진다.

그런데 이러한 자본재생산의 역사적 성립에 관하여 경영사가들은 보통 다음과 같이 설명한다. 즉 만일 자본재생산의 기초의 있고 없고를 문제시하지 않고, 영리추구의 경영을 모두 자본주의라 하면, 자본주의는 고대에도 있었다고 할 수 있는데 고대나 중세에 있어서의 자본주의 형태의 대표적인 것은 상인의 영리활동인 상업자본주의였다.

그렇지만 국가에 따라서 다소의 차이는 있으나 남부유럽에서는 대체적으로 보아서 중세기말까지 상당히 발달한 상업자본주의가 공업을 지배하기 시작하여 일부의 상인이 광범한 소생산자층과 농가의 부업을 선대자본지배에 의하여 선대제도(putting-out system)를 조직하고 또 공장제수공업(manufacture)을 경영하게 되었다. 여기에서 선대(先貸)란 뒷날에 지급할 금전을 미리 그 기일 이전에 빌려주는 것을 말한다. 이 제도는 14세기 중엽 이래 영국의 모직물공업은 농촌을 토대로 하고 그 곳에서 생산되는 양모의 가공을 원형으로 하여 성립하였다. 이러한 모직물 생산의 중핵을 이루고 있었던 것은 반농반공(半農半工)의 자영농민층과 도시의 길드적 지배를 피하여 농촌에로 이주한 스몰 마스터(small master)층이었다. 그들은 농업에 종사하는 한편 모직물생산도 함께 행하는 지극히 영세한 생산자로서 출발하였지만 모직물의 상품화과정을 통하여 점차 중산적 생산자 층으로 성장하여 갔다. 이러한 생산자는 물론 자기 자신의 책임 하에 생산을 행하는 독립생산자였지만 판로의 확대, 유통기구의 정비 등에 따라서 그들을 지배하고 조직화하려는 새로운 모직물 생산양식이 출현함에 이르렀다. 다시 말하면 농민이면서 다른 한편으로는 소생산자(small master)이었던 중산적 생산자에 대하여 원료 또는 반제품 등을 미리 빌려줌으로써 생산자를 지배하고 모직물생산의 여러 공정을 종단적으로 조직하는 생산형태가 출현하였다. 이를 선대제도(先貸制度)라고 한다. 우리나라에서는 객주제도가 이에 속한다. 또 공장제수공업(manufacture)이란 수공기술을 중심으로 하고 도구를 사용하지만 수공업과는 달리 자본주의적인 공업형태를 말한다. 매뉴팩처에 있어서는 수공업생산형태에서 결합되어 있던 생산수단의 소유와 노동력의 담당이 분리되어 생산수단(작업장·도구·원재료 등)은 모두 자본가가 소유하고, 이러한 생산수단을 소유하지 못한 노동자는 산업자본가에게 자기의 노동력을 판매하여 그 대가로 임금을 받음으로써 그 생활수단을 얻게 된다. 이와 같이 하여 상업자본주의는 점차적으로 광범하게 산업자본주의로 이행하는 길을 터놓았다.

이러한 산업자본주의에로의 이행은 산업혁명의 시작과 함께 급격하게 진전되었다. 즉 기계의 연속적인 발명과 사용에 의하여 상업자본가는 선대자본의 지배 밑에 있던 소생산자를 임금노동자로서 자기의 공장에서 일하게 하였다. 그 결과 자본제생산은 완전하게 되고 산업자본가는 상업자본가보다도 지배적인 지위를 차지하게 되었다. 이러한 점으로부터 이 시기는 산업자본주의시대 혹은 자본제생산의 중심이 공업에 있었으므로 공업자본주의시대라고도 부른다.

독점자본주의

　산업의 보호주의가 발달을 거두었던 19세기의 말엽은 벌써 중공업혁명의 성숙기로서 섬유공업혁명인 산업혁명의 시기와는 그 경제적 여건이 현저히 달라졌으니 경제사회는 자유경쟁에 의하여 합리적으로 원활하게 발전하여 간다고 하는 애덤 스미스(A. Smith)의 자유방임사상의 낙원은 자본주의 발전과정의 일장춘몽에 지나지 않게 되었다. 즉 과학기술의 발달에 따른 산업의 근대화과정은 기업에 있어서의 고정자본비율의 증대, 즉 자본의 유기적 구성을 고도화시킴으로서 마침내 자본의 산업간 자유이동이 불가능하게 될 뿐만 아니라 이윤율의 저하현상을 초래하였다. 다시 말하면 자유경쟁의 원칙이라고 하는 자본주의경제의 질서가 이를 자극함으로써 이윤율의 저하경향은 걷잡을 수 없이 심화되었다. 기업가들이 이와 같은 현상을 극복하고 이윤총액을 증대시키기 위하여 생산규모를 확대하고 생산량을 무한하게 증대시킴으로서 자본주의의 괴물인 과잉생산(overproduction)이라는 고질적 현상이 나타나게 되었다. 이와 같은 역경에서 탈피하고자 기업가들은 제각기 제품의 가격을 출혈적으로 인하시킴에 이르자 경쟁에 의해 함께 도산하는 위기에 빠져 다수의 산업자본가들이 몰락하였다. 동시에 남아있는 소수의 대자본가들은 재빨리 결합하여 경쟁을 배제하고 독점가격을 유지하기 위하여 생산의 집중(集中)·집적(集積)을 급속히 진천시키면서 시장을 독점하는 거대한 독점체를 형성하였다. 그리하여 독점자본이 탄생하게 된 것이다. 이에 따라 자본주의는 자유경쟁의 원리로부터 독점의 원리로 이행케 되었으며 독점자본주의는 현대자본주의의 특질을 형성하게 되었다. 생산의 집중·집적을 급속히 추진하던 독점자본은 산업계와 시장을 완전히 지배하기 위하여 은행자본과 융합하지 않을 수 없었으니 산업자본의 독점형태와 은행자본의 독점형태는 상호보완작용을 하면서 발전하여 드디어 융합함으로써 독점금융자본주의를 탄생시켰다. 20세기에 접어들면서부터 독점의 발달과 함께 산업은 은행의 지배를 받게 되었으므로 이 시기 이후는 따로 금융자본주의 시대라고도 불린다.

그러나 독점금융자본은 다시 국가기관을 이용하여 그의 정책을 추진하게 되자 국가정책은 소수의 독점자본을 위한 정책을 채택하게 되어 마침내 제국주의(imperialism)를 건설하고 국가독점자본주의를 전개하게 되었다.

수정자본주의

수정자본주의란 자본주의경제 그 자체가 그 발전과정에 있어 그의 모순을 극복하기 위한 여러 가지 정책적 노력을 표시하는 것이다. 즉 자본주의의 근본원칙인 생산수단의 사유제와 계급적 사회구조의 본질을 그대로 두고 자본주의체제를 일부 수정함으로써 자본주의의 모든 폐해를 제거하려는 관념을 말한다. 이러한 극복의 임무를 담당하는 것이 국가인데 그 임무의 수행을 위한 경제에의 국가진출을 요청하게 된 여러 조건은 다음과 같다. 즉 기업의 공익성 증대, 자본의 대규모 조직화, 국가재정의 팽창 및 과잉, 생산 공황의 심각화, 계급 대립의 격화 등이 그것이다.

이러한 성숙된 여러 가지 조건 아래 나타난 국가의 정책적 노력은 자본주의의 위기를 극복하려는데 있다. 이러한 국가의 경제정책적 기도는 자본과 노동 사이의 투쟁이 격화된 단계에서 등장하는 경우가 있고 또 불황에 허덕이는 국내시장에 유효수요를 증대해야 한다는 산업사회의 요구로부터 등장하는 경우도 있다. 그 등장의 계기가 어떻든 간에 자유주의적 질서가 위로부터 수정되는 점에서는 같다. 예컨대 제1차 세계대전 후의 독일에 있어서의 자본주의의 사회화 또는 조직화의 시도, 또 1929년의 대공황 후에 있었던 미국의 뉴딜정책 등은 모두 수정자본주의적 정책적 시도를 보여주고 있다. 그리고 제2차 세계대전 후 특히 1950년대에서는 일시적인 경기후퇴는 있었으나 전반적으로 경제는 활발한 성과를 거두고 국민소득도 증가하였다. 이러한 사태를 배경으로 하여 수정자본주의 사상도 활발하게 나타났다. 완전고용을 보장하고자 하는 케인즈주의의 경기대책, 즉 경제적 자유주의에 대한 부분적 불신과 부분적 대체(partial substitution)가 케인즈적 대안의 수정자본주의다. 또 소득혁명에 의하여 분배의 불평등이 극복되는 일면에 착안하여 인민자본주의를 주장하는 것도 역시 수정자본주의 한 형태이다.

 이와 같이 이론적으로는 케인즈의 『일반이론, 1936』이, 정책적으로는 미국 루스벨트 대통령의 뉴딜정책이 효시인, 수정자본주의는 여러 가지 의미로 사용되고 있으나 자본주의체제를 원칙적으로 유지하면서 자본주의의 여러 가지 결함을 민주주의의 방법에 의하여 극복하고자 하는 사상을 의미한다고 할 수 있다.

신자유주의(新自由主義, neo-liberalism)

수정자본주의는 시장에서의 사적 독점의 폐해, 소득분배의 악화, 주기적 공황 등의 문제점을 해결하겠다고 국가 관료에 의한 공적 독점, 즉 국영기업 등 공공부조의 확대, 그리고 부분적 계획화, 즉 적극적 재정 및 금융정책 등을 추진하여 왔다. 그러나 이는 민간 창의와 민간 활력의 약화, 새로운 비효율과 새로운 불공정의 발생, 새로운 특권지배층의 등장, 관료독재와 관료주의의 강화, 성장잠재력의 지속적 위축, 경제질서의 경직화와 비탄력화 등을 결과하게 되었다.

그리하여 이러한 폐해를 극복하기 위해 나타난 것이 신자유주의(neo-liberalism)이다. 이 신자유주의·신시장주의의 물결이 종래의 국가사회주의권에서는 개혁(perestroika)과 개방(glasnost)으로 나타나고, 종래의 수정자본주의권에서는 공기업의 민영화(privatization), 각종 경제규제의 철폐를 목표로 하는 탈규제화(deregulation) 등의 모습으로 나타나고 있다. 과거 고전적 자유주의에 대한 부정으로서 등장한 신중상주의가 다시 한 번 부정되면서 신자유주의가 등장하는 셈이다. 이는 경제체제론적 관점에서 보면 명령경제에서 시장경제로의 복귀를 의미한다. 사회주의권에서의 페레스트로이카는 완전명령경제에서의 탈출이고, 자본주의권에서의 민영화와 탈규제화는 부분적 명령경제에서 경쟁적 시장경제로의 전환이다. 이상과 같이 세계사상의 큰 역사적 흐름의 맥락 속에서 오늘날의 국가사회주의제국과 수정자본주의제국에서 일어나는 일련의 변화와 개혁의 의의와 성격을 이해해야 할 것이다.

신자유주의란 국가권력의 시장개입을 비판하고 시장의 기능과 민간의 자유로운 활동을 중시하는 이론이다. 1970년대부터 케인즈 이론을 도입한 수정자본주의의 실패를 지적하고 경제적 자유방임주의를 주장하면서 본격적으로 대두되었다. 케인즈 경제학은 제1차 세계대전 이후 세계적인 공황을 겪은 많은 나라들의 경제정책에 이론적 기초를 제공하였다. 미국과 영국 등 선진국들은 케인즈 이론을 도입한 수정자본주의를 채택하였는데, 그 요체는 정부가 시장에 적극적으로 개입하여 소득평준화와 완전고용을 이룸으로써 복지국가를 지향하는 것이다.

케인즈 이론은 이른바 '자본주의의 황금기'와 함께하였으나, 1970년대 이후 세계적인 불황이 다가오면서 이에 대한 반론이 제기되었다. 장기적인 스태그플레이션은 케인즈 이론에 기반한 경제정책이 실패한 결과라고 지적하며 대두된 것이 신자유주의 이론이다. 시카고학파로 대표되는 신자유주의자들의 주장은 닉슨 행정부의 경제정책에 반영되었고, 이른바 레이거노믹스의 근간이 되었다.

신자유주의는 자유시장과 규제완화, 재산권을 중시한다. 곧 신자유주의론자들은 국가권력의 시장개입을 완전히 부정하지는 않지만 국가권력의 시장개입은 경제의 효율성과 형평성을 오히려 악화시킨다고 주장한다. 따라서 '준칙에 의한' 소극적인 통화정책과 국제금융의 자유화를 통하여 안정된 경제성장에 도달하는 것을 목표로 한다. 또한 공공복지 제도를 확대하는 것은 정부의 재정을 팽창시키고, 근로의욕을 감퇴시켜 이른바 '복지병'을 야기한다는 주장도 편다.

신자유주의자들은 자유무역과 국제적 분업이라는 말로 시장개방을 주장하는데, 이른바 '세계화'나 '자유화'라는 용어도 신자유주의의 산물이다. 이는 세계무역기구(WTO)나 우루과이라운드 같은 다자간 협상을 통한 시장개방의 압력으로 나타나기도 한다. 신자유주의의 도입에 따라 케인즈 이론에서의 완전고용은 노동시장의 유연화로 해체되고, 정부가 관장하거나 보조해오던 영역들이 민간에 이전되었다.

자유방임경제를 지향함으로써 비능률을 해소하고 경쟁시장의 효율성 및 국가 경쟁력을 강화하는 긍정적 효과가 있는 반면, 불황과 실업, 그로 인한 빈부격차 확대, 시장개방 압력으로 인한 선진국과 후진국 간의 갈등 초래라는 부정적인 측면도 있다.

· **따뜻한 자본주의**

자본주의 발달과정은 애덤 스미스의 국부론에 이론적 근거를 둔 자유방임주의적 자본주의가 자본주의 1.0이고, 1930년대의 불황을 극복한 케인즈적 수정자본주의가 자본주의 2.0이라고 할 수 있다. 1970년대 이후 제1, 2차 석유파동에 따른 스태그플레이션 현상이 나타나고, 2008년 9월 세계적인 금융위기가 도래한 시기가 자본주의 3.0시대라고 할 수 있다. 그리고 2009년 이후 미래에 도래할 사회가 자본주의 4.0시대라고 할 수 있을 것이다.

자본주의 제1기, 즉 자본주의 1.0은 나폴레옹에 대한 영국의 승리에서 시작해 영국에서 산업혁명이 일어나고 대영제국 하의 세계평화시대가 진행되었다. 그 후 1차 세계대전과 러시아 혁명에 이어 1930

년대 대공황으로 막을 내리는 자유방임적 자본주의 시대라고 할 수 있다. 이 시기는 자본주의 장점인 시장경제기능을 신봉하고 가급적 정부가 시장에 개입하지 말고, 시장기능에 맡기면 저절로 자본주의 경제가 잘 돌아간다고 보는 관점이다. 이른바 가격의 매개변수적 기능을 신봉하는 사상이다. 개인들이 자기의 이익을 위해서 노력하면 그것이 자신에게도 이익이 되고, 결국 국가에게도 이익이 된다는 논리이다.

자본주의 제2기, 즉 자본주의 2.0은 1930년대의 대공황으로 세계경제가 불황을 맞이하고 있을 때 케인즈(J. M. Keynes)가 유효수요이론을 개발하여 정부가 시장에 적극적으로 개입하여 불황을 극복해야 한다고 주장하였고, 이 이론에 의해 그 당시의 불황을 극복하게 되었는데, 이를 일명 수정자본주의라고도 한다. 대공황을 극복한 이후 유럽에서는 복지국가 전성기를 누리고, 미국에서도 루스벨트대통령의 뉴딜정책과 린든 존슨의 '위대한 사회'가 지배하던 시기이다. 제2기의 특징인 '사회민주주의'와 '복지자본주의'는 1970년대의 세계적인 인플레이션으로 위기에 처하게 된다.

자본주의 제3기, 즉 자본주의 3.0은 마가렛 대처와 로널드 레이건의 시장혁명으로 대표되는 '신자유주의 자본주의'였는데, 이것은 1980년대 초부터 시작하여 2008년 9월 미국에서 시작된 세계적인 금융위기로 막을 내렸다고 할 수 있다.

자본주의 4.0이란 단어는 영국의 경제평론가인 아나톨 칼레츠키(Anatole Kaletsky)가 2010년 6월에 발간한 『자본주의 4.0 : 신자유주의를 대체할 새로운 경제 패러다임』이라는 책에서 연유한다. 그는 2008년 9월 15일 금융위기를 당한 것은 은행과 집값 때문이 아니라 신자유주의적 자본주의 때문이라고 하고, 이때부터 자본주의 4.0이 시작되었다고 한다. 시장에 대한 정부의 간섭 축소를 강조했던 신자유주의와 달리 이제는 다시 정부의 간섭이 강화될 것이라고 했다.

아나톨 칼레츠키는 「자본주의가 고정된 제도의 묶음이 아니라, 환경의 변화에 따라 진화하고 적응해온 사회체제」라면서, 역사를 보면 자본주의가 위기를 통해 재조정되어 왔다고 주장한다. 그가 이 책에서 이야기하는 자본주의 4.0은 우선 「유능하고 적극적인 정부가 있어야만 시장경제가 존재할 수 있다는 인식에 기초하고 있으며 정부의 역할은 커지더라도 정부의 크기는 줄어들어야 한다」고 말한다. 이런 점에서 자본주의 4.0은 정부와 시장의 역할 가운데 하나만 강조했던 이전 시대의 경제인식과는 달리 정부와 시장이 모두 잘못될 수 있다는 사실에 기초하여 정치와 경제를 적대적인 관계가 아니라 서로 협력하는 관계로 인식하고 있음을 말해 준다하겠다.

따라서 자본주의 4.0은 공공과 민간 부문의 역할이 모두 중요하다는 점에서 혼합경제이고, 상황과 여건에 따라 경제규칙이 끊임없이 바뀐다는 점에서 적응성 경제다. 그래서 자본주의 4.0을 '적응성 혼합경제'라고 할 수도 있다. 자본주의 4.0은 정부와 시장이 모두 잘못될 수 있다는 사실에 기초하여 정치와 경제를 적대적인 관계가 아니라 서로 협력하는 관계로 인식한다. 나아가 자본주의 4.0은 세계가 예측하기 어려운 복잡성과 불확실성을 본질로 하고 있다는 인식에 기초하며, 공공정책과 경제 전략에서 실험정신과 실용주의를 강조한다.

자본주의가 4.0으로 진화하고 있다면 이제 우리나라도 새로운 자본주의 시대에 걸맞게 새로운 성장전략을 심각하게 고민할 때다. 자본주의 4.0을 일명 따뜻한 자본주의라고도 하는데, 이는 빌 게이츠가 주장하는 창조적 자본주의(creative capitalism)[4]와 그 맥락을 같이한다 하겠다. 아울러 자본주의 4.0은 서민들이나 비정규직, 일할 의지가 없는 사람들을 방치해서는 안 된다는 논리를 펴고 있다. 현재 우리나라 빈곤층 비율이 21%로 OECD보다 두 배쯤 높은 것에 비추어 볼 때 이를 최대한 줄이기 위한 정부의 노력은 물론 자본주의 시스템의 구조적 전환 또한 이루어야 할 것이다.

---

[4] Microsoft 창립자인 빌 게이츠가 2008년 하버드대학 졸업식과 스위스 세계경제포럼에서 처음으로 주창하였다. 이는 전통적인 기부나 자선의 의미를 넘어, 시장의 힘과 작동원리를 활용해서 가난한 사람들과 불평등을 겪고 있는 사람들을 도울 수 있는 강력한 시스템을 만들자는 개념임. "자본주의의 방향이 부유한 사람들뿐만 아니라 가난한 사람들을 위해서도 기여할 수 있고, 하루 1달러 미만의 생계비로 살아가는 전 세계 10억 빈민을 도울 수 있는 길이 바로 창조적 자본주의 길이며 이제 그 길을 모색해야 한다."는 것에서 비롯된 말이다.

4장

경제질서의 의의

· 경제질서의 뜻

일반적으로 경제질서(economic order)란 인간사회의 여러 경제현상 속에 일정한 경향성 내지 패턴(pattern)이 존재할 때를 일컫는다. 자연 속에 존재하는 물리의 법칙과 마찬가지로 추호의 예외도 없는 법칙이 인간의 사회 속에 존재한다고 보기는 어렵지만 인간사회의 여러 복잡한 현상이 아무 원칙이나 경향성 없이 제멋대로 나타나고 변화하는 것은 아니다. 물리의 법칙과는 다르나 사회 속에서도 일정한 질서가 존재하는 것이다.

중세까지만 하여도 사회 속에 존재하는 질서는 신의 명령이나 지배자의 의지에서 비롯되는 것으로 보았다. 따라서 이때는 사회질서를 연구하는 일은 곧 신의 존재와 신의 뜻에 대한 연구, 즉 신학의 문제, 아니면 지배자의 심리를 연구하는 심리학의 문제로 끝나고 사회 자체를 연구하는 학문은 존재하지 않았다. 그러나 근세로 들어오면서 신으로부터, 동시에 절대군주의 단일 의지로부터 자유스러워진 근대적 인간들이 등장하고 이들이 사회를 이루어나가면서, 이 사회 속에 일정한 질서적 경향이 존재함을 근대사상가들이 발견하게 되었다. 이때부터 사회 자체를 연구대상으로 하는 사회과학 내지 사회이론이 시작되었던 것이다. 실은 경제학도 이러한 근대시민사회를 연구대상으로 하는 사회이론의 한 분야로서 등장하게 되었다.

 사회 속에 존재하는 질서, 그 중 특히 경제현상 속에 존재하는 질서, 즉 경제적 질서는 크게 나누어 두 가지 종류가 있다. 하나는 자생적 질서(自生的 秩序: spontaneous order)이고 다른 하나는 작위적 질서(作爲的秩序: man-made order)이다. 자생적 질서란 인간의 행위의 결과로 형성되는 질서이나 인간의 의도의 결과가 아닌 질서를 의미한다. 바꾸어 말하면 인간의 구체적이고 개별적인 목적의식 하에서 만들어낸 질서가 아닌, 인간 스스로가 의도하지 아니했던, 그러나 인간행위의 결과로 자연스럽게 이루어지는 질서를 의미한다. 반면에 작위적 질서는 인간이 구체적이고 개별적인 목적의식을 가지고 만들어낸 질서이다. 인간에 의해 사전에 계획되고 의도된 질서이다. 인간행위의 결과로 이루어지는 질서이며 동시에 구체적이고 개별적인 목적의식 하에 만들어낸 질서이다. 우리 주위에서 보는 대부분의 조직(organization)들은 바로 이러한 계획된 질서, 의도된 질서에 속한다. 예컨대 회사·학교·정부 등의 조직이 바로 작위적 질서에 속한다.

 자생적 질서의 대표적 예로는 시장(market)을 들 수 있다. 시장질서, 시장의 교환질서는 어떤 특정인들이 구체적으로 의도해서 창출해낸 질서가 아니다. 인간의 본래 성품, 즉 사람들의 행동이 참으로 자발적인 것인 한 교환의 당사자들인 쌍방이 상호이익을 얻지 못한다면 어떤 교환도 행하여지지 않는다는 교환성향(propensity to exchange)이 밖으로 표출되어, 분업사회 속에서 시장적 교환질서를 형성·발전시켜온 셈이다. 주지하듯이 다른 동물들과 달리 인간만이 교환성향을 가지고 있다. 그런데 이 교환성향이 자급자족의 원시경제 하에서는 드러나지 않다가 생산력이 발전하고 사회적·경제적 분업이 진전되면서 크게 자기기능을 하기 시작하여 교환질서, 환언하면 시장질서를 형성·발전시키게 된다.

시장질서는 분명히 특정인이나 특정그룹의 이해득실을 위해 사전에 의도되고 계획된 질서는 아니다. 사회구성원들이 자유스럽게 각자의 목적을 추구하는 과정 속에서 자연스럽게 형성·발전하여 온 질서이다. 따라서 시장질서는 기본적으로 추상적이고 무목적적이라는 특성을 갖는다. 마치 언어의 문법(grammar)이 어느 누구가 의도적으로 만들어낸 것이 아니고 사회구성원 모두가 학습과 진화의 과정을 통하여 저절로 생성·발전하여 온 것과 마찬가지로, 시장이란 질서도 사회 구성원들이 변화하는 새로운 상황에 부딪치면서, 끊임없이 의도적으로 형성·진화시켜 온 질서이다.

이러한 무의도적 질서, 자생적 질서로서의 시장적 질서의 존재를 바르게 이해하는 것이 경제학 내지 사회이론에 대한 올바른 이해를 위해 대단히 중요한 기본전제가 된다. 사회질서라고 하면 모든 질서를 인간이 만들어 내는 것으로 생각하는 경향이 있는데 이는 잘못된 이해이다. 사회질서 속에는 분명히 인간이 의도적으로 만들어낸 계획된 질서가 있지만 인간의 개별의도와는 직접 관계없이 자생적으로 형성되는 질서가 있다. 그리고 이 자생적 질서가 의도된 질서보다 사실은 인류 발전에 더욱 중요한 역할을 한다.[5]

· 경제질서와 사회제도

인간은 원래 사회적인 동물이기 때문에 재화의 획득 및 사용에 관련된 경제생활도 사회조직과 제도 속에서 이루어지며, 사회조직과 제도를 떠나서는 이루어질 수 없는 것이다. 자유주의를 표방하는 자본주의 경제에 있어서 기업이나 가계의 경제주체가 자유로이 경제활동을 전개하는 것은 사실이지만 그러한 자유가 무제한적인 것은 아니다. 경제활동의 자유는 한편으로는 법률이나 규칙, 또는 행정조직이나 명령 등의 「성문적인」 제도의 제약을 받으며, 다른 한편으로는 사회의 관습이나 전통 등의 「불문적인」 규범에 의하여 견제를 받는다. 성문적인 제도나 불문적인 규범이나 모두 그 사회가 그 구성원인 경제주체에게 준수하기를 원하는 넓은 의미에 있어서의 「사회제도」라고 볼 수 있다. 우리의 경제생활은 이와같은 사회제도의 테두리 내에서 이루어진다. 어떤 경제주체의 경제활동이 성문법규를 위반하는 경우에는 법적인 규제를 받고, 불문법에 위배되는 경우에는 사회의 지탄을 받게 된다.

경제활동에 있어서의 자유의 범위는 위에서 본 바와 같이 사회제

---

[5] 박세일, "경제질서의 이념", 『현대경제학』, 서울 : 박영사, 1993, pp. 627-629.

도에 의하여 제한을 받을 뿐만 아니라, 그 경제활동 자체가 합하여 이룩한 가격구조, 생산 및 소비의 양식 등에 의해서도 제한 받는다. 예를 들어, 생산자가 생산요소를 구입할 때에는 시장가격 이하로 구입할 수가 없고, 생산물을 판매할 때에는 시장가격 이상을 받을 수 없다. 또 그 생산과 판매의 방식도 대부분의 경우에 있어서는 다른 생산자가 취하는 방식을 따르는 것이 보통이며, 그렇게 하지 않을 경우에는 손해를 보기 쉬운 것이다. 생산자의 생산활동에 있어서의 선택의 범위는 이와 같이 실질적으로 크게 제한 받는 것이다.

소비자의 경우에 있어서도 사정은 거의 같다. 소비자 역시 위에서 말한 사회제도의 테두리 안에서 소비활동을 전개한다. 사회의 성문법, 불문율은 준수될 뿐만 아니라, 시장가격 이하로 소비재를 구입할 자유는 없다. 각 소비자의 매일의 소비지출을 보면, 그 패턴이 대체로 일정하다는 것을 알 수 있다. 식료품비·주거비·광열비·그밖의 비용 등에 대한 지출이 대체로 정해져 있다. 이것은 대부분의 사람들의 경제활동이 일정한 틀에 박혀서 이루어지고 있다는 것을 말하는 것이기도 하다.

이렇게 볼 때, 각 경제주체와 사회전체와의 사이에는 두 가지 상반된 관계가 있다는 것을 알 수 있다. 즉, 한편으로는 아무런 명령이나 지시를 받지 않은 각 경제주체의 자유로운 경제활동이 「보이지 않는 손」에 인도되어 경제사회 전체에 엄연한 질서를 확립시킨다. 다시 말해서 경제질서는 경제주체가 능동적으로 자유의사에 의하여 만들어 낸다. 그러나 다른 한편으로는 일단 경제질서가 확립된 후에는 모든 경제주체는 그 질서의 테두리 안에서 경제활동을 전개하지 않을 수 없다. 인간의 경제생활은 이와 같이 한편으로는 광의의 사회제도를 만들어 내며, 다른 한편으로는 전자는 후자에 의하여 제약받는다. 그러므로 경제학은 한편으로는 우리의 경제생활이 어떻게 오늘날 우리가 보는바와 같은 경제질서를 만들어 내는가를 밝히며, 다른 한편으로는 그 질서와 제도가 어떻게 우리 생활을 지배하고 제약하는가를 알려 주는 과학이라고 할 수 있다.[6]

· 수요공급에 의한 가격결정

「경제의 황금률」은 자본주의의 본질, 공산주의와의 근본차이, 그리고 경제체제의 도덕성이나 기본윤리 등의 이해에 있어서 관건이 된다. 자본주의도 많은 문제를 내포하고 있으나 근본적으로는 이런 도덕성이 있기 때문에 다른 체제보다 우위에 있는 것이다.

자본주의 경제에서 가장 가치있는 일은 수요자가 바라는 대로 공급자가 공급해주는 것이다. 이는 곧 『성서』의 「너희는 남에게서 바라는 대로 해주어라」라고 하는 황금같은 계율인 것이다. 불교나 유교의 기본사상도 바로 이와 같다. 수요자가 바라는 물건을 공급하는 기업은 부자가 되는 것이다. 수요의 원리와 변화를 잘 이해하는, 즉 국민이 현재 무엇을 원하며 또한 무엇을 원할 것인가를 잘 아는 기업가는 크게 성공하고, 정치가는 국민을 행복하게 해줄 줄 아는 유명정치가가 되는 법이다. 그리고 자본주의경제의 심장부에도 비견되는 수

---

6) 조순, 『경제학원론』, 서울 : 법문사, 1989, pp. 7-9 참조.

요와 공급의 기본원리가 통하고 또한 이를 아는 사람이 많은 사회일수록 살기 좋고 부강하게 되는 법이다. 경제정책이 잘못되는 경우는 대개 알게 모르게 이 원리를 반하기 때문이다. 경제학자들이 이 원리를 바로 이해하기 시작한 것도 불과 1890년대 이후부터이다.

반면에 중앙의 명령에 따라 경제가 운영되는 공산주의 사회에서는 국민들이 원(수요)하는 상품이 국민들에 의하여 생산되는 것이 아니라 「중앙의 통제가 원하는 상품을 지정하는 생산자」에 의하여 생산되고 공급된다. 국민들이 바라는 것이 생산된다는 보장이 없는 것이 통제경제의 비능률의 핵심이다. 또한 그 체제가 비인간성 및 비도덕성을 초래하는 근본원인이기도 하다. 공산체제는 근본적으로 국민의 수요가 무시된다. 또한 중앙의 명령에 따라 정해진 상품과 서비스가 통제된 생산자와 소비자에 의하여 생산·소비되는가를 항상 감시하는 체제이다. 사회주의체제 특히 북한의 경제체제는 소비자주권(consumer's sovereignty)의 선택원리가 아니라 생산자주권(producer's sovereignty)의 강요원리로서, 오늘날 경제구조의 경직성 내지 저성장 경제는 이를 잘 대변해 주고 있다. 경제의 능률과 인간의 도덕성을 무시한 체제는 오래 지속될 수 없다.

매일 매일 우리들은 의식주의 문제를 해결하기 위해서 또 때로는 즐거움을 갖기 위해서 수많은 재화와 용역을 사용하고 있다. 우리는 그러한 것들을 살 생각만 있으면 얼마든지 살 수 있다고 생각하면서도 얼마나 많은 사람들이 그러한 재화와 용역을 마련하기 위해서 애썼는지를 생각하려 하지 않는다. 우리는 우리가 자주 가는 슈퍼마켓에 우리가 원하는 식료품이 어떤 과정을 거쳐 있게 되었는지를 알려하지 않는다. 우리는 연필이나 빵을 그것이 누구에 의하여 어떻게 생산되었는지 모르면서도 잘 살 수가 있다. 중앙의 지시나 사람들 간의 대화가 없이도 이 일을 성취할 수 있다. 가격제도는 서로를 평화롭고 협력하게 만든다. 양자 간의 교환이 자발적이라면, 그리고 그 양자가 교환으로부터 이익이 있다고 믿지 않는다면 교환이 이루어지지 않는다. 자유로운 시장에서 매매자의 자발적 상호작용에서 결정되는 가격이 수백만 사람들의 활동을 조정하고 그것을 통하여 각 개인이 이익을 추구하고 결과적으로 모든 사람이 더 부유해질 수 있다. 경제적 질서가 지켜지는 사회에서는 자신의 이익을 추구하는 많은 사람들이 자신의 의도하는 바에 따라 그 결과가 나타나게 된다. 이러한 가격은 경제활동을 조직하는데 있어서 다음의 3가지 기능을 발휘한다.

첫째, 정보전달의 기능이다. 예를 들어 신생아 붐으로 입학적령기에 있는 아동의 수가 증가했기 때문에 연필의 수요가 급증하였다는 것을 가상해 보자. 연필소매상은 연필이 전보다 더 잘 팔려 도매상에게 더 주문을 한다. 도매상은 제조업체에게 주문을 더하고 제조업체는 연필 만드는 원료를 더 주문한다. 제조업체는 원료의 공급을 유도하기 위하여 더 높은 가격을 준다. 가격이 높아지면 원료공급자들은 작업을 늘리고 기술자들을 얻기 위하여 임금을 높인다. 이렇게 하여 생산의 물결은 더 넓어지고 연필 수요가 상승한다는 정보가 전세계에 퍼진다.

가격제도는 중요한 정보를 그것을 필요로 하는 사람들에게 준다.

나무의 생산자는 연필 수요가 높아지는 것을 알 필요가 없을지도 모른다. 다만 누군가가 나무에 더 높은 값을 주고 가격이 얼마동안 지속해도 좋을 것이라는 사실을 아는 것으로 충분하며 그러한 정보는 시장가격에서 나온다.

둘째, 자원의 최적배분기능이다. 즉 가격기구는 가장 비용이 적게 들면서 가장 높은 가치를 생산할 수 있는 자원활동의 생산방법선택을 위한 인센티브를 준다. 정보를 효율적으로 전달하는 한 주요문제는 모든 사람들에게 그 정보를 활용할 수 있다는 것을 확인시키는 것이다. 가격제도는 자동적으로 이 문제를 해결한다. 정보를 전달하는 사람은 그것을 활용할 수 있는 사람을 찾아내는 동기를 유발한다. 연필 제조업자들은 그가 사용할 나무를 판매할 사람들과 접촉을 한다. 그는 항상 더 좋은 생산품을 값싸게 공급할 수 있다고 생각하는 새로운 공급자들을 찾으려 한다. 마찬가지로 나무의 생산자는 그의 고객과 접촉을 해서 새로운 고객을 찾아내려 한다. 반면에 현재 이러한 활동에 참여하지 않고 미래에도 활동할 의사가 없는 사람은 나무의 가격에는 관심이 없고 그것을 무시할 것이다. 가격을 통해 정보의 전달은 조직적인 시장과 전문화된 의사소통 설비로 인하여 크게 촉진되었다.

가격은 최종구매자로부터 소매상, 도매상, 제조업자, 자원소유자에게 정보를 전달할 뿐 아니라 다른 방향으로도 정보를 전달한다. 산불이 났다거나 파업이 일어나서 나무의 입수가 감소하였다고 생각해 보자. 나무의 가격은 상승할 것이다. 그러면 연필 생산은 감소할 것이고 소매상은 값을 더 부를 것이고 값이 더 올라가면 최종소비자는 연필을 더 알뜰하게 쓰든가 아니면 연필보다는 볼펜을 쓰는 방향으로 바꿀 것이다. 다시 말하지만 최종소비자는 왜 연필 값이 더 비싸졌는지를 알 필요가 없고 다만 그것이 비싸진 것을 알기만 하면 된다.

그런데 실제경제에서는 가격이 자유롭게 수요와 공급의 조건에 대하여 의견을 표시하는 것에 대해 방해하는 것이 있다. 한 생산자나 생산자 카르텔이 어떤 특수 상품에 대하여 통제를 하는 개인의 독점이 바로 그 예이다. 그것은 가격제도를 통한 정보의 전달을 방해하지는 않지만 전달되는 정보를 왜곡시킨다.

개인들의 가격제도에 대한 왜곡도 문제가 되지만 오늘날에는 정부가 자유로운 시장제도를 간섭하는 주요 원천이다. 그것은 관세를 중심으로 하는 국제교역에 관한 억제책들과 임금, 특수 산업에 대한 정부규제, 불규칙한 인플레이션을 일으키는 금융 및 재정정책 그리고 다른 여러 채널을 통한 국내의 개별적 가격을 동결시키거나 영향력을 미치는 조치를 취하는 것 등은 그 예이다.

셋째, 누가 생산량의 어느 정도를 가질 수 있느냐에 관한 소득분배의 결정기능이다. 변덕스러운 인플레이션의 주요한 악영향 중의 하나는 가격을 통한 정보의 전달을 방해하는 것이다. 예를 들면 만약 나무의 가격이 올라가면 나무 생산자는 그것이 인플레이션 때문에 모든 물건 값이 오르는 것인지, 나무의 수요가 많아져서 그런지 혹은 나무의 공급이 적어져서 그렇게 되는지를 알 수 없다. 생산조직의 중요한 정보는 상대적 가격 즉, 한 항목의 다른 항목과의 비교된 가격이다. 높은 인플레이션과 특히 매우 가변적인 인플레이션은 그 정보를 의미없게 만든다.

정확한 정보의 효율적 전달은 사람들이 그 정보에 근거하여 어떤 행위를 하려는 인센티브 즉, 유인을 제공해주지 못할 때 의미가 상실된다. 만약 나무 생산자가 나무의 가격이 올랐는데도 더 생산할 유인을 갖지 않는다면 나쁜 것이다. 자유로운 가격제도의 가장 멋있는 점은 정보에 따른 반응의 인센티브와 그 수단을 제공하는 데 있다. 이러한 가격의 기능은 제3의 기능인 소득분배를 결정하는 것과 밀접한 관련이 있다. 생산자의 소득은 그의 생산품의 판매로부터 얻는 것과 그것을 생산하기 위하여 소비한 것의 차이에 의하여 결정된다. 그리고 이익을 얻으려 한다.

일반적으로 생산량이 늘면 생산의 비용은 더 커진다. 생산자는 점점 더 입수하기 힘든 나무나 그 위치가 불리한 곳의 나무를 얻게 된다. 그러면 덜 숙달된 기술자를 구하거나 아니면 임금을 더 많이 주어야 한다. 그러나 가격이 올라가면 더 높은 비용을 참아내게 하고 생산을 증가하려는 인센티브를 제공한다.

가격은 생산품을 위한 수요에 관해서 뿐만 아니라 생산품을 만들어내는 가장 효율적 방법에 관한 정보에 따라 행동하려는 인센티브를 제공한다. 한 종류의 나무가 매우 희귀해지고 그러므로 다른 나무보다 비싸졌다고 하자. 연필제조업자는 그 정보를 듣고 나무의 종류에 대해서 경제성을 발휘하려는 인센티브를 가지게 된다. 다른 예를 들면 나무를 베는 사람이 쇠톱을 쓰는 것과 손을 사용하는 것 중 어떤 것이 비용이 적게 들 것인가는 톱의 가격과 톱을 사용하는데 필요한 노동력과 그 노동력에 대한 임금에 달려 있다. 나무를 베는 기업은 비용을 최소화하기 위하여 적절한 기술적 지식을 획득하여 그것을 가격이 전달해 주는 정보와 결합하려는 인센티브를 지니고 있다.

우리는 생산자와 소비자에 관한 인센티브 효과를 논의하였지만, 그것은 노동자와 다른 생산자원의 소유자에게도 해당된다. 나무 수요의 증가는 나무 자르는 사람들의 임금인상을 가져온다. 이것은 그러한 종류의 일이 전보다 더 큰 수요 속에 있다는 것이다. 임금이 올라가면 근로자들에게 그 정보에 따라 움직이려는 인센티브가 생긴다. 나무 베는 일에 관심이 없던 사람도 그 일을 맡으려 한다. 노동시장에 들어오는 젊은이들도 나무 베는 일을 하려고 한다. 여기에서도 노동조합이 간섭을 하게 되면 사람들이 정보에 따라 자유롭게 행동하는 것을 방해하게 된다.[7]

이상에서와 같이 각종 상품의 수요와 공급은 원칙적으로 수요자와 공급자 쌍방의 이해관계, 기호 및 경제력을 모두 감안하여 서로가 좋아하는 방향으로 결정되어지도록 끊임없이 조정과정을 거치게 된다. 이러한 조정과정 속에서 가격기구는 자연스럽게 정보전달과 자원의 최적배분 및 소득분배기능을 수행하게 된다. 이렇게 하여 이루어지는 것이 경제학에서 제일 중요한 법칙인 「수요・공급의 법칙」(law of

---

7) Milton & Rose Friedman, *Free to choose*, (New York: Avon Books, 1980), pp. 5-16.

demand and supply)이며, 이는 시장경제체제의 핵심임은 물론「경제의 황금률」이다.

· 합리적 소비에 대한 탐색

　우리들의 경제생활은 생산과 소비의 연속적인 순환과정이다. 생산이 경제생활의 출발점이라면 소비는 그 종착점이라 할 수 있다. 그래서 애덤 스미스(A. Smith)는「소비는 모든 생산의 유일한 종착점이며 목적이다」라고 했으며, 케인즈(J. M. Keynes)도「모든 생산의 목적은 궁극적으로 소비자를 만족시키는 데 있다」고 하였다. 이렇게 인간의 소비를 생산과 관련시켜 볼 때, 소비는 경제학에서 중요한 개념의 하나가 된다는 것을 알 수 있다. 모든 경제 활동은 소비를 궁극적인 목표로 이루어지며, 소비는 인간의 욕망을 충족시켜 스스로 재생산하는 기본적인 경제 활동이 된다. 아울러 이러한 소비는 다음과 같은 경제적 의의를 지닌다.
　첫째, 생산된 재화는 소비됨으로써 비로소 참다운 진가를 발휘하게 된다. 좋은 재화가 생산되더라도 그것이 소비자에 의해 소비되지 않으면 재화로서의 존재 가치를 발휘할 수 없다.
　둘째, 소비는 가격기구에 영향을 준다. 만일 소비수요가 감소하여 가격이 하락하면 기업은 손해를 보는 까닭에 생산규모를 축소시킬 것이고, 이와 반대의 경우는 생산규모를 확대시킬 것이다.
　셋째, 기술혁신, 신기계의 발명, 경영합리화 등이 이루어지게 된다. 시장경제에서는 자유경쟁에 의한 영리추구가 이루어지기 때문에 기업은 부단히 창의력을 발휘하여 생산비를 줄이고 품질이 우수한 재화 생산에 노력하게 된다.

넷째, 소비재 수요의 변화는 가속적인 생산재 수요의 변화를 유발한다. 소비재 수요가 증가하면 생산설비의 확장을 위해 생산재 수요의 증가를 가져와 그 부문의 발전을 가져온다.

다섯째, 소비는 투자의 근원으로써 저축과 불가분의 관계가 있다. 소비가 너무 적어서 국민경제의 순환에 압박을 주어서도 안 되지만, 그렇다고 소비가 너무 많아도 투자를 제약하고 국민경제의 발전을 저해하게 된다.

이상과 같이 소비생활이 가지는 경제적 의의가 크다는 인식 아래 합리적인 소비를 위한 소비자 행동이론(theory of consumer's behavior) 및 그에 대한 접근방법을 살펴본다.

한계효용이론(theory of marginal utility)

19세기 말의 맹거(C. Menger), 제본스(W. S. Jevons), 왈라스(L. Walras), 마셜(A. Marshall) 등에 의해서 시작된 한계효용이론은 개개의 소비자가 느끼는 만족의 정도를 숫자로 나타낼 수 있다는 기수주의에 입각하고 있다.

소비자의 경제행위를 분석하는데 있어서 가장 중요한 가정은 소비자가 합리적인 의사결정을 한다는 것이다. 주어진 조건 밑에서 어떤 목적을 최대 달성하기 위하여 일관성 있는 의사결정을 할 때를 합리적이라 한다. 또한 한 소비자가 어떤 재화를 소비함으로써 주관적으로 느끼는 즐거움이나 만족도를 효용(utility)이라고 한다. 소비자들은 소비행위를 함으로써 효용을 얻게 된다. 이 효용은 어떤 재화의 소비량과 함수관계를 갖는다고 하는 것이 효용이론의 기본가정이다. 예컨대 어떤 재화 X의 소비에서 얻는 효용을 U라고 하면, U와 X는 다음과 같은 함수관계를 갖는다. 즉 $U = f(X)$, 이 함수에서 X의 소비량이 늘면 U도 증가한다고 하는 것은 쉽게 알 수 있다. 여기서 X의 소비량이 1단위 더 늘어날 때 효용의 증가분을 X재화의 한계효용이라고 한다. 일반적으로 한계효용이란 어떤 재화 1단위를 더 소비함으로써 얻게 되는 총효용의 증가분을 뜻한다.

일반적으로 어떤 재화의 소비량이 늘면 총효용은 증가하나, 총효용은 어떤 재화의 소비량이 증가함에 따라 비례해서 계속 증가하는 것이 아니라 총효용의 증가분은 점점 줄어드는 경향이 있는데, 이것을 한계효용체감의 법칙(law of diminishing marginal utility)이라고 한다.

그러면 왜 한계효용은 체감하는가? 아무리 만족을 더해주는 소비재라고 하더라도 그것의 소비가 증가함에 따라 한계효용은 감소한다는 것을 부인할 수 없기 때문이다. 근로 작업이나 운동 경기를 한 후에 시원한 음료수를 마실 때 느끼는 만족은 말할 수 없이 클지 모르지만, 마시는 음료수의 양이 많아짐에 따라 거기서 얻는 만족은 감소하게 마련이다. 소비자에 따라 만족의 정도가 차이가 있을지 모르지만, 소비량이 증가함에 따라 그 만족의 정도가 줄어든다는 것은 모든 소비자에게 공통적으로 적용되는 법칙이라는 것이다.

한편 소비자에 대한 두 번째 가정은 재화의 가격과 소득이 주어졌다는 것이다. 예컨대 재화를 X, Y라고 하면, X재의 가격 P_x와 Y재의 가격 P_y가 주어지고 또한 소득 I도 주어진다. 이 때 P_x, P_y, I가 주어지면 $P_x \cdot X + P_y \cdot Y = I$가 성립된다. 즉 총소비는 소득과 같다는 예산조건이 주어진다. 만일 $I = 200$, $P_x = 20$이라면, 예산조건은 $200 = 10X + 20Y$이다. 이 조건을 충족시키는 X, Y는 대단히 많다. 실제로 $Y = 10 - 1/2X$라는 직선상에 있는 모든 X, Y는 모두 이 예산조건을 충족시킨다. 이렇게 $P_x \cdot X + P_y \cdot Y = I$가 주어지면 $Y = I/P_y - P_x/P_y \cdot X$라는 방정식이 제약조건으로 주어지는데, 이것을 예산선(budget line) 또는 가격선(price line)이라고 한다.

이제 소비자의 문제는 예산선에 의해 결정되는 선택이 가능한 한 재화묶음 중에서 어떤 재화묶음을 택해야만 소비자의 주관적인 만족을 최대화할 수 있느냐는 것이다. 여러 재화묶음 중에서 소비자가 자신의 주관적은 효용을 극대화시킬 수 있도록 선택한 재화묶음을 소비자의 균형점이라고 한다. 이러한 소비자의 균형점은 두 가지 조건을 충족시키는 재화묶음이다. 즉 예산조건인 $P_x \cdot X + P_y \cdot Y = I$를 충족시켜야 하고 동시에 한계효용균등의 법칙(law of equi-marginal utility)인 $MU_x/P_x = MU_y/P_y$ 를 충족시켜야 한다.

이때 $MU_x/P_x > MU_y/P_y$라면, 재화 X에서 얻는 화폐 1단위당 한계효용이 재화 Y에서 얻는 화폐 1단위당 한계효용보다 크다는 것을 의미한다. 이 경우 소비자는 재화 X를 더 소비하고 재화 Y의 소비를 줄이면 총효용이 증가할 수 있기 때문에 소비자가 균형에 도달되었다고 할 수 없다. 같은 이유로 (수식)인 경우, 재화 Y의 소비를 늘리고 재화 X의 소비를 줄이면 역시 총효용이 증가할 수 있으므로, 이때도 소비자는 균형에 도달할 수 없다. 따라서 소비자의 총효용을 극대화시키기 위해서는 재화 X, Y의 화폐 1단위당 한계효용이 각각 균등해야 한다. 그래서 두 가지 균형조건을 충족시키는 재화묶음이 예산조건을 충족시키며 동시에 소비자의 주관적인 효용을 극대화시킨다.

이상에서와 같이 소비자는 각 재화의 소비에 지출하는 비용을 화폐 1단위의 한계효용이 서로 같도록 소비할 때 가장 큰 효용을 얻게 되어 합리적인 소비를 하게 되는데, 이것을 한계효용균등의 법칙이라고 한다.

무차별곡선이론(theory of indifference curve)

20세기 초 파레토(V. Pareto), 스루츠키(E. Slutsky), 힉스(J. R. Hicks) 등에 의해서 발전된 이 이론은 소비자에게 숫자로 표시할 수 있는 효용함수가 주어졌다는 것과 소비자가 그러한 효용함수에 의해 의사결정을 한다는 것을 비현실적이라는 비판 하에 소비자의 기호로 서수적으로 나타낼 수 있는 새로이 전개한 소비자선택이론이다. 다시 말하면 효용이란 원래 주관적이고 심리적인 것이므로 동일한 재화일지라도 개개인에 따라 그 효용은 다르게 되며, 동시에 같은 개개인에 있어서도 재화의 각 단위에 대하여 그 한계효용이 크고 작음은 논할 수 있어도 그것을 구체적·확정적인 숫자로 나타낼 수는 없다. 그리하여 일정한 소득을 가지고 소비지출을 하게 되는 소비자가 극대만족을 얻기 위해서는 객관적인 선택의 순위에 따라 행동한다는 것이다.

일반적으로 무차별곡선은 원점을 향해 볼록(凸)한 모양을 취한다. 이것은 이 곡선을 따라 우하향하면 X재를 증가시키고 Y를 감소시킴으로써 곡선의 기울기는 점차 수평에 가깝게 된다. 이것은 X재가 증가함에 따라 그 재화에서 얻어지는 만족의 정도를 전과 같게 하기 위해서는 X재의 증가분으로 인하여 상실되는 Y재의 양이 점차 감소하고 있음을 표시하고 있다. 이것이 한계대체율체감(diminishing marginal rate of substitution)이다.

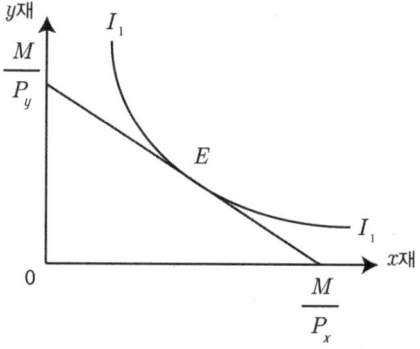

[그림 4-1] 소비자의 합리적 선택

소비자의 목적은 주관적인 만족도를 극대화하는 것이므로 어떤 것을 선택해야만 효용을 극대화할 수 있느냐 하는 것이 문제이다. 여기에서 무차별곡선은 이를 분명히 나타내 주고 있는데, 무차별곡선 상에서 소비자의 만족수준은 원점에서 먼 곡선이 더 높은 효용수준을 나타낸다. 그 이유는 일정한 비용조건 하에서 최대의 재화구입점을 나타내 주기 때문이다.

이것은 곧 가격선과 무차별곡선의 접점인 E점으로 나타나며, 이를 우리는 소비자균형점(consumer's equilibrium point)이라고 한다. 또한 가격선의 기울기와 무차별곡선의 기울기가 같다는 소비자의 균형조건은 $P_x/P_y = MRS_{xy}$로 쓸 수 있고, 이 경우 P_x/P_y는 X재와 Y재의 교환 비율이고, MRS_{xy}는 X재와 Y재에 관한 소비자의 주관적인 교환비율이다. 따라서 균형조건은 시장에서의 객관적인 교환비율과 소비자의 주관적인 교환비율이 일치하는 것을 나타내므로, 이때 이루어지는 소비를 우리는 현명한 소비 내지 합리적인 소비라고 말한다.

그런데 우리는 실제경제 상황에 있어서 합리적 소비와는 상반되는 사회분위기에 휩싸여 「들뜬 소비」 내지는 순간적 호기심에 의한 「충동 소비」에 직면하는 경우를 가끔 경험하게 된다.

그렇다면, 이에 우리는 어떻게 대처하는 것이 합리적일까? 물론 위에서 서술한 법칙이나 지식들을 총동원하여 종합할 필요가 있겠지만, 어떻게 모든 경제 상황에 대하여 항상 그렇게 대처할 수 있겠는가? 여기에서 우리들의 간단한 지혜를 모을 필요가 있다. 품질은 우수하며 공인된 품목인가, 가격은 적합한가, 예산에 비하여 너무 비싼 경우 대체 소비방법은 없겠는가, 내가 소비하려는 물건이 '필요한 것'과 '갖고 싶은 것' 중 어느 쪽에 더 비중이 높은가 등을 따져보아야 할 것이다. 그렇게 된다면, 개인으로 하여금 알뜰 살림을 꾸리게 함은 물론 물가안정 및 튼튼한 국가경제를 이룩하도록 도와줄 것이다.

• 합리적 생산에 대한 탐색

　생산은 생산의 요소들을 결합하여 활동함으로써 이루어진다. 근대 자본주의 사회에서는 생산은 주로 기업이 생산자가 되어 생산성의 증대를 통하여 합리적인 생산을 꾀하게 된다. 생산자는 각각 어떠한 생산량에 대해서도 총생산비가 최소가 되도록 생산요소를 결합하는 최소비용 결합의 원리를 우선 선택할 것이다. 다음에는 각각의 생산량의 판매에 의하여 얻게 되는 총수입과 총생산비를 비교하여 그 차액인 이윤을 최대로 할 수 있는 이윤극대화 원리의 생산량을 결정하려고 할 것이다. 이것이 곧 생산성을 높일 수 있는 방법의 하나이며, 합리적 선택에 의한 생산의 길이라고 할 수 있다.

　기업이란 재화나 용역을 생산하는 경영조직으로서 노동, 자본, 토지 등의 투입물을 결합하여 재화나 용역을 생산하고 그것을 판매한다. 여기에서 생산이란 제조업체에서 하듯이 원료를 변형·가공하는 행위뿐만 아니라 운반·저장·이동을 통해 효율성을 높이는 행위, 교육과 같이 서비스를 창출하는 행위, 신문을 배달하는 행위 등도 모두 포함한다.

　그런데 우리는 여기서 왜 보통 생산을 하는데 있어서 한 개인이 따로따로 생산하여 그 생산단계별로 반제품 또는 부품으로써 서로 거래하지 않고, 기업이라는 조직체를 통해 생산하는가. 물론 그 이유는 분업(division of labour)의 이익 때문이다. 분업의 이익을 일으키는 요인에는 여러 가지가 있다. 우선 기술적으로 분업을 통해 각자의 일에 전문화됨으로써 숙련도가 높아지고 시간도 절약되는 이점이 있다. 애덤 스미스는 『국부론』에서 한 사람이 하루에 20개도 만들지 못하는 핀을 열 사람이 여러 단계로 나누어 하루에 4,800개를 만드는 예를 제시하고 있다. 더 나아가 왜 열 사람이 각기 다른 기업으로서 시장기구를 통해 단계별로 다른 사람에게 부품을 사고파는 방식으로 경제행위를 조정하지 않았는가를 생각해본다면, 기업의 존재이유를 잘 알 수 있게 된다. 그 이유는 시장거래를 통해 모든 생산단계별로 경제행위를 하면, 상대방 물건의 질에 대해 잘 알 수 없고, 물건의 구입시기도 꼭 맞을지 확실시되지 않으므로 검사비용, 재고비용 등 각종 비용이 추가적으로 든다. 따라서 한 조직체 안에서 어떤 감독자의 감독 아래서 또는 상호신뢰나 상호감시 하에서 생산하는 것이 유리하게 된다. 이 점에서 착안하여 코즈(R. Coase)와 같은 학자는 거래비용(transaction cost)의 절감 때문에 모든 생산단계별로 각 개인이 생산하지 않고, 기업이란 조직을 이용해 생산하는 것이 유리해진다고 말한다.

나아가 거래비용의 절감효과 뿐만 아니라 협동생산을 통해서도 많은 이익을 기대해 볼 수 있는 것이다. 한 예로 꼼꼼히 앉아서 물건을 잘 다듬는 내성적 성격의 사람과 좀 덜렁대지만 돌아다니면서 물건을 잘 파는 외향적인 사람이 있다고 할 경우, 이 두 사람은 각기 따로따로 제작하고 판매하는 것보다는 둘이서 함께 기업을 만들어 한 사람은 제작을, 다른 사람은 판매를 하는 것이 더 유리할 것이다. 이와 같이 적재적소에 사람을 배치함으로써 생산성이 향상되는 사례는 얼마든지 있다. 이 경우 설혹 모든 면에서 열등한 사람도 잘만 배치되면 기업에 도움을 줄 수 있을 것이다. 물론 분업의 이익이 모든 경우에 존재하게 되는 것은 아니며, 오히려 기업규모가 너무 커지면 오히려 근무시간에 노는 사람이 있게 될지도 모른다. 따라서 시장경제에서는 비용절감의 측면에서 기업이 스스로 적절한 규모를 찾게 되는 이점이 있음을 알 수 있다. 이것은 사회주의 하의 기업에서 지나친 규모 확대와 경영부실로 일을 하지 않고 월급만 받는 사람들이 많아진 현상과 대비된다.

한편 기업의 궁극적인 목표는 이윤극대화라고 할 수 있다. 이윤이란 총수입과 총비용의 차이이다. 여기서 총수입이란 흔히 상인들이 매상이라고 하고 기업체가 매출액이라고 부르는 것으로, 총판매량과 가격의 곱으로서 총판매액과 같다. 총비용이란 생산에 들어간 임금, 이자, 지대 등 각종 비용의 합으로서 이 비용은 기회비용(opportunity cost)으로 계산되어야 한다. 예를 들어 기업가 자신의 노동에 대한 임금과 자기자본에 대한 이자도 비용에 포함된다. 이런 의미에서 이윤이란 경제적 이윤(economic profit)으로서 회계상의 이윤이나 보통 상인들이 말하는 마진(margin)과는 약간 차이가 있다.

$$\text{이윤(경제적 이윤)} = \text{총수입(total revenue)} - \text{총비용(total cost)}$$
$$= \text{가격} \times \text{판매량} - \text{요소가격} \times \text{요소사용량}$$

위의 식에서 총수입과 총비용의 차이를 크게 하기 위해서는 적당한 정도로 생산량 또는 판매량을 결정해야 한다. 너무 많이 생산하여 판매하면 총수입은 커지나 따라서 총비용도 커지므로 이윤은 작아질 지도 모른다. 반대로 너무 작게 생산하면 총비용은 줄어들지만 총수입 또한 줄어들게 되므로 이윤이 작아질 수 있다.

따라서 우리는 이윤의 크기를 계산함에 앞서서 어떤 요소투입량에 대해 얼마만큼의 생산량이 나오는지를 알아야 한다. 이와 같이 생산요소투입과 그것을 이용했을 때 최대가능한 산출물의 생산량의 기술적 관계를 나타내는 함수를 생산함수(production function)라 한다. 예를 들어 노동(L)과 자본(K)의 두 요소를 이용한 산출물(Q)을 생산하는 경우, 생산함수는 다음과 같다. 여기에서 함수 f란 생산요소들과 산출물간에 어떤 기술적 관계가 있음을 의미한다.

$$Q = f(L, K)$$

이때 자본사용량(K)을 고정요소(fixed factor)로서 생산량과 관계없이 고정된 것으로 보고 노동을 가변요소(variable factor)로서 투입량을 조정할 수 있다고 가정한다면, 다음과 같은 노동의 한계생산물(marginal product, MP_L)과 평균생산물(average product, AP_L)을 계산할 수 있다. 즉, 한계생산물이란 가변요소가 한 단위 추가될 때 증가된 생산물의 양을 말하며, 평균생산물이란 투입된 가변요소 한 단위당 산출된 생산물의 양을 말한다.

$$MP_L = 생산물의\ 증가량 / 노동량의\ 증가분 = \Delta Q / \Delta L$$

$$AP_L = 총산출량/ 투입된 노동량 = Q/L$$

그런데 가변요소와 총생산물의 관계를 보면, 노동이 조금 투입될 때는 노동량이 증가함에 따라 비례 이상으로 총생산물(TP)이 증가하다가 어떤 수준 이상에서는 비례 이하로 증가하며, 결국 총생산물이 감소하는 것이 일반적 경향임을 알 수 있다. 이를 한계생산물(MP)과 평균생산물(AP)로 다시 표현해 보면, 노동량이 L_1인 점에서 원점과 생산함수 상의 한 점을 잇는 선의 기울기(θ)인 평균생산물이 최대이며, 이때 생산함수 자체의 기울기인 한계생산물과 평균생산물이 일치함을 알 수 있다. 나아가 노동량이 L_1보다 커짐에 따라 평균생산물과 한계생산물이 감소하게 됨을 알 수 있다.

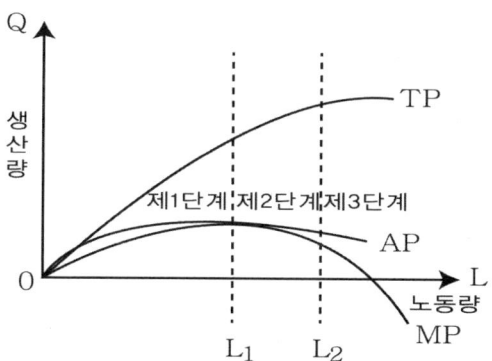

[그림 4-2] 가변요소 투입과 생산물과의 관계

이와 같이 어떤 고정요소가 존재할 때, 한 가지 가변요소를 계속 투입함으로써 한계생산물이 결국 감소하는 현상을 수확체감의 법칙

(law of decreasing returns)이라고 부른다. 예를 들어 사무실 사용면적은 일정한데 사무원의 수만 계속 증가한다면, 결국 새로 추가된 사무원의 작업량이 종래의 사무원보다 적어지는 현상이 일어날 것이다.

그런데 기업가가 현실적으로 조업하는 구간은 생산의 제2단계여야 한다. 왜냐하면 생산의 제1단계에서는 한 사람을 추가 고용함으로써 평균적인 생산량이 증가하므로 사람을 더 쓰는 것이 유리할 것이다. 반대로 생산의 제3단계에서는 사람을 이미 너무 많이 써서 총생산량이 감소하고 있으므로 비효율적인 구간이다. 생산의 제2단계에서는 한 사람을 추가 고용함으로써 총생산물(TP)은 증가하지만, 평균생산물(AP)은 감소하므로 기업가가 적절하게 사람을 쓰도록 고민하는 상태이다. 이 경우 노동임금률은 중요한 결정요소가 된다. 물론 가변투입요소가 자본일 경우는 자본이자율이 중요한 결정요소가 된다.

이와 같이 기업가는 생산의 제2단계에서 투입량을 결정해야 함을 알 수 있는데, 그것은 어떤 일정량을 생산하는데 비용을 최소화하는 조건(cost-minimization)을 찾는 것과 같다. 다시 말하면, 한계생산물 균등의 법칙(principle of equality of marginal productivity), 즉 노동과 자본이 모두 가변요소라면, 노동의 한계생산물을 노동의 가격으로 나눈 값이 자본의 한계생산물을 자본의 가격으로 나눈 값과 같아야 비용이 최소화된다.

노동의 한계생산물/노동의 가격 = 자본의 한계생산물/자본의 가격

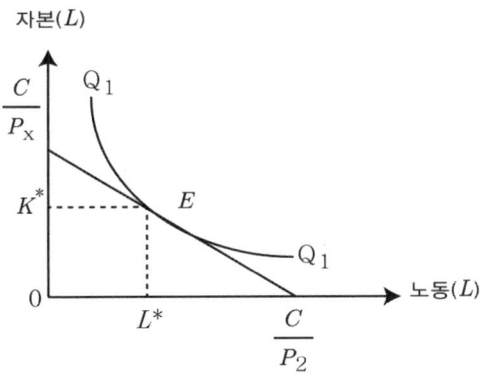

[그림 4-3] 생산자의 합리적 선택

이 경우는 등비곡선의 기울기(노동의 가격/ 자본의 가격 = P_L/P_K)와 등생산량곡선의 기울기(노동의 한계생산물/ 자본의 한계생산물 = MP_L/MP_K)가 일치하여 생산요소의 가격비와 생산요소의 한계생산물의 비가 균등하게 된다. 따라서 이때 생산자(기업)는 가장 만족한 상태에 도달해서 더 이상 다른 상태로 변동되기를 원하지 않게 되는 바, 생산자의 합리적인 선택은 여기에서 이루어지게 되는 것이다. 이는 위 그림의 등생산량곡선(iso-quant curve)과 등비용선(iso-cost line)의 접점인 E점, 즉 생산자균형점(producer's equilibrium point)에서 이루어지게 된다. 물론 등생산량곡선($Q_1\ Q_1$)은 소비에서의 무차별곡선의 성질과 동일하며, 이 곡선상의 모든 점은 기술적 효율성을 가진다. 또 등비용선은 동일한 비용을 들여 살 수 있는 요소량의 조합을 나타내는 직선이다. 비용이 C, 노동의 가격이 P_L, 자본의 가격이 P_K일 때, 노동 사용량이 L, 자본사용량이 K이면 등비용선은 $C = P_L \cdot L + P_K \cdot K$이다. 이

때 L^*, K^*만큼 요소를 사용할 때 Q_1을 생산할 수 있으면서 그 비용은 최소가 되므로 합리적인 생산자라면 기꺼이 생산자균형점인 E 점을 선택하게 될 것이다.

5장

금융질서와 조절 정책

· 돈의 의미와 기능

옛날에는 하늘은 둥글고(天圓) 땅은 네모나다(地方)라고 생각했다. 이 동양적 사고에 근거해서 동전의 테두리는 하늘을 뜻해서 둥글고 그 안은 땅을 생각해서 네모구멍을 뚫었다. 이것은 곧 천원지방(天圓地方)으로 온 천지 온 누리에 돈이 통용·유통이 되라는 뜻이다. 그래서 돈이라는 이름은 돌고 돌아서 돈이고, 이렇게 돈을 따라 유통되는 것이 경제이며, 돈은 경제흐름에서 피(혈액)와 같다. 돈은 감추어 두면 죽어버리기 때문에 그때의 돈은 활전(活錢)이 아니라 사전(死錢)이고, 용물(用物)이 아니라 장물(臟物)이므로 돈은 유통됨으로써만이 그 진가를 발휘할 수가 있다.

경제흐름 중에는 재화나 용역, 생산요소 등 실물의 흐름 반대편에 화폐의 흐름이 있다. 어떤 학자는 「돈(화폐)을 인간이 만들어 낸 위대한 창조물 중의 하나」라고 말하고 있다. 우리나라 속담에도 「돈만 있으면 귀신도 부릴 수 있다」, 「돈이 양반이다」라고 하는 얘기가 있다. 반면에 「돈은 모든 악의 뿌리이다」, 「돈은 좋은 하인이지만 나쁜 주인이다」라는 경구도 있다. 여하튼 인간은 이 돈으로 인하여 많은 희비애환을 연출하고 있으며, 아마도 인간이 겪는 고통의 대부분은 돈에서 연유된 것이라 해도 과언이 아니다. 이와 같이 돈은 우리의 일상생활과 밀접히 관련되어 있다.

돈은 경제에서 어떤 역할을 할까? 돈은 국민경제의 모든 부분을 돌아다니거나 장롱이나 금고 속에 머물 수도 있다. 또는 은행과 같은 금융기관이나 증권시장을 통하여 기업에 흘러들어가 시설 확대·생산 확대·고용 증대에 이바지할 수도 있으며 인플레이션을 유발시키는 요인으로 작용하기도 한다. 또 재화나 용역·기타 자산의 구매·부채 청산 등의 수단으로 통용되기도 한다.

이와 같은 돈(통화)은 주화나 지폐같이 중앙은행(한국은행)이 발행하는 것 중에서 가계·기업 등 민간이 보유하고 있는 돈과 은행에 가서 언제라도 수표나 통장을 제시하고 꺼내 쓸 수 있는 은행의 요구불예금이 있다. 그리고 오늘날에는 화폐의 개념을 좀더 넓혀서 현금통화와 요구불예금 이외에 저축성 예금까지 포함시키는 것이 일반적이다. 나아가서 더욱 광의의 화폐개념에는 총통화에 단기성 채권이나 기타 유가증권을 포함시키는 경우도 있다.

통화(M_1) = 민간보유 현금통화 + 요구불 예금

총통화(M_2) = 현금통화 + 요구불예금 + 저축성예금

총유동성(M_3) = 현금통화 + 요구불예금
+ 저축성예금 + 단기성 채권

 이와 같은 돈을 사람들이 가지려는 이유는 무엇일까? 이들 돈(통화)은 가계·기업 등 경제활동의 주체들에 의하여 보유된다. 경제주체들이 돈을 가지는 동기는 다음 세 가지로 요약할 수 있다. 그 첫째는 일상적인 거래활동을 해나가기 위하여(거래적 동기), 둘째는 예기치 않은 지출의 증가나 수입의 지체 등의 사태에 대비하기 위하여(예비적 동기), 셋째는 채권이나 주식이 거래되는 자본시장의 변화에 대응하여 가격변동에 따른 자본이득을 얻기 위해서(투기적 동기) 이다.
 그렇다면 통화의 공급은 누구에 의해 이루어지는가? 물론 통화의 정의에서 알 수 있듯이 화폐발행권이 있는 한국은행이라고 쉽게 대답할 수 있다. 그러나 통화공급에는 한국은행뿐만 아니라 예금은행·일반국민(가계, 기업)·정부(재무부) 등 여러 경제주체가 동시에 영향력을 미치고 있다. 예금은행은 요구불예금의 형태로 통화를 창조하며, 민간은 통화를 현금통화로 보유하느냐 아니면 요구불예금의 형태로 보유하느냐 하는 선택에 의해 통화공급에 영향을 미치게 된다. 또한 정부가 자금부족분을 중앙은행으로부터 차입하여 조달하느냐 아니면 공채를 발행하여 조달하느냐에 따라서도 통화공급의 크기는 달라진다.
 한편 경제생활에 있어 화폐(money, currency)는 필수불가결한 역할을 담당하고 있어서 화폐가 없는 현대경제는 상상조차 할 수 없다. 현대 경제사회에 있어서는 모든 경제행위가 화폐형태로 표시된 구매력의 지배를 통하여 이루어지고 있다. 가계는 직장을 통해서 화폐소득 또는 화폐로서 표시되는 일정소득을 얻어서 소비생활을 하고, 기업은 화폐적 구매력을 통해서 생산설비·원료·노동력을 구입하여 생산활동을 하고 있다. 현대의 시장경제체제 하에서는 모든 경제행위가 화폐로써 표현되는 가격을 기준으로 하여 이루어지고 있어서 화폐는 경제순환의 윤활유가 되어 모든 경제활동을 활발하게 촉진하고 있다.

이러한 화폐는 그 기능이 본원적 기능과 파생적 기능으로 구분되는데, 본원적 기능은 화폐가 화폐인 이상 반드시 수행해야 하는 기능이고 파생적 기능은 본원적 기능에서 파생된 기능이다.

시장경제체제 하에서는 모든 재화의 교환이 화폐를 매개로 하여 이루어진다. 이 경우 화폐는 일반적 교환수단(means of exchange) 내지 유통수단의 기능을 하고 있다. 교환의 원시적 형태는 물물교환인데, 여기에는 교환당사자 간의 욕망일치·교환대상물의 분할·교환비율의 결정 등 여러 가지 곤란이 따르므로 사람들은 화폐를 발견하여 이를 매개로 교환하게 된다. 그리하여 이 기능은 경제활동을 원활하게 하는 윤활유의 구실을 하며, 화폐는 베일(veil)이라는 것이다. 또한 모든 재화가 화폐와 교환되는 것이라면 모든 재화의 가치는 화폐에 의해서 측정되고 표현되는 것이므로, 화폐는 모든 재화의 가치를 측정하는 일반적 가치척도(measure of value)의 기능을 하고 있는 것이다. 사실 어떤 교환이 이루어지기 위해서는 교환비율의 결정이 선행되어야 하며, 이 교환비율은 화폐액으로써 쉽게 표현되기 때문에 교환이 용이하게 이루어진다. 물론 이 경우 화폐가 가치척도 내지 회계단위로서의 기능을 충분히 수행하기 위해서는 화폐의 가치가 안정되어야 한다. 이상에서의 일반적 교환수단과 일반적 가치척도는 화폐의 본원적 기능을 수행하고 있는 것이다.

화폐는 위의 본원적 기능 이외 여러 가지 파생적 기능을 수행한다. 첫째, 가치의 보장수단(means of store of value)이다. 화폐가 없는 경제에서 가치를 보장하기 위해서는 실물을 보장해야 할 것이다. 실물로서 보장한다는 것은 여러 가지 불편이나 비용이 따르게 되고 감가·멸실·부패의 위험도 있다. 그런데 화폐경제에서는 실물을 매각하여 화폐를 보유하고 있으면 필요에 따라 언제든지 화폐를 실물과 교환할 수 있다. 화폐를 보장하는 것은 실물보장에 비하여 대단히 편리할 뿐 아니라 보장비용도 절감할 수 있다. 화폐가 가치보장수단으로서의 기능을 수행하기 위해서는 화폐의 가치가 안정적이어야 한다. 만약 물가가 상승하여 화폐가치가 하락한다면 화폐로서 가치를 보장하는 것은 손실을 가져올 것이기 때문이다. 케인즈 학파(Keynesian)의 경제이론에서는 이와 같은 화폐의 가치보장기능이 실물경제에 적극적인 작용을 하게 된다. 즉, 화폐가 가치저장의 수단으로 사용됨으로써 실물경제의 흐름을 증가시키기도 하고 감소시키기도 한다는 것이다. 둘째, 지불수단(means of payment)의 기능이다. 일반적으로 화폐와 상품의 수수가 동시에 이루어지지만 그것은 시간적으로 분리되는 수도 있다. 신용거래의 경우 상품구입이 있은 후 일정시간이 경과된 후에 구입대가가 화폐로서 지불되며, 이 경우 화폐는 지불수단으로서의 기능을 다한 것이다. 이상의 기능 이외에도 셋째, 화폐는 생산요소에 대한 구매력을 가지며, 넷째, 자본이전수단(medium of capital transfer)의 기능을 가진다. 다섯째, 화폐가 자본으로 이용되어 이자라는 소득이 획득하는 가치증식(increasing of value)의 기능을 가진다. 여섯째, 화폐는 재화의 국제적 거래를 매개하는 세계화폐수단(means of world money)을 가진다. 이때의 세계화폐는 경화(硬貨: hard money)라야만 그 기능이 발휘된다.

· 금융정책수단

금융의 간접 조절 정책

오늘날 대부분 나라에서는 은행이나 그 외 금융기관들을 대상으로 하는 중앙은행제도를 가지고 있다. 중앙은행은 한 나라 전체의 화폐, 즉 유동성을 유지 및 규제할 목적으로 설립된 특수금융기관이다. 우리나라 중앙은행인 한국은행은 국민경제 전체의 화폐 흐름과 연관된 여러 가지 업무를 수행한다. 중앙은행은 발권은행으로서 은행권을 독점적으로 직접 발행하고, 정부의 은행으로서 정부의 국고금 출납업무와 국채의 발행·매각 또는 상환 등의 업무도 취급한다. 또한 외국환업무, 외국환보유, 외국정부 및 금융기관으로부터 예금의 차입 등의 일도 맡아서 한다. 그 외에 은행 중 은행으로서 여·수신업무와 은행감독업무를 맡고 있으며 기타 생산자물가지수의 조사발표와 같은 경제전반에 걸친 포괄적인 조사 통계업무 등을 수행한다. 그러나 무엇보다도 중요한 일은 화폐금융정책의 담당기관으로서 통화량이나 이자율을 조절하며 국민경제의 신용질서를 안정화시키는 데 있다.

한 국가의 경제정책은 재정정책과 금융정책의 양대 기둥으로 이루어진다. 재정정책이 정부지출이나 세율을 변동시켜 국민소득의 흐름에 직접적인 영향을 미치는 정책이라면, 금융정책은 통화량이나 이자율을 변동시켜 간접적으로 국민소득의 흐름에 영향을 주는 정책이다.

중앙은행인 한국은행은 통화량과 이자율을 조절하는 통화신용정책을 담당하는 기관이다. 통화를 관리하는 수단에는 크게 간접적 정책과 직접적 정책이 있다.

간접적 통화정책은 양적 정책이라고도 하는데, 금융시장의 시장기구를 이용하는 것으로 국민경제의 전반에 대해서 크게 영향을 미치는 정책수단이다. 여기에는 재할인율 조정, 지급준비율 조정, 공개시장조작 등을 말한다. 이들은 차별적 성격이 적다는 장점이 있으나 시장이 제기능을 발휘하지 못하는 개도국에서는 그 효과가 제한적일 수밖에 없다. 그럼 좀더 간접적 통화관리정책이 어떠한지를 살펴보자.

첫째, 공금리정책(rediscount rate policy)으로, 재할인율정책이라고도 한다. 이는 은행이 고객에게 대출을 하듯이 중앙은행은 일반은행에게 대출을 한다. 은행에 대한 중앙은행의 대출은 은행이 고객이나 기업으로부터 받은 약속어음을 중앙은행에 가서 다시 할인하는 형태로 이루어진다고 해서 재할인이라고 불린다. 그래서 중앙은행이 은행에게 대출할 때 매기는 이자율을 재할인율이라고 한다. 중앙은행이 재할인율을 높이게 되면 은행은 중앙은행으로부터 차입하는 자금의 차입비용이 높게 되어 융자받기가 어려우며 은행의 운용자금은 물론 시중 통화량도 줄어든다. 반대로 중앙은행이 재할인율을 내리면 은행이 중앙은행으로부터의 차입을 늘려서 시중의 자금 사정도 풍부해진다.

중앙은행의 재할인율 조정은 고시효과를 갖는다. 즉 중앙은행의 재할인율 인상은 통화긴축을 알리는 신호이고 역으로 재할인율의 인하는 통화완화를 알리는 신호가 된다. 그러나 은행 자금의 대 중앙은행의 의존도가 낮아지면 재할인율 정책은 별로 효과가 없다. 우리나라의 경우 재할인율과 시장 단기금리간 격차가 커서 재할인율의 고시효과는 거의 없다.

둘째, 공개시장조작(open market operation)이다. 이는 중앙은행이 공개시장에서 기관투자가나 민간을 대상으로 국·공채 등 유가증권을 매입하거나 매각함으로써 통화량을 조절하는 것을 말한다. 중앙은행이 유가증권을 사들이면 돈이 시중에 풀려 나가고, 역으로 유가증권을 팔면 시중통화가 환수된다.

다른 한편으로 공개시장조작은 직접적으로 이자율을 변화시킨다. 중앙은행이 국·공채를 매입할 경우 국·공채에 대한 수요가 증가하여 국·공채의 가격을 상승시키게 되는데, 국·공채의 가격상승은 이자율을 하락시키게 된다. 그것은 국·공채의 가격과 이자율이 역관계에 있기 때문이다.

공개시장조작은 몇 가지 장점을 가지고 있다. 첫째, 재할인율이나 지급준비율의 조정과 같이 조정의 폭과 시기 등을 결정하기까지 불필요한 시간낭비가 없으며, 둘째, 중앙은행이 증권시장에 나가 언제든지 유가증권을 매매할 수 있다. 이런 장점 때문에 선진국에서는 공개시장조작이 통화관리수단으로서 널리 사용된다. 우리나라의 경우 1980년대 후반부터 국제수지가 흑자로 전환되면서 해외 부문의 통화공급이 확대되자 공개시장조작 대상 증권이 넓어지고 발행잔액도 커졌다. 해외 부문에서 풀리는 방대한 시중통화를 흡수하기 위해서 정부와 한국은행이 통화안정증권과 외국환평형기금채권 그리고 재정증권 등을 매우 많이 발행했기 때문이다. 이때부터 우리나라에서도 공개시장 조작을 활용하기 시작하였다.

그러나 우리나라는 아직 유동성이 높은 단기유가증권 특히 단기 국·공채가 많지 않아 공개시장조작을 본격적으로 전개하기는 여건이 성숙되어 있지는 않다. 그렇지만 최근 금융기관의 단기유동성을 조절하기 위해 채권을 고객에게 판매한 후 일정기간이 지난 후에 고객이 원할 때 언제든지 일정한 수익을 가산하여 다시 되사는 환매조건부 방식에 의한 국·공채를 공개시장조작의 한 방법으로 활용하고 있다.

셋째, 지급준비율(reserve requirements ratio) 제도이다. 이는 예금의 일정한 비율을 은행이 현금으로 보유하거나 중앙은행이 예입하도록 법령에 의하여 규정한 제도이다. 따라서 은행들은 예금주들의 예금인출 요구에 대비하여 예금총액의 일정비율을 지급준비금으로 가지고 있어야 한다. 따라서 중앙은행이 지급준비율을 인하(인상)하면 은행 입장에서는 대출할 수 있는 범위가 넓어(좁아)져 대출이 증가(감소)하고 시중에는 돈이 많이(적게) 풀리게 된다. 그러므로 지급준비율을 인하하면 시중의 통화량은 증가하고, 역으로 지급준비율을 인상하면 시중의 통화량은 감소하게 된다.

그러나 최근 선진국에서는 지급준비율 제도의 폐지론이 나오고 있다. 왜냐하면 지급준비 의무가 금융기관의 고객예금 운영에 제약을 가해 바람직하지 않은 것으로 보기 때문이다. 뉴질랜드와 캐나다 등 일부 국가에서는 이 제도를 이미 폐지하였다. 한편 미국, 일본, 독일 등은 지급준비율제도 자체는 유지하고 있으나 지급준비율을 아주 낮은 수준으로 낮추어 금융기관의 부담을 경감시키고 있다. 이와 같은 추세에 따라 한국은행도 지급준비율을 하향조정하고 있으나 아직도 선진국에 비하여 높은 편에 속한다.

금융의 직접 조절 정책

금융의 직접 조절 정책은 선별적 금융정책으로 국민경제의 어떤 특정 부문에 대하여 직접적이고도 선별적으로 영향을 미칠 것을 목적으로 취해지는 통화관리수단이다. 예를 들면 국내 여신의 최고한도를 정하여 그 이하에서 대출이 되게 한다든가, 특정 산업(중화학공업, 기계공업, 첨단벤처산업 등)의 육성 또는 개발을 목적으로 정책적인 금융지원을 하는 것, 그리고 경제안정을 목적으로 실시하는 공무원 자녀의 학자금 융자, 증권금융의 증가 등은 선별적 금융정책에 속한다. 따라서 개도국에서는 경제발전을 위해 특정 부문을 우대하는 정책금융을 시행하기 때문에 이 정책을 많이 이용한다.

금융의 창구 규제
자금수요의 우선순위를 통제하여 투자를 인위적으로 조정하는 방법으로 질적 통제수단 중 그 효과가 크게 나타나는 제도이다.

증권금융의 규제(증권억제금융)
주식이나 기타 유가증권 등의 구입에 대한 증거금율을 변경함으로써 신용량을 조절하는 정책이다.

소비자 신용구제(소비억제금융)
내구소비재에 대한 할부금신용 및 현금대부신용을 조절하는 정책이다.

수입보증금 사전예탁제도(수입억제금융)
금융당국이 수입허가서 발급이나 수입신용장 개설의 전제조건으로 수입업자로 하여금 수입자금액에 대한 소정비율의 보증금 또는 기타의 담보물을 외환은행이나 중앙은행에 미리 예치케 함으로써 수입조정을 기하려는 정책이다.

부동산 억제금융

부동산이 생산적인 방향으로 운용되지 않고 투기적 방향으로 흐름으로써 국민경제를 교란시킬 때 비생산적인 부문으로 유입되는 돈의 흐름을 통제하려는 정책이다.

특히 금융의 질적 통제수단은 금융시장의 불완전성, 경제구조의 변동에 따르는 양적통제의 효력감소 및 경제성장을 위한 정부지원책의 증대 등의 이유로 그 필요성이 요구된다.

· 이자율의 결정

이자율은 어떻게 결정되는가?

이자율 결정이론으로는 고전학파의 실물이자론, 신고전학파의 대부자금설, 케인즈의 유동성선호설이 있다. 실물이자론은 실물자본의 수요·공급에 의해서 이자율이 결정된다고 보는 학설이고, 대부자금설은 이자율을 대부 자금의 가격으로 보고 다른 재화의 가격결정과 같이 대부 자금에 대한 수요·공급의 상호작용에 의해서 균형이자율이 결정된다는 학설이며, 유동성선호설은 화폐의 수요·공급으로 균형이자율이 결정된다는 학설이다. 그러나 여기서는 케인즈의 유동성선호설을 중심으로 이자율이 어떻게 결정되는지 알아보자.

화폐의 수요와 공급은 경제 전체를 이해하는 데 대단히 중요하다. 왜냐하면 화폐시장에서 화폐에 대한 수요와 공급의 균형을 통하여 이자율이 결정되고 이 이자율의 변동은 소득의 변화나 생산물시장의 변동으로 연결되기 때문이다.

　사람들은 왜 화폐를 가지려할까? 사람들은 경제활동을 하기 위해 화폐가 필요한데 그 목적에는 다음의 세 가지 때문이다. 첫째, 거래적 동기(transaction motive)로, 거래를 원활하게 하기 위한 목적으로 화폐를 보유하는 것이다. 만약 화폐가 없다면 사람들은 거래를 할 때 어떤 현상이 발생할까? 아마도 물물교환을 해야 할 것이다. 쌀을 가진 사람이 밀을 가진 사람과 물물교환을 하려면 큰 어려움 없이 쉽게 교환 상대를 찾을 수 있지만, 쌀을 가진 사람이 승용차를 가진 사람을 찾아서 물물교환을 한다는 것은 대단히 어려운 일이다. 이런 이유 때문에 거래목적으로 화폐를 보유하여 사용하면 거래가 효율적으로 이루어진다. 경제전체의 입장에서 볼 때 거래적 동기에 의한 화폐수요는 명목GDP의 크기에 비례한다. 그 이유는 사람들이 거래할 목적으로 보유하는 화폐량은 그 사람의 소득수준에 비례하기 때문이다. 매월 수입이 100만원인 사람이 거래할 목적으로 보유하는 현금액수와 200만원인 사람이 거래할 목적으로 보유하는 현금액수는 그 사람의 소득수준에 따라 달라진다고 볼 수 있기 때문이다.

　둘째, 예비적 동기(precautionary motive)로 예상치 못한 장래의 위험에 대비하기 위해 화폐를 보유하는 것이다. 예비적 동기의 화폐수요도 소득이 높으면 많아지는 경향이 있다. 이상과 같이 거래적 동기와 예비적 동기는 이자율과 상관없이 소득수준에 대해서 일정한 비율을 유지한다고 볼 수 있다. 그러므로 이 두 가지 화폐수요를 합쳐서 거래적 화폐수요로 보는 사람도 있다.

셋째, 투기적 동기(speculative motive)로, 한층 더 유리한 투기기회를 얻기 위해서 화폐를 보유하는 것이다. 투기라 함은 가격변동의 차익을 획득할 것을 목적으로 하는 매매 거래를 말한다. 불확실한 장래의 사태를 예상하여 그것이 적중하느냐 않느냐에 따라 목적달성 여부가 결정된다는 점에서는 도박과 공통되나, 장래의 사태가 가격변동이고 그 거래가 매개형태를 취한다는 점에서는 도박과 다르다. 투기에는 부동산투기, 외환투기 등도 있지만 케인즈(J. M. Keynes)는 증권(국·공채, 회사채와 같은 채권)투자를 그 대상으로 삼아 이론을 전개하고 있다.

실제로 투자를 하기 위해서는 화폐가 필요하다. 이렇게 채권투자를 하기 위해 화폐를 수요하는 것을 투기적 동기에 위한 화폐수요라고 한다. 그런데 투기적 동기에 의한 화폐수요는 이자율과 역의 관계에 있다. 즉, 이자율이 높으면 가격은 내려간다(물론 이자율만의 함수는 아니지만 여기서는 이자율 외의 요인은 일정하다고 하자). 계속 내려가는 채권가격을 보고 투자자들은 언젠가는 채권가격이 오를 것이라는 예상을 하고 채권을 매입한다. 따라서 화폐를 보유하지 않게 된다. 반대로 이자율이 낮으면 채권가격은 올라간다. 채권가격이 계속 올라가면 투자자들은 언젠가는 채권가격이 내릴 것을 예상해서 채권을 팔아 넘긴다. 따라서 화폐를 많이 보유하게 된다. 즉, 이자율이 높으면 투기적 동기에 의한 화폐수요는 감소하고, 이자율이 낮으면 투기적 동기에 의한 화폐수요는 증가하게 된다. 이와 같이 투기적 동기에 의한 화폐수요는 이자율에 대한 감소함수이다. 결과적으로 케인즈의 화폐수요는 소득수준과 이자율의 크기에 좌우됨을 알 수 있다.

여기서 이자율과 채권가격이 왜 반대로 움직이는지 알아보자. 1년 후에 상환하기로 된 채권의 액면금액이 원리금을 합계하여 12,000원이라고 하자. 현재의 이자율이 20%이면 그 채권의 현재가치, 즉 현재 거래되는 가격은 10,000원(= 12,000/ 1 + 0.2)이 될 것이다. 한편 이자율이 하락하여 10%가 된다면 그 채권의 현재 거래되는 가격은 10,900원(= 12,000/ 1 + 0.1)이 될 것이다. 이와 같이 이자율이 높으면 채권가격은 낮고, 이자율이 낮으면 채권가격은 높다. 그러므로 이자율과 채권가격은 역의 관계를 갖는다. 이러한 역의 관계가 성립될 수 있는 것은 채권이 미래에 받을 이자수입이 고정되어 있는 유가증권이라는 데에서 연유한다. 따라서 이자율이 낮아질 것으로 예측되면 채권가격이 오를 것으로 예측되므로 채권을 매입(보유화폐방출)하고, 반대로 이자율이 높아질 것으로 예측되면 채권가격이 떨어질 것으로 예측되므로 채권을 매각하여 현금을 회수하는 것이 유리하다.

그럼 화폐의 공급은 어디서 어떻게 이루어지는가? 여기서 먼저 논의해야 할 것은 어떠한 것을 화폐로 볼 것인가에 대한 해답이다. 우리는 물건을 사고 대가를 지불하는 수단으로 신용카드나 지폐, 동전, 수표, 전자화폐 등을 사용한다. 그러나 여기서는 주로 중앙은행의 창구를 통해서 시중에 나온 지폐 및 주화를 가리키는 것(현금통화)으로 중앙은행의 부채가 된다. 중앙은행은 발권 은행으로서 현금통화를 공급하는데 정부, 민간, 해외, 기타 4가지 경로를 통해 공급된다. 정부를 통한 화폐의 공급은 일반 고객이 예금은행을 이용하듯 정부도 한국은행에 예금계좌를 개설하고 이용함으로써 이루어진다. 예를 들면 정부가 각종 세금을 징수하게 되면 시중의 통화는 감소하고 공무원 봉급 등 인건비를 지급하면 시중의 통화는 증가한다.

민간부문을 통한 현금통화의 공급은 일반은행이 중앙은행으로부터 자금을 빌려쓰거나 갚음으로써 이루어진다. 은행은 영업상 자금이 부족하면 민간으로부터 대출을 해줄 때 받아둔 약속어음을 중앙은행에 가지고 가서 재할인하여 자금을 회수할 수 있다. 이때 시중의 통화는 증가하게 되고, 반대로 회수한 돈을 갚게 되면 시중의 통화가 줄어들게 된다.

해외부분을 통한 중앙은행의 통화공급은 국제수지와 관련된다. 경상수지 면에서 흑자가 되거나 외국자본이 유입되면 외화는 원화로 환전되어 쓰이게 된다. 따라서 시중의 통화량이 증가하게 되고 반대로 경상수지가 적자가 되거나 외국자본이 유출되면 원화가 외화로 환전되어 지급되므로 시중의 통화량은 감소하게 된다.

· **물가와 인플레이션**

물가의 의미와 상승원인

쌀의 가격, 야채의 가격 등과 같이 한 품목에 대해서는 가격이라는 용어가 사용된다. 물가는 곧 이들 가격의 평균 내지 종합개념을 말한다. 그런데 물가에는 우리의 직접적인 구매행위를 통해서 파악되는 것이 있는가 하면 물가지수를 통해서 파악되는 것이 있다. 소위 피부물가 내지 감각물가와 지수물가가 그것이다. 그러나 보통 물가라고 할 때에는 지수물가를 말한다. 따라서 물가변동률은 물가지수 변동률을 뜻함은 말할 나위도 없다.

　물가지수는 수많은 품목의 가격을 특수한 방식으로 평균해서 하나의 수치로 나타낸 종합지표를 말한다. 이 물가지수에는 생산자물가지수, 소비자물가지수, 수입물가지수, 서비스요금지수 등 여러 가지가 있다. 그러나 가장 잘 알려져 있는 것은 생산자물가지수와 소비물가지수이다.

　생산자물가지수는 생산자 판매가격에 의한 물가지수이다. 이는 원료·반제품·완제품 등 생산재의 도매가격의 평균적인 변화를 나타내며, 기업의 생산활동과 관련된 물가지수로서 각종 품목(서비스 제외)의 가격을 생산자가 판매하는 단계에서 조사·작성 한다. 이는 제1차 도매상의 판매가격에 따라 작성되는 도매물가지수와는 다른 것으로, 비교적 근년에 작성되기 시작하였다. 생산자가격의 동향을 측정하는 동시에, 국민경제계산의 디플레이터로서도 이용된다.

　소비자물가지수는 생계비지수라고도 하며 소비재의 소매가격의 평균적인 변화를 나타내며 각종 품목(서비스 포함)의 가격을 소비자가 구입하는 단계에서 조사·작성한다.

　따라서 생산자물가지수는 생산동향·경기동향 등과 관련해서 그리고 소비자물가지수는 가계동향 등과 관련해서 사용되는 것이 보통이다. 그렇지만 소비자물가지수는 생계비지수의 대용으로 간주되며, 선진국에서 인플레이션율이라고 할 때에는 이의 변동률을 뜻한다. 그리고 GNP디플레이터(deflator)는 생산자물가지수와 소비자물가지수를 동시에 반영하는 것으로 경상가격표시의 GNP를 불변가격표시의 GNP로 나누어서 지수화하여 나타낸다.

이러한 물가의 상승원인은 강조하는 측면에 따라 크게 두 가지로 나눌 수 있다. 첫째, 수요의 측면을 강조하는 경우가 있다. 이는 화폐량의 과다한 팽창이 물가상승의 원인이라고 분석하는 피셔(I. Fisher)의 화폐수량설이 있다. 그리고 일반적인 초과수요가 물가상승의 원인이라고 분석하는 케인즈의 초과수요설도 있다. 마지막으로 슐츠(T. W. Schultz)가 주장하는 구조적 인플레이션으로 이것은 수요구성의 급속한 변동으로 발생한다.

둘째, 공급의 측면을 강조하는 경우이다. 이는 물가상승의 원인을 공급의 측면에서 구하는 학설로서 노동조합에 의한 임금상승 인플레이션과 독점기업의 관리가격정책에 의한 관리가격 인플레이션 등이 있다.

한편 우리나라에서는 물가인상이 이상의 여러 학설에 의한 이유 이외에 ① 공공요금·관리가격 및 물품세의 인상 ② 고금리·임금상승 및 원자재가격인상에 따른 비용상승 ③ 정부 및 민간소비지출의 증대 ④ 수출수요로 인한 수출품 국내가격 상승 ⑤ 수입억제 ⑥ 원자재의 수입의존도가 높기 때문에 나타나는 국제인플레이션의 영향 ⑦ 기타 전력난·수송난 및 통화량증대 등에 기인한다.

인플레이션의 원인

초과수요 인플레이션(demand-pull inflation)설

초과수요를 인플레이션의 기본적 야기요인으로 보는 이 이론에는 두 가지 종류가 있다. 하나는 화폐수량설(MV = PT)이고 다른 하나는 지출설이다. 화폐수량설은 케인즈 이전의 대부분의 학자들이 주장한 것으로 스톡(stock, 貯量)인 화폐수량의 증대가 비화폐적 자산에 대한 초과수요를 나타내서 물가를 상승시킨다는 이론이고, 지출설은 케인즈의 「전비조달론」 이후에 주장된 것으로서 플로우(flow, 流量)인 국민지출을 물가의 주요한 결정요인으로서 강조하여 국민지출의 증대가 완전고용이 달성된 후에 인플레이션을 야기시킨다는 이론이다.

피셔와 케임브리지학파에 의해서 대표되는 고전적인 화폐수량설은 케인즈 혁명을 거친 후에 프리드만을 중심으로 하는 시카고대학 교수들에 의해서 새로 부활되었다. 즉 머니터리즘 내지 통화주의가 그것이다. 이 설의 주장자는 금융·재정정책에 대해서 적극적인 역할을 부여하는 것이 보통이다.

비용상승 인플레이션(cost-push inflation)설

비용의 상승에서 인플레이션의 기본적 야기요인을 찾는 이론은 케인즈의 「화폐론」에서 주장되었다. 그러나 그것은 「전비조달론」과 「일반이론」에 계승되지는 않았다. 이 설이 제기된 것은 1950년대의 일이다.

여기서 말하는 비용상승 인플레이션의 원인은 강력한 노동조합의 임금인상 요구로 인한 임금상승 인플레이션설 및 수입원자재가격의 상승 등으로 인한 수입가격 인플레이션설이 있다.

인플레이션에 대한 대책
(1) 금융정책 : 이것은 통화의 조정을 통해서 총수요에 영향을 미치는 것이며 초과수요 인플레이션설에 유효하다. 이 경우 공금리의 인상정책·공개시장조작에서의 매각정책·지급준비율제도에서의 인상정책이 유효하다.

(2) 재정정책 : 이것도 주로 초과수요 인플레이션에 대한 것으로 재정지출의 억제와 증세를 통하여 물가상승을 억제하며 금융정책보다 즉효성이 있는 것이 특징이다. 그러나 재정지출에는 그 본래의 목적이 있고 또 국회의 승인을 얻지 않으면 안된다는 기술적인 제약이 있기 때문에 기민한 적용은 매우 어렵다.

(3) 소득정책 : 이것은 단지 임금만이 아니고 이자·지대·자본·이윤 등도 포함하는 소득전반의 과도한 상승을 억제하는 것에 의해서 비용상승인플레이션 내지 소득인플레이션을 억제하려는 것이다. 그러나 이것은 협의로는 임금상승률을 노동생산성 상승률 이내로 억제하는 것을 내용으로 하는 임금정책의 의미로 해석된다.

(4) 국제경제와 관련된 정책 : 정부는 관세인하라든가 수입할당의 증대에 의해서 수입을 증가시켜 총공급에 영향을 미칠 수도 있다. 물론 수출규제도 동일한 효과를 갖는다. 또, 외국의 인플

레이션이 상대적으로 큰 경우에는 수출이 증대하며 또 수입물가가 상승한다. 이것이 원인이 되어서 국내물가의 상승(수입인플레이션)이 일어나고 있을 때에는 특히 고정환율제의 경우 환율인상이 유효한 수단이 된다.

(5) 직접적 규제(물가동결) : 거의 모든 나라에서 사회적인 고려에서 농산물가격·집세·공공요금 등의 분야에서 직접적인 가격규제가 행해지고 있다. 또 프랑스, 벨기에 등과 같이 일부의 산업에 대해서 사전에 가격인상을 제출시켜 정부가 그것을 심사한 뒤에 허가하고 있는 나라도 있다.

(6) 제도변경 : 조세제도변경·신용제도변경·직접통제제도변경 등이 인플레이션 억제를 위해서 행해지기도 한다.

(7) 경쟁촉진정책 : 이것은 기업들 사이의 경쟁을 촉진하는 것에 의해서 기업이 독과점적으로 가격을 인상하거나 또는 신기술의 채택을 고의로 지연시키는 것을 저지하는 것이다. 그러나 이미 독과점적인 지위를 차지하고 있는 대기업을 해체하거나 혹은 중소기업이 차차 성장하여 독과점적인 지위를 차지하는 것을 저지하는 것은 곤란하다. 또 기업들 사이의 경쟁이 가격보다는 도리어 품질보장·광고·경품·지불조건·애프터케어 등의 면에 나타나게 된 것 등에서도 한계가 있다.

글로벌 경제: 마법같은 현대통화이론은 허상일 뿐이다
존 그린우드 런던 인베스코 수석 경제학자
스티브 H. 핸케 존스홉킨스대 응용경제학 교수

자국 통화로 돈 빌리고
인플레이션을 억제하는 한
재정적자는 중요하지 않다고?

현대통화이론(MMT:Modern Monetary Theory)이 요즘 많이 회자되고 있다. 하지만 이 이론은 제대로 된 논리를 갖추지 못한 포스트-케인스주의적 이론에 불과하다. MMT는 국가들이 자국 통화로 돈을 빌리고 인플레이션을 억제하는 한 재정 적자는 중요하지 않다고 말한다. 이것은 더 많은 정부 지출과 더 큰 재정 적자를 지지하는 사람들에게는 천국에서 온 메시지나 다름없다.

MMT는 부채가 엔화로 표시되고, 인플레이션은 어디에서도 찾아볼 수 없는 일본에서 고개를 들고 있다. 물론 국내총생산(GDP) 대비 정부 부채 비율은 간과된다. MMT 옹호자들은 일본이 그들 이론이 맞다는 증거를 제공한다고 주장한다. 하지만 과연 그럴까. MMT는 일본에서 진행되고 있는 공공과 민간 부문의 저축-투자 수지의 극적인 변화와 통화정책의 실패를 설명하지 못한다.

2008년 글로벌 금융위기 당시 일본의 정부 적자는 GDP의 2%에 불과했다. 기업과 가계 흑자는 총 5.1%에 달했다. 그러나 1년 만에 일본에서 민간 투자와 소비가 크게 위축됐다. 2009년 4분기까지 민간 부문 흑자는 GDP의 12%로 급증했다. 이와 동시에 정부 적자는 GDP의 9.9%로 크게 늘었다. 이에 따른 순저축잉여금이 자본 유출을 부채질했다. 오늘날 이런 유출은 GDP의 2.1%에 달한다. 일본에서 외국인 투자 자금의 흐름을 보여준다.

이처럼 큰 민간 저축 흑자의 패턴은 부분적으로 대규모 공적 적자에 의해 상쇄된다. 그 결과 일본 공공 부문의 규모와 역할이 매우 커졌다. 정부 부채는 1990년 GDP의 60%에서 오늘날에는 놀랍게도 235%로 증가했다. 그러나 MMT에서 설명하는 것과 달리, 이 재정적인 '사치'는 경제를 부양하는 데 아무런 도움이 되지 않았다.

1990~91년 일본의 거품이 붕괴된 이후 광의 통화는 M2(현금과 요구불예금을 더한 M1에 정기예금 등 저축성예금과 거주자외화예금 포함)로 측정했을 때 연간 2.6%의 미미한 증가율을 보였다. M2의 느린 증가는 명목 GDP 확대를 억제했다.

일본이 물가상승률 목표치인 연 2%를 달성하고 잠재성장률 1%에 도달하기 위해서는 적어도 M2 통화 공급량을 매년 5%씩 늘려야 할 것이다. 거의 30년 동안 이어진 낮은 M2 증가율은 연간 0.9%의 평균 실질 성장을 만들었다. 이로 인해 일본은 GDP 디플레이터로 측정했을 때 연간 평균 0.6%의 가격 하락이 일어나는 디플레이션 위기에 처하게 됐다.

일본에서 M2 증가가 최소한으로 유지되는 한 낮은 인플레이션 혹은 완전한 디플레이션은 공공 부문과 민간 부문의 저축이 흑자이든 적자이든 관계없이 나타날 것이다. 경제학자 밀턴 프리드먼이 말했듯이 인플레이션은 언제 어디에서나 통화 때문에 일어나는 현상이다. 디플레이션도 마찬가지다. 통화가 좌우한다.

일본 경제를 이해하려면 MMT가 아니라 고전적인 화폐 이론이 필요하다. 1974~84년 일본은 전반적으로 안정적인 광의 통화 증가와 꾸준한 실질 GDP 증가, 낮은 인플레이션으로 황금기를 누렸다. 하지만 그 후 통화정책은 1985년 플라자 합의 등에 의해 탈선됐다. 일본 중앙은행은 통화 목표 대신 이자율 목표치에 집중하기 시작했다. 그 결과 1987~90년 일본은 처참한 거품 시기를 맞았다. 이어서 소위 '잃어버린 10년'이 찾아왔다.

일본 중앙은행은 금리를 충분히 낮춰주면 기업이나 가계가 소비를 많이 할 것이라고 믿었다. 그러나 경제학자 어빙 피셔가 한 세기 전에 보여줬듯이, 금리는 인플레이션을 따라간다. 금리는 절대 인플레이션을 앞지르지 않는다. 그렇기 때문에 아르헨티나나 터키와 같이 높은 인플레이션율을 경험하고 있는 경제는 높은 금리를 가지고 있는 반면 일본과 유로존은 매우 낮거나 심지어 마이너스 금리를 갖고 있다.

일본(그리고 유로존)에 이 고리는 광의 통화를 늘려야만 끊어질 수 있다. 그렇게 하는 가장 좋은 방법은 중앙은행이 은행이 아닌 보험회사나 연기금 등으로부터 증권을 매입해 새로운 예금을 만드는 것이다. 그러나 일본은행의 증권 매입 대부분은 현재 은행을 통해 이뤄지고 있다. 그렇기 때문에 일본에서 광의 통화 증가는 여전히 '빈혈' 상태다.

최근 미국의 역사도 고전적인 화폐 이론의 뛰어난 설명력을 보여준다. 1971~82년 M3(총유동성) 통화의 공급 증가율은 연평균 11.6%인 반면 정부 부채의 평균 수준은 GDP의 40.1%에 불과했다. 이런 급속한 통화 증가와 낮은 정부 부채의 결합은 비교적 높은 인플레이션을 초래했다. 역시 돈이 인플레이션을 좌우했다.

오늘날 미국은 정부 부채가 많고 광의 통화 증가는 저조한 정반대 상황에 직면하고 있다. 2009년 이후 M3 증가율은 연평균 4.5%를 기록했고 오늘날 연방, 주 및 지방정부 부채는 GDP의 100%를 넘는다. 이 결합은 비교적 낮은 인플레이션을 초래했다. 마찬가지로 돈이 지배한다는 것을 잘 보여준다.

MMT 옹호자들은 인플레이션이 발생하기 전까지는, 정부가 자국 통화로 표시된 증권으로 자금을 조달해 무제한의 적자를 낼 수 있다고 말한다. 하지만 앞서 설명했듯이 그들이 잘못 이해하고 있는 것은 재정 적자와 인플레이션은 아무런 관계가 없다는 사실이다. 일단 자국 통화로 자금을 조달하면 광의 통화량이 늘어나 인플레이션이 올 수밖에 없다. 즉 '인플레이션이 발생하기 전까지'라는 MMT의 전제는 지켜질 수 없다.

언제나 통화가 경제 흐름을 지배하고 있고, 그 이유를 고전적인 화폐 이론이 설명해준다. 귀를 솔깃하게 하는 MMT는 당신들을 현혹하는 뱀의 혓소리에 불과하다.

(원제: Magical Monetary Theory-"마법같은 현대통화이론은 허상일 뿐이다"-, 한국경제신문, 2019.07.19)

1장

효율과 형평의 조화

· 효율과 형평의 양립가능성 탐색

일반적으로 효율(效率)과 형평(衡平)의 가치는 서로 상충적(trade-off)인 것으로 이해되어지지만 이 중 어느 하나의 가치를 실현하기 위하여 다른 하나의 가치를 포기해야만 하는 기회비용의 의미와는 다르게 해석되어져야 할 것이다. 왜냐하면 더욱 복잡·다양화되어 가고 있는 현대사회에 있어서 원초적 상황(original position)에서의 부(富)의 축적(蓄積)이 정의(正義)롭지 못하고 최빈곤층에 대한 최소한의 인간다운 삶의 보장문제에 대한 고려가 미약하며, 중간빈곤층[1])에 대한 도약의 기회나 이를 실현하기 위한 제도적인 장치가 마련되어 있지 않을 때 이들의 삶의 의욕 저하와 국가와 사회에 대한 강한 불만은 경제성장에 있어서의 저해요소로는 물론 국가와 체제자체의 위험

---

1) 현실적으로 국가로부터 생활보호를 받고 있는 계층보다는 소득수준이 높으나 상류층에 달하지 못하는 계층으로서, 이 계층은 세제상의 혜택도 받지 못하고 있을 뿐만 아니라 사회보장의 혜택도 받지 못하고 있는 계층으로서 불리한 집단이다.

요소로도 작용할 수 있기 때문이다. 그러므로 한 사회의 복지(福祉)는 장기.동태적인 견지에서 그 사회의 효율과 형평의 동시적 달성을 통하여 이루어나가지 않으면 안 될 것이다.

지난 50여 년 동안 우리나라는 급속한 산업화에 성공함으로써 이제 번영의 문턱에 이르렀다. 그렇지만 급속한 산업화 과정에서 전통문화의 파괴, 지역간·계층간 불균형의 심화와 환경오염 등 새로운 문제가 대두되고, 특히 성장의 과실이 얼마나 공평하게 배분되었느냐에 대한 회의와 불만이 표출됨은 물론 계층간·부문간 이해의 갈등이 고조되고 있다. 분배문제를 둘러싼 사회적 갈등이 원만히 해결되지 못하는 경우 경제성장 뿐만 아니라 정치적·사회적 안정의 기반마저도 파괴될 우려가 있는 것이다.

따라서 본장에서는 장기·동태적 견지에서의 성장과 분배의 동시적 달성 내지 효율과 형평의 양립가능성에 대하여 살펴보기로 한다.

· 시장질서와 분배

시장질서의 의의

자유로운 인간 사회에서 개개인들은 항상 그들의 행동에 의해서는 물론 어느 누구도 전체로서 규정하거나 또는 예측할 수 없는 무수히 많은 다른 상황들에 의해서도 좌우될 수 있기 때문에[2] 자유주의는

---

[2] F. A. v. Hayek, "Liberalism" in *New Studies Philosophy, Politics, Economics and History of Ideas*, (Routledge & Kegan Paul Publications, 1978), p. 141.

서로 다른 인간들의 상대적인 처지들을 결정하는 조건이나 혹은 게임규칙들이 정의로워야 된다는 것만을 요할 뿐이지 과정의 결과들 하나하나가 서로 다른 사람들에게 정의로워야 된다는 것을 요하지는 않는다. 그러므로 자유로운 사회에서 개인이 직면하게 되는 문제는 중요한 윤리적인 문제들을 개인이 자신의 자유를 가지고 해결하도록 하는 것으로서3) 그것은 개인들을 위하여 활동하는 국가의 이타주의(利他主義)가 아니라 자유로운 개인의 이타주의가 되어야 하고 또 책임있는 기업의 지도자들은 그들의 기업들을 사회복지기구로 취급함으로써 그들의 권력을 남용해서도 안 된다는 것을 의미한다.

오늘날 자유자본주의 경제에서 가장 이상적으로 반영되는 질서는 시장질서로서, 이는 어떤 신비에 의해서 형성되는 것도 아니다. 오히려 수천 년의 세월이 흐르는 동안 인간들이 개개인들의 독립적인 활동의 질서를 형성시켜 주었던 행동규율을 개발했기 때문에 시장경제질서가 형성된 것이다. 우리 인간들은 본래 자기와 가장 가까운 분야에 대하여 보다 많은 관심, 더욱 자세하고 많은 정보와 지식 등을 가지고 그들을 마음껏 활용하여 자기목표를 추구함으로써 자신의 잠재적 능력과 창의를 최대한 발휘한다. 이는 곧 각자가 자기관심분야에 몰입하면서 공공이익의 증대에 자연스럽게 연결되는 분업질서 내지 교환질서로서 이것이 바로 자유경쟁의 시장질서이다. 또한 시장이라는 질서는 본래 그 사회의 사람들이 특정한 행동준칙을 따를 때에만 성립하는 사회제도로서 모든 사회생활의 전체적인 상관관계 속에

---

3) M. Friedman, *Capitalism and Freedom*, (University of Chicago Press, 1962), p. 12.

서 작용하게 된다. 다시 말하면 재산권법제(財産權法制)의 정비를 통하여 개인의 사적 자치영역이 확정되지 않으면 시장은 결코 성립할 수가 없고 또 그 사회에 소위 교환적 정의가 유지되지 않으면 시장질서는 결코 형성될 수가 없게 된다. 이러한 시장질서가 형성·발전되기 위해서는 그 사회 구성원들의 가치관·윤리관이 반사회적(反社會的)이어서는 곤란할 것이며, 오히려 개인의 창의와 능력을 존중하고 책임의식과 자주의식을 높이며, 위험부담을 피하지 않는 개척자 정신이 요청되는 것이다. 이러한 분위기가 조성될 때 법과 윤리가 친시장(親市場)으로 작용할 것이며 시장질서는 더욱 체계적으로 발전하게 될 것이다. 여기에서 친시장적 사고방식·가치관이란 개인주의와 자기책임의식, 자주·자립정신, 창의와 개척의 적극정신, 근로윤리와 경쟁의식 등을 의미한다. 이와는 달리 반시장적 사고방식 내지 윤리란 집단주의와 사회책임의 강조, 국가의존적 사고방식, 명령과 지시에 따르는 소극정신, 결과평등의 중시 등을 의미한다.

그렇지만 현실의 또는 가상적인 시장사회주의 뿐만 아니라 현대자본주의에 있어서도 시장의 경계선이 어디에 있는가, 또는 어디에서 그것이 그어져야 하는가, 나아가서 투자와 자본시장 그리고 이와 연관된 지역개발과 환경보호문제는 물론 거시적 균형이라는 전체적인 문제로서 대량실업과 극단적인 경기변동을 회피하고 과도한 소득불평등 및 재산소유 불평등에 대한 문제는 여전히 해결하지 않으면 안되는 중요과제로 남게 된다.

조정의 필요성

시장경제의 중심적인 원리는 자발적 교환(voluntary exchange)을 통한 협조이다. 사람들은 이 방법으로 서로의 요구를 보다 효과적으로 충족시킬 수 있기 때문에 서로 협조하게 된다. 그러나 개인이 생산에 공헌한 것만큼을 받지 못한다면 그는 그가 생산할 수 있는 것보다 받을 수 있는 것을 기초로 교환에 참여하게 될 것이다. 각자가 생산에 공헌한 만큼만 받는다면 상호간에 이익이 되는 교환은 일어나지 않을 것이다. 그러므로 적어도 자발적 협조에 의존하는 제도 하에서는 생산에 따라 지불하는 것이 자원의 효과적인 사용을 위해 필요하다. 충분한 지식이 주어져 있다면 적절한 보상으로 유도하는 것 대신 강제력이 사용될 수 있다. 반면에 우리는 사람들에게 최선의 노력을 다하도록 강요할 수는 없으며, 협조 대신 강제력을 사용하게 되면 가용자원의 양 자체가 변화하게 된다. 더욱이 시장경제에서 생산성에 따라 지불하는 것이 강제력 없이 자원을 효율적으로 배분시킬 수 있도록 하는 본질적인 기능을 가질지라도 그것이 분배정의(分配正義)를 가져다주지 못한다면 용납되지 못할 것이다.[4] 그리하여 현실 속에서 어떤 사람들은 타인들의 견해로 볼 때 적게 갖는 것이 당연함에도 불구하고 훨씬 더 많이 갖게 되고 또 어떤 사람들은 타인들의 견해로 봐서 많이 가져야 함에도 불구하고 훨씬 적게 갖게 되는 「카탈락시게임」[5]의 필연적인 결과가 제기될 경우 많은 사람들은 이러한

---

4) M. Friedman, *Capitalism and Freedom*, (The University of Chicago Press, 1962), pp. 166~167.
5) 시장이 어떻게 기능하는가를 설명하는 이론을 카탈라틱 (Katallaktik)이라

결과에 대하여 어떤 권위적인 재분배행동에 의해 이것이 수정되기를 바랄 것이다.

  많은 사람들이 불평을 드러내고 있는 불평등은 대부분의 사람들이 향유하는 상대적으로 높은 수준의 소득을 창출하기 위한 전제조건이다. 뿐만 아니라 이러한 보편적인 소득수준을 줄이거나 또는 최소한 소득성장률을 낮춘다고 하더라도 자신들이 이해하고 있는 보다 정의로운 분배를 위해 치루어야 할 희생은 그리 크지 않다는 것이다. 이와 같은 관점에서 모든 사람들은 분배문제가 성장의 우연한 부산물로 남겨져서는 안되며 의식적이고 명시적인 정책으로 다루어져야 한다는 데 의견을 같이하고 있다. 여기에 점진적인 재분배의 방법이 제기된다. 그 이유는 그것이 점증적 소득에서 나오는 생산적 고용기회의 창출로부터의 빈곤감소를 의미하기 때문이다. 즉 어떤 축척된 부(富)의 재분배를 목표로 하기 보다는 GNP 성장의 대부분이 최하 40%에 쌓이도록 보장하는 정책이 추구되어야 함을 의미한다. 그러한 정책은 기존의 불평등을 공고히 하고 가속화시키는 GNP 성장 강조의 내재적 경향을 회피할 수 있으며 명백한 재분배보다 정치적 저항

  고도 부르며, 이 단어는 「공동체에서 받아들이다」, 「어느 한 적을 친구로 전환시키다」의 의미를 내포하고 있다. 우리는 시장게임에 의해 낯선 사람을 친구로 만들 수 있고 또한 이들을 우리에게 유용하게 만들 수 있으므로 이 시장게임을 「카탈락시게임」(Spiel der Katallaxie)이라 부른다. 그리고 이 「게임(Spiel)은 규칙에 의거한 시합으로서 그 시합은 탁월한 재주, 힘 혹은 역시 행운에 의해서도 결정된다」는 것을 의미하며, 아울러 「카탈락시 게임」은 개개인이 관습적인 행동규율의 틀 내에서 이루어짐을 포함한다. F. A. v. Hayek, "The Atavism of Social Justice", in op, cit., pp. 60~65 참조.

도 덜 받게 된다.

그런데 많은 후진국에서의 급속한 성장은 소득의 더 큰 불평등분배와 함께 성장이 빈곤층에게 공평하게 미치지 않고 있다. 물론 절대적 평등은 망상이겠지만 절대적 인간비하가 전시민의 30~40%에 이른다면 그것은 무시될 수 없고 억압될 수 없으며, 사회질서를 유지하려는 어떠한 정부에 의해서도 오랫동안 용인될 수 없는 것이다.[6] 예를 들면, 콜롬비아 보고서는 1960년대에 달성했던 연평균 5.5% 성장률보다 더 높은 8%의 평균성장률을 1970년대에 요구하였으며, 케냐 보고서는 모든 분야에서의 지속적 성장과 확장된 생산을 다시금 강조하였다. 그러나 총소득 또는 1인당 소득의 증가란 단지 해결의 한 부분에 불과하였으며, 더구나 가장 중요한 부분이 아님은 분명하였다. 그 초점이 성장의 구성과 배분으로 바뀐 것이다. 이는 소득분배의 개선 없이 콜롬비아에서 높은 고용률을 달성하는 것은 불가능하다는 결론을 내린 것이다. 그들이 내세웠던 이유들은 첫째, 부유층의 소비가 높은 수입성향을 나타내며, 둘째, 빈곤층의 구매상품에 대한 생산은 부유층 소유에 대한 생산보다 노동집약적이라는 것이다. 따라서 고용위주 발전전략의 일부분은 부유층으로부터 빈곤층에로의 소득재분배를 통한 수요패턴의 변화이어야 하며 소득분배란 것이 고용문제의 핵심이라는 주장이다.[7] 최저소득 접근방법에 보다 첨예한 형

---

6) R. S. McNamara, *Address to the Board of Governors,* (Nairobi, Kenya, Sept., 1973), p. 10.
7) *Employment, Incomes and Equality : A Strategy for Increasing Productive Employment in kenya* (Kenya, Report) (Geneva : ILO, 1972), p. 3.

태인 「기초적 욕구전략」은 이 부문에 대하여 많은 시사점을 던져 준다. 이는 원래 최소소득이 카버해야 할 최소의 재화 및 용역을 지정한 것으로서 지난 30년간의 경험으로 볼 때 총생산의 증가, 그 자체는 처음 예상과는 달리 반대로 빈곤과 불평등을 감소시키지 못하였다. 또한 발전의 혜택이 최빈층에게 최종적으로 적하(滴下: trickle down)하는데 걸리는 6~7세대를 기다리는 것은 인도적으로 도저히 용납될 수 없으며, 정치적으로도 더 이상 책임회피가 될 수 없다는 것이다.

 이러한 목적을 위하여 기초적 욕구는 한 사회가 그 국민의 최빈층에 설정하는 최소의 생활수준으로서 정의되었고, 그 기준에는 의식주 등 개인소비를 위한 가족당 최소필요량 뿐만 아니라 안전한 식수, 공중위생, 교통, 건강, 교육 등 기초적 서비스의 제공 및 일할 의사가 있는 모든 사람에게 적절한 보수를 지급하는 직장이 포함되어 있다. 아울러 건전하고 인간적이며 많은 대중적 참여가 있어야 된다. 이러한 목표들을 달성하기 위하여 얼마동안 투자의 방향전환 또는 재분배, 토지의 소유 혹은 사용상의 재분배가 어느 정도 필수적인 것이다. 그러한 조치들에 대한 정치적 장애를 극복하기 위해 필요불가결한 것은 노동조합 또는 이와 비슷한 조직을 통하여 농촌근로자들이 조직화하는 것이다. 그렇지만 기초적 욕구전략과 경제성장 사이의 갈등에 대하여 두려워할 이유는 없다. 오히려 그러한 조치들은 산출량 증가의 둔화를 의미하지 않는 바, 그 이유는 그것들이 성장으로부터의 이득을 보다 공평한 배분으로 이끄는 성장형태에 관한 강조이며,

따라서 성장률 역시 증가될 수 있기 때문인 것이다. 아울러 우리는 실제경제를 운용함에 있어서 발전(development)이란 목표를 지향한다. 이 발전이란 성장과 변화이고, 변화란 다시 경제적인 것 이외에 사회·문화적인 것이며, 양적인 것뿐만 아니라 질적인 것이다. 그 중에서도 가장 주된 개념은 질적인 개념이다.[8] 사실 국민의 생활수준 향상은 직접적(사회개발)으로만이 아니라 소득과 경제자원을 통하여 간접적(경제발전)으로도 달성되는 것이다. 더 나은 건강, 교육, 영양섭취, 그 자체가 성장의 열쇠이다.[9] 그러므로 발전의 기본적인 문제는 영양실조, 질병, 문맹, 불결, 실업, 불평등 등의 감소 및 점진적인 근절이다. 우리는 GNP를 증가시키면 빈곤문제가 해결되는 것으로 알고 있지만 그것보다는 오히려 빈곤이 해결되면 GNP 문제는 쉽게 해결이 될 것이다. 이제 우리는 GNP 증가율보다 GNP 내용을 걱정하지 않으면 안될 시점에 와 있는 것이다.

· **분배의 제도적 모색**

분배정책으로서의 사회보장

제2차 대전 후 선진자본주의 여러 국가에는 사회보장급부가 명목 GNP를 상회하는 속도로 확대되고 분배정책에서 점점 더 중요한 위

---

8) H, W. Singer, "Social Development : Key Growth Sector", in *International Development Review*, (March, 1965), p. 50.
9) H, W. Singer, "Debate on the next Development Decade," in *Cares*, (FAO; Rome, July-August, 1968), p. 51.

치를 차지하게 되었다.10)

　일반적으로 소득의 재분배는 가족의 상호부조, 개인의 증여와 자선, 종교단체의 구제활동, 자선사업 등과 같이 재정기구에 의하지 않고 이루어지는 경우도 있는데, 이와 같은 상호부조집단이 사회적으로 확대되어 조직화·제도화된 것이 공적인 사회보장제도이다. 이의 목적은 국민의 최저생활수준의 확보와 생활의 안정에 두고 있다. 따라서 중·상위 계층 간의 소득격차를 시정하는 것을 목적으로 하는 것은 아니다. 그러나 최저한의 소득을 모든 개인에게 보장하는 것은 사회전체의 후생을 증진시키기 위해서는 필요불가결한 조건이라고 할 수 있다. 재정의 수입·지출 양면에 걸친 재분배효과 중 가장 명백한 재분배조치는 사회보장에 의한 것으로서, 이는 급부(지출)와 재원(수입)을 통해서 소득계층간의 소득분포에 영향을 미치며, 다음의 세 부분으로 나누어 살필 수 있다.

　첫째, 공적부조(公的扶助)이다. 이는 생활보호가 핵심이며, 빈곤자의 상황에 따라 고정생활보장기준에 달하도록 여러 종의 부조를 동시에 받을 수 있다. 여기에는 생활부조와 의료부조가 그 대부분을 차지하고 있다. 이 재원은 전액 국고부담(조세)이다. 이 조치는 납세자의 부담으로 면세자에게 무상급부하는 것으로서 부유자로부터 빈곤자에로의 강한 수직적 재분배가 작용한다.

　둘째, 사회보험(社會保險)이다. 이는 실업·재해·질병 등 사고의 종류와 대상자의 범위에 따라 여러 가지로 성립되며, 실업보험·연금

---

10) 藤田晴, 『財政』, (東京 : 日本經濟新聞社, 1987), p. 148.

보험·건강보험의 3종으로 대별된다. 그 재원은 개인과 기업이 부담하는 보험료와 국고부담이다. 그 보험료는 보험급부에만 충당되는 것이므로 강제가입의 경우에는 목적세의 성격을 지닌다. 그리고 보험급부는 피보험자인 개인에게만 지출되는 것이므로 사회보장에 의한 재분배방식은 개인과 기업과의 부담으로 개인에게만 소득이전이 행하여져 기업에서 개인에의 재분배에 불과하다. 그러나 사회보험의 급부와 재원과의 관계는 생각하기에 따라서는 건강자로부터 병자에게(건강보험), 취업자로부터 실업자에게(실업보험), 노동연령인구로부터 퇴직연령인구에게로 재분배이다.

   셋째, 사회복지(社會福祉)이다. 이는 불구자, 아동, 노인, 모자(母子) 등과 같이 보호를 필요로 하는 자가 자활(自活)할 수 있게끔 국가가 각종의 원조나 지도를 하는 것인데, 신체장애자복지·아동복지·노인복지·모자복지 등이 있다. 이밖에 질병의 예방, 환경위생 등 불특정 다수인에 대한 공중위생을 포함하기도 한다. 사회복지나 공중위생은 재원이 국고보담, 즉 조세이면서도 그 급부는 소득이 아니라 소비서비스이며, 이것에 의하여 급부자의 가득능력을 회복하고 가득기회를 얻게 하는데 목표가 있기 때문에 소득기회의 균등화 기능을 갖는다고 말할 수 있다. 이러한 성질의 사회서비스에는 교육·주택과 같이 협의의 사회보장에는 포함되지 않는 일반정부활동에 속하는 것도 있다.

   이와 같은 사회보장에 의한 재분배는 재원과 급부를 통하여 실현되므로 재원이 조세냐 보험료냐, 또 보험료인 경우에는 요율결정방식여하가 재분배효과에 크게 영향을 미친다. 또 급부대상이 어느 소득계층에 속하느냐에 따라 효과도 달라지며, 급부액이 균일하냐, 소득비례적이냐에 따라서도 다르다. 그리고 사회보장재원정책의 가장 기본적인 과제는 이것들의 재원을 어떤 조합법으로 선택하는가에 달려있으며, 각각의 재원의 이용에 있어서 구체적으로 어떠한 조달방식을 취할까 하는 문제도 중요하다. 예를 들면 사회보험료에 관해서는 보험료의 상한, 피보험자와 사업주의 보험료 분담, 보험료율을 적용하는 보수기준 등을 결정하지 않으면 안된다.[11] 그리고 사회보장과 같은 재원기구를 통한 직접적 이전지출은 가격기구에 대한 간섭이 적어 자원배분에 대하여 비교적 중립적일 수 있으므로 경제적 효율까지 고려한다면 재분배정책상 큰 가치가 있다. 그러나 이밖에 최저임금제도의 도입, 특정 농산물가격지지제도, 보호관세제도, 재산의 공유화 등과 같이 직·간접으로 재분배기능을 하는 것도 있다. 이것들은 시장경제의 가격기구에 대한 간섭을 수반하므로 자원의 효율적 배분을 저해하기 쉽다. 이와 같은 사회보장제도의 실시에 있어서 무엇보다 중요한 점은 지속적이고 풍부한 재원의 확보이다. 여기에서 지켜지지 않으면 안될 재원정책의 과제는 4가지 기준으로 제시해 볼 수 있는데, 이는 공공정책 전체의 계획과 모순이 없는 형태에서 해결하지 않으면 안된다.

　첫째, 공정기준으로서, 사회보장 정책의 기본목적인 최저생활의 보장과 국민생활의 안정을 저해하지 않는 것이 필요하다. 공정한 비용

---

[11] 藤田晴, 위의 책, pp. 149~150.

배분은 될 수 있으면 분배의 평등화에 기여하는 방법이라는 생각에서 사회보장을 위한 일반재원은 가능한 한 누진소득과세로 조달하고, 사회보장 보험료는 능력에 따라 부과하고 필요에 따라 급부해야 할 것이다. 선진제국에서는 소득세와 사회보험료의 종합적인 부담률이 대부분 이미 매우 높은 수준에 도달하고 있기 때문에 사회보장의 확충재원을 누진소득과세의 강화에서 구하려는 정책은 경제면의 악영향이나 정치면의 장애에 의해서 제약을 받는다. 이러한 점을 고려하면 현대사회보장정책의 재원보장은 소위 능력원칙과 이 원칙의 기울기를 고려해서 양자의 생각을 적절하게 조합하는 것이 좋다. 이 방침을 취할 경우 능력 원칙을 중시하고 징수되어지고 있는 일반세를 먼저 우선적으로 투입하는 분야로서 공적부조 또는 저소득층을 주된 수익자로 하는 사회복지 서비스를 선택할 수 있는데, 이것들은 빈곤층에 대한 공적부조이기 때문에 수익자 부담적인 재원조달방법을 생각할 여지는 없다. 이상에서와 같이 최저생활보장은 복지국가의 중점과제이기 때문에 이것과 모순되는 재원조달방식을 취하는 것은 절대로 피하지 않으면 안된다.

　둘째, 효율기준으로서, 사회보장의 재원정책은 비용부담의 공정한 배분을 가져올 뿐만 아니라 될 수 있는 한 경제자원의 효율적 배분을 저해하지 않아야 한다. 이와 같은 사회보장 서비스 안에는 외부경제효과를 중시할 만한 것이 있다. 예를 들면 예방접종 등의 공중위생 관계의 서비스는 직접이용자 이외의 사람들에 대해서도 간접적 편익을 부여하는 성질을 가지고 있다. 구급의료시설이나 고도의 전문 의료시설의 경우에도 수익자는 직접이용자 뿐만이 아니다. 이러한 종류의 시설은 시설을 이용할 수 있는 가능성을 가진 모든 사람에 대해서 안전보장이라는 간접적 편익을 부여한다. 당해 서비스의 공급에 필요한 비용의 대부분을 직접이용자에게 부담시키는 정책은 자원의 효율적 배분을 가져오지 않는다. 뿐만 아니라 부담의 형평이라는 관점에서도 바람직하지 못하다. 그러므로 간접적 편익을 갖는 사회적 가치에 따라 경비의 일부는 일반재정에 의해서 행해지는 것이다. 그리하여 외부경제효과는 대부분의 사회보장급부에 대해서 존재한다는 주장도 가능하다. 왜냐하면 우리들이 사회적 약자에 대해서 동정심을 갖고 있다고 하면 그들의 복지에 대해서 공헌하는 공적급부는 그들 뿐 아니고 우리들에 대해서도 만족을 부여하기 때문이다. 이 점은 빈곤층에 대해서 의료·주택 등의 서비스를 무상으로 제공하는 정책의 근거가 된다.

셋째, 안정·성장기준으로서, 경제정책의 목적은 국민의 복지증진이며 이를 측정할 수 있는 적절한 하나의 척도로 실질국민소득의 증대를 들 수 있다. 국민소득의 증대라는 명제는 국부(國富)의 증대를 경제학의 중심목적으로 생각하였던 애덤 스미스(A. Smith)로부터 오늘에 이르기까지 경제정책의 가장 중요한 목적으로서 명시적 내지 암묵적인 전제가 되어 왔다. 국민소득을 증대시킨다는 것은 단기적으로는 현존자원과 기술조건 하에서의 자원의 최적배분을 뜻하고, 장기적으로는 자원을 증대시키고 기술을 향상시킴으로써 경제를 실질적으로 성장시킨다는 것을 뜻한다. 그러므로 사회보장의 재원조달은 완전고용, 물가안정 또는 최적성장의 달성을 저해하지 않고 될 수 있으면 이들의 실현에도 기여하는 방법을 취한다.

넷째, 징수기술적 기준으로서, 사회보장의 재원조달은 징수를 위한 사회적 비용은 될 수 있으면 적게, 또 지출의무자 그리고 실질적인 부담자에 대해서 될 수 있으면 부담감을 주지 않는 방법을 선택해야만 할 것이다.

분배정책으로서의 질서정책

자본주의적 시장경제의 이론적 바탕은 애덤 스미스를 대표로 하는 영국고전학파 경제학에 의하여 제공되었으며, 이 고전학과 경제학은 중농주의적 조화관(重農主義的 調和觀)으로부터 많은 영향을 받았다는 것은 부인할 수 없는 사실이다.

그런데 이와 같은 조화관은 1929~33년의 「세계 대공황」과 반복적인 경기변동을 경험하면서 이미 「값싼 정부」의 좁은 틀을 벗어나 능동적인 시장개입을 강화시켜 왔다. 수송이나 치안과 같은 공공재의 공급기능이 확대·강화되었을 뿐만 아니라, 1873~1893년의 「대공황」 이후 국가의 초보적인 경기조절기능이 활성화되기 시작하였으며 당시의 공황기에 나타난 생산량의 증가, 가격하락에 따른 시장확보의 필요에 따라 대내적으로는 관세장벽에 의한 자유교역의 제한과 대외적으로는 제국주의적 식민정책의 추구를 위한 국가의 역할이 강조되었다. 특히 제 2차 세계대전 직후부터 공공부문이 크게 팽창하고 국가의 경제적 기능이 강화된 것은 재정의 사회정책적 기능과 함께 경기조절적 기능이 활성화된 데 기인하였다. 이와 같이 시장경제의 불안전성을 극복하는데 있어서 재정정책의 중요성을 강조한 이는 케인즈(J. M. Keynes)였다. 사실 신고전학파의 경제이론을 경제주체의 미시적 형태분석에 치중한 나머지 세계 대공황과 같은 경제적 위기에 대해 별다른 정책처방을 제시할 수 없는 상태였다. 케인즈에 있어서 시장경제 하의 경기변동이란 사기업과 가계의 수요행태에 의하여 영향을 받게 되어있었다. 이에 따른 불안정성은 무엇보다도 예상의 불확실성에 따른 투자결정의 불안전성에 기인하는 것이었다. 그에 따르면 이러한 예상수익의 불확실성은 의사결정의 토대가 그에 상응하여 「불안정(flimsy)」하다는 것을 의미하며,[12] 아울러 불황의 원인이 이자율의 상승에 있는 것이 아니라 예상수익의 감소에 있는 것으로 보았다.[13] 나아가서 그러한 투자활동의 불연속성과 그에 따른 고용의 불안정성을 해소라 할 수 있는 안전판이 시장기구 자체에는 결여되어 있는 것으로 보았다. 노동자나 노조의 저항에 의하여 임금이 하방경직적(下方硬直的)일 뿐만 아니라 설사 임금이 상하로 유동적이라 하여도 불황이 극복될 수 있는지의 여부는 불투명하기 때문이다.[14] 임금의 하락은 상품시장의 수요창출을 저해할 것이라는 이유에서였다. 케인즈는 또한 투자와 저축을 일치시켜 주는 이자율의 매개변수적 기능에 대해서도 회의적인 자세를 견지하고 있었다. 그리하여 투자의 규모를 결정하는 작업은 사경제 주체에 맡겨둘 것이 아니라 능

---

12) J. M. Keynes, *The General Theory of Employment, Interest, and Money*, (London-New York : Macmillan : St. Martin's Press, 1936), p. 315.
13) J. M. Keynes, *Ibid.*, p. 315.
14) J. M. Keynes, *Ibid.*, p. 267.

동적 경제정책의 대상이 되어야 한다는 것을 강조하였다. 그렇지만 케인즈의 정책은 그것이 자유기업을 토대로 하는 자본주의를 튼튼하게 다지고자 했다는 의미에서 분명히 보수적인 것이었으며,[15] 케인즈 자신에게 있어서 국가의 정책개입은 기존하는 경제형태가 파괴되는 것을 방지하기 위한 수단을 제공하고 개체의 창의력이 효과적으로 기능을 발휘하기 위한 수단을 제공하는데 있었던 것이다.[16] 이렇게 볼 때 케인즈는 국가의 경제적 기능이나 정책처방에 있어서 고전적 자유주의자들과 현격한 차이를 보이고 있기는 하지만 기본적으로 의사결정의 분권화에 의한 이익의 추구, 생산수단의 사적 소유에 의한 개체의 창의성을 존중하고 있었다는 의미에서 체제의 동일한 규범을 공유하고 있었던 것으로 보인다.

한편 헤겔류의 유기체적 국가관이나 강단사회주의, 기독교사회이론 등과 같은 사상적 배경에서 형성된 것으로 보이는 독일의 사회정책은 이미 바이마르공화국시기부터 활성화되기 시작하였고, 오늘날 사회적 시장경제(社會的 市場經濟)의 주요골격을 이루고 있다. 이러한 사회적 시장경제는 에르하르트(L. Erhard)의 권유에 따라 패전국 독일에서 이 제도의 도입으로 곧바로 후생수준에 있어서 전승국을 능가했으며, 이러한 사건들은 전례 없는 대규모 경제성장 기반을 유발시켰고, 이로써 서유럽과 중유럽에서는 기본적으로 자유주의 경제시스템이 장기간 형성될 수 있었다. 사실 1919년 바이마르공화국이 등

---

15) L. R. Klein, *The Keynesian Revolution,* (London : Macmillan, 1952), p. 167.
16) J. M. Keynes, *op. cit.*, p. 380.

장하는 시기 독일 전역에는 극도로 심한 이념적 갈등이 사회적 혼란을 야기시켰고, 도처에서 정치가와 지식인들 사이의 좌우대립 및 노동운동이 첨예화되었다. 또 1922년 2,420%에 달하던 물가상승률은 그 다음해 180만%로 급상승하였고, 실업이 급증하였으며 경제전체가 저성장을 초래하였다. 이러한 상황 하에서도 1924년 이후 바이마르 공화국이 자본주의 경제체제의 안정을 회복할 수 있었던 것은 첫째, 의회민주주의와 법치국가의 기틀을 다짐으로써 시민계층의 민주적 권리와 자율성을 존중하였다는 사실이며, 둘째, 노조결성의 자율성·노동시장정책·주택정책·다양한 사회보장제도의 도입·노사공영제(勞使共榮制)와 같은 사회정책적 수단을 통하여 자본주의 체제의 결함을 극소화시켰다는 사실이다. 이와 같은 정책기저들은 사회적 시장경제의 기본골격을 이루고 있다. 이의 창시자 오이켄(Walter Eucken)은 같은 맥락에서 시장구조 하에서 자기책임성의 원칙과 사회공동체를 통한 협동적 비용부담원칙을 여하히 조화시켜 나가느냐에 기본이념을 둔, 즉 유효한 경쟁을 보장하기 위한 국가개입을 충분히 인정하되 그 정도는 최소한에 머무르는 소위 시장순응성(市場順應性) 내지 시장과의 양립성(兩立性) 및 경쟁을 제한할 수 있는 요인들을 강력히 규제하는 것을 강조하였다. 이어 오이켄은 시장경제질서의 역동성(力動性)을 충분히 보장하면서 작위적(作爲的)인 국가개입을 삼갈 것과 화폐가치의 안정 유지, 시장가격형성의 지지, 시장개입에의 제한 철폐, 경제정책의 일관성 등을 구성원칙(Konstitutivesprinzip)으로 거론하였으며, 또 독점 규제, 누진세의 도입, 최저임금의 보장과 노동자보호

등의 조정원칙(Regulativesprinzip)을 주요 경제정책적 원칙으로 강조하였다.17) 질서자유주의(Ordoliberalismus)의 정책제시들 중에는 아직도 상당 부분 신고전적(新古典的) 잔재가 남아 있는 데, 이는 반드시 완전경쟁의 추구는 아니더라도 어떤 식으로든 시장경제가 가능할 수 있는 외곽구조의 형태가 사전적(事前的)으로 상정(想定)되는 까닭이다. 시장경제는 이제 재화를 둘러싼 집단의사의 다원적 형성질서이며, 시장은 정보교환 및 갈등해소의 장(場)으로 이해된다. 그러나 신(新)오지리학파의 사회진화론적 시장이론은 재화의 개념을 사적시장(私的市場)이 존재하는 범위 안으로 지나치게 좁게 이해한 나머지 시장성(市場性)과 사회성(社會性)이 접목될 수 있는 여지를 남기지 않는다.18) 모든 재화가 사적시장을 가지고 있지 못하다는 것은 이미 신고전(新古典)에서도 시장실패라는 현상을 통해 충분히 거론된 사실이다. 다분히 경제적 기준인 외부효과와 연결되어서만 거론되던 이 시장실패(市場失敗)의 개념을 확대하여 시장진화론적 시장이론과 접목시킬 수 있다면 비로소 시장경제에 있어서의 사회정책이 가지는 위치가 제대로 파악될 수 있을 것이다.

일반적으로 사회정책은 사회적으로 약자의 입장에 있는 집단의 개인적 생활형편을 향상시키고자 하는 정치적 행위 또는 개인적 생활형편과 관련된 사회적 병리현상(社會的 病理現象)의 정치적 제거노력을 의미한다고 볼 수 있다. 여기에 대한 구체적인 예로서 서독의

---

17) Walter Eucken, Grundsätze der Wirtschaftspolitik, (Tübingen, 1968).
18) Herder-Dorneich, PH. : Soziale Ordnungspolitik, (Stuttgart, 1979), p. 17.

경우에는 사회보장제도의 개선 외에도 광범위한 계층에 대한 재산형성의 문제가 주요 쟁점으로 부각되었는데 개인저축과 주택구입 등에는 많은 촉진조치가 시행되었다. 그러니까 사회적 시장경제가 내놓은 우선순위에 따라 일차적으로는 성장이고 그 다음에는 분배가 거론되었으나 부흥기가 어느 정도 완결된 후에는 분배문제, 즉 사회정의(社會正義)의 구현이 가장 중요한 의미를 가지게 되었다.[19] 이와 같은 관점의 사회정책의 개념을 체제문제와 연결시켜 보면, 그것이 개인적 생활형편을 대상으로 한다는 의미에서 개인의 가치의 주체로 인식하는 까닭에 우선 기본적으로 개인의 자기책임성(自己責任性)을 바탕으로 하는 자본주의적 시장경제질서를 전제(前提)하고 있음을 알 수 있다. 동시에 생활형편의 문제가 단순히 개인적 차원에서 발생하는 것이 아니므로 사회정책은 자선이나 시혜와는 그 성격을 달리한다. 여기에 문제되는 생활형편의 특징은 그 사회성(社會性)에도 불구하고 체재내재적(體制內在的) 해결의 가능성을 가리지 못하는데 있다고 볼 수 있고, 이러한 의미에서 사회정책은 시장경제가 충족시킬 수 없는 사회적 욕구를 체제유지를 전제로 한 채 체재외적(體制外的)으로 해결하고자 하는 수단이라고 볼 수 있다. 이와 같은 시장경제와 사회정책의 관계에 대한 이분법적 정의(定意)는 다분히 조화론적 입장에 있다고 볼 수 있다. 그런데 개인적 생활형편을 둘러싼 사회적 갈등의 관계가 예외적 현상이라면 모르겠지만 그것이 자본주의적 시장경제의 일반적 속성이라면 이의 해소를 체제외적 기능에 맡길 것이 아니

---

19) Frank Pilz, *Das System der Sozialen Marktwirtschaft*, (München, 1981), p. 123f.

라 체제(體制) 자체의 의무로 인식하는 것이 옳을 것이다. 사실 정부의 경제행위는 시장과의 양립성을 견지하기 위하여, 즉 시장기구에 위해(危害)를 줄 수 있는 개입을 하지 않고도 사회적 조정이라는 목적을 달성하는 선에서 질서이념(秩序理念)이 형성된다. 이에 따르면 시장경제란 수단일 뿐만 아니라 그 자체가 독자적인 기본가치를 지니는 것으로 설정되었다. 그러나 어떤 수단의 의미나 그 비중은 기본가치보다는 변화가능성이 용이한 것이다. 시장과의 양립성을 추구하는 것은 정부가 경제운용(經濟運用)에 개입할 수 있는 당위성을 인정하는 것이다. 이것은 목표와의 정합성(整合性)을 지녀야 한다는 것으로 해석되나 다른 한편으로 보면 시장과의 양립성을 강조하는 것은 순수한 질서이념, 즉 경쟁을 통한 경제행위의 자체조정을 신봉한다는 것을 뜻하기도 한다. 여기서 생겨나는 갈등이란 바로 일정한 목표를 관철하고자 하는 희망과 시장에 대해 수단으로 작용해야 한다는 원칙이 상호 엇갈리게 된다는 점이다. 과거에 있었던 잘못된 결과 때문에, 그 효과를 의심하는 데서 국가개입의 의지가 생겨나게 된 것이다. 자체조정의 시각에서 보더라도 국가개입이란 결코 시장과 양립될 수 없는 것은 아니고-의학적 해석을 빌면-일종의 해독제(解毒制)라고 보고 있다.[20]

이렇게 보면 시장과의 양립성이라는 문제는 결국 시장기구라는 것이 완전자동은 아니고 조작이 필요한 반자동(半自動) 정도라는 생각에서 연유하고 있는 것 같다. 사회적 시장경제가 이 자동기능을 잃게

---

[20] 김한규, "사회적 시장경제의 이론과 정책", 『추언 권병탁박사 화갑기념 논총』, 1989, p. 179.

되면 될수록 시장보다는 국가에 더 큰 신뢰를 두고 있다는 얘기가 되어 버린다. 어떻게 보면 시장이란 일종의 적응메카니즘을 찾는 것이라고 하겠다. 시장과의 양립성이 의사결정의 유일한 척도라고 볼 수 없는 것은 10년 정도 시험해 본 결과 시장과 양립되지 않는 조치가 이미 사용되었다는데서 그 적부(適否)의 정도를 알 수 있게 된다.21) 그러므로 경제정책의 내용은 본래 편의(expediency)에 의한 정책이 아니라 원칙(principle)에 의한 정책, 즉「게임의 룰」을 정하는 질서정책(Ordnungspolitik)의 강화에 두어야 하고, 개별 게임에 개입하는 과정정책적 요소(過程政策的 要素)는 가능한 축소함으로써 구체적·가시적 결과의 획득보다는 추상적·일반적 질서의 창출에 그 정책의 목적을 두어야 할 것이다. 이에 덧붙여 재화나 용역, 나아가서 독과점기업의 존재, 공공재, 외부경제 및 불경제의 존재, 비용체감산업의 존재 등 시장실패의 개념을 확대하여 사회정책적 문제의 해결자체를 사회구성원 개인들의 문화적 욕구충족이라는 차원에서 재화의 생산으로 인식한다면 이때의 사회정책은 이러한 문화적 재화를 둘러싼 갈등해소의 장(場)인 시장의 창출기능을 수행하게 된다. 이런 의미에서의 사회정책은 경쟁정책과 함께 시장경제의 질서내재적(秩序內在的) 양대 정책기조(政策基調)로서 인식되어질 수 있다. 시장경제의 독립적 기능결과가 사회정책에 의해 사후적(事後的) 체제외적(體制外的)으로 수정되는 것이 아니라 시장경제는 그 내재적 속성상 사회정책적 체제보완이 없이는 정상적으로 기능할 수 없는 질서이다.

---

21) Reinhard Blum, *Soziale Markwirtschaft*, in : HdWW(5), (Stuttgart, 1977), p. 156f.

이렇게 볼 때 시장성(市場性)과 사회성(社會性)은 더 이상 분리시켜서는 인식할 수 없는 개념이라고 볼 수 있다.

이상에서 살펴본 바와 같이 정책기조에 대한 국가개입의 당위성은 시장의 경쟁촉진과 독과점규제, 공공재 등의 질서정책에 국한시키면서 케인즈류의 운용과정정책식(運用過程政策式)의 개입은 최소화하자는 데 그 뜻을 두고 있다. 더욱이 현실의 유통경제질서는 오늘날 사람들이 시장의 실패라는 많은 문제를 안고 있고, 부(富) 및 소득의 불평등한 분배, 외부성이나 공공재의 문제, 독점화·과점화의 진전 등이 허다하다. 따라서 이 결함 많은 유통경제질서의 존속을 꾀하고 자유라는 절대적 권리를 지켜나가려고 한다면 지난날의 자유주의와는 달리 국가는 유통경제질서의 유지·발전을 위해서는 불가결한 틀을 만들기 위한 개입을 필요로 하게 된다고 하는 오이켄 등의 신자유주의이론은 오늘날의 복잡한 분배정책(分配政策)에 대한 커다란 시사점을 던져준다고 하겠다.

· 분배와 재분배정책을 통한 양립가능성 모색

복지국가 재정의 특징

일반적으로 복지국가 재정은 다음과 같은 특징[22]을 지닌다.

첫째, 생존권의 인정이다. 이는 국민복지를 국가가 빈민구제의 차

---

22) 林建久, 『福祉國家 5, 日本の經濟と福祉』(東京大學出版會, 1985), pp. 51~107 참조.

원에서 이해하지 아니하고 국민의 당연한 생존권적 차원에서 인식하는 것으로, 민주주의가 진행되는 과정에 보통선거제도가 도입되면서 최저생활 보장을 포함하는 사회보장과 기타 복지정책은 국민에게 당연히 베풀어져야 할 것으로 인식하는 데서 출발하고 있다. 아무리 그 지원수준이 높다고 하더라도 복지프로그램이 개인의 의사를 일축하고 국가에서 일방적으로 주어지는 것이라면 진정한 의미의 복지국가라고는 말할 수 없다. 자유와 권리가 무시된 복지는 호화교도소와 같기 때문이다.

둘째, 중앙집권적 재정의 운영이다. 이는 각종 복지프로그램의 소득 재분배 기능에서 연유하는데, 고소득층에게 누진적 과세를 부과하여 저소득층에게 여러 가지 형태로 소득지원을 해주기 위해서는 전국을 하나의 복지프로그램으로 묶을 필요가 있다. 그렇지 않고 지방자치 단체별로 복지제도를 시행하게 되면 지방재정 상태에 따라 복지내용도 달라지게 되어 여러 가지 사회적 혼란과 비효율을 초래하게 될 것이므로 복지국가 재정이 중앙집권적으로 운영되는 것은 불가피할 것이다.

셋째, 지방재정조정제도이다. 이를 활용하게 되는 까닭은 특히 공적부조나 사회복지사업에 있어서 현금 또는 서비스를 수혜자에게 제공하는 경우 개별적인 사정을 구체적으로 잘 알고 있는 지방공공단체가 집행하는 것이 중앙정부가 하는 것보다 훨씬 효율적일 것으로 생각되기 때문이다. 지방재정조정제도라 함은 중앙정부가 징수한 조세의 일부를 지방정부에게 교부하고 그 사용은 지방정부에 위임하는 것을 말한다. 그러나 이 경우에도 지방에서 실시될 복지사업의 방향은 중앙정부가 관여하되 그 구체적 세부실시계획 및 내부조정은 지방에 일임하여야 할 것이다.

넷째, 대규모 사회보장비이다. 국가재정 중 사회보장비용이 어느 정도의 비중을 차지하고 있는가에 따라 복지국가의 수준을 가늠해 볼 수 있는 것이 복지국가재정의 큰 특징의 하나이다. 이와 같이 사회보장비의 상대적 비중이 높아진 것은 두 차례의 세계대전과 1929년의 대공황을 계기로 나찌즘이나 사회주의 경향에 대응하기 위해 자본주의 경제가 그 스스로를 수정하는 수단으로서 사회보장제도가 확충되었기 때문이다.

다섯째, 소득세 중심의 조세체제이다. 그 이유는 소득세가 원래 누진성이 강하기 때문에 소득재분배의 수단으로서 가장 적합하다는 측면을 가지고 있고, 또한 GNP 성장속도보다 빨리 팽창하는 사회보장지출을 위한 재원마련에 있어서도 소득세가 가장 적합하기 때문이다. 소득세의 GNP 탄력성은 일반적으로 1보다 클 뿐만 아니라 소비세 등 간접세의 그것보다 더 큰 것으로 알려지고 있다.

그러나 과거 우리나라의 재정은 「저농산물가격·저임금·고축적」이라는 틀 속에서 강압적인 통치체제를 중심으로 국민계세주의(國民階稅主義)라는 미명 하에 지속적으로 팽창하는 재정수요를 간접세 위주의 대중과세를 통하여 재원을 염출하는 한편, 국민 대다수가 최소한의 인간으로서의 생존권을 철저히 외면당한 반복지적 경비구조를 유지시켜 온 것이 사실이다. 특히 한국 자본주의가 위기에 처할 때마다 정부에 의해 취해진 재정적 조치들, 즉 대기업을 중심으로 하는 조세감면조치, 재정투·융자, 부동산투기억제에 대한 소극적 조치 등이 이를 단적으로 뒷받침하는 것으로 판단할 수 있다.

한편, 우리나라는 지난 40여 년간 연평균 8% 이상의 빠른 실질소득 증가를 실현하였음에도 불구하고 소득분배는 미미한 정도의 개선에 그쳤으며 민간자산의 시장가치가 급증함에 따라 부의 분포는 오히려 악화되는 경향마저 보이고 있다.

그리고 부동산가격이 국민소득이나 도매물가 및 소비자물가에 비하여 엄청난 폭등현상을 나타냄에 따라 토지의 소유집중도가 일부계층에게 집중된 한국경제상황에서 부동산가격의 상승은 투기소득을 낳게 되고 이에 따른 실물자산을 통한 자본소득의 증가는 소득분배구조를 크게 악화시켰을 뿐만 아니라 국민들의 상대적 빈곤감과 저소득층의 상대적 박탈감(relative deprivation)을 가중시키는 결과를 초래하였다.

분배·재분배 정책수단

소득분배의 문제는 경제의 성장이나 안정과 밀접한 관계가 있으므로 이의 상호관계를 충분히 고려하여 경제의 안정·성장을 해치지 않는 방향에서 분배의 평등화와 공정화(公正化)를 도모하여 사회복지를 극대화하는 것은 분배정책의 중심목적이다. 분배의 공정이란 사회를 구성하고 있는 사람들에 대한 소득분배가 사람들이 품고 있는 공정의 관념에 합치하는가 안하는가의 문제이다. 현대사회에 있어서 격심한 빈부의 차는 대부분 사람들에 의하여 불공정하며, 또 상당한 수의 사람들은 경제적 노력이나 경제에 대한 공헌도를 무시한 분배의 평등화(平等化)는 악평등이라고 생각한다. 이와 같이 분배의 공정에 대한 의견이 일치를 보기 어렵기 때문에 분배의 평등화나 공정화의 분배정책의 목적을 설정한다는 것은 가치판단을 요구하는 문제로서 대단히 어려운 과제이다.

소득분배의 공정기준으로는 일한 것만큼(노동의 양과 질) 받는다는 공헌도기준, 생활에 필요한 것만큼 받는다면 필요도기준, 다른 사람과 차별되지 않는다는 평등기준을 들 수 있는데, 이러한 분배기준을 적절히 수렴하여 소득분배가 이루어졌을 때 공정한 소득분배가 실현되었다고 볼 수 있다. 이러한 공정분배의 실현은 현실적으로 매우 어렵지만 분배정책측면에서 다음의 세 가지 형태로 고려해 볼 수 있다. 첫째는 생산요소의 시장가격을 좌우하는 수요면 또는 공급면의 여러 요인에 의해서 원소득분포 자체의 불평등을 시정하려는 것으로서[23] 생산된 부가가치가 각 생산요소에 분배되는 경우에 저소득층에게 더욱 유리하게 분배되도록 하는 정책이다. 이 정책은 다시 두 가지로 나누어 생각해 볼 수 있다. 그 하나는 시장기구의 기능을 충분히 살리고 독점규제법에 의한 규제, 대항력의 이용, 산업민주주의적 조직에 의한 감시조정 등 독점적 요소를 배제함으로써 각 생산요소에 매긴 가격이 완전경쟁가격에서 괴리되지 않도록 하는 정책이다. 이와 같이 독점적 착취를 막고 또 노동조합의 압력 등에 의한 전반적 임

---

23) 藤田晴, 『財政』, (東京 : 日本經濟新聞社, 1987), p. 143.

금인상, 임금격차시정, 재산소득규제, 임금재가격의 상대적 인하 등 노동소득의 상대적 인상을 위한 정책이다. 그리고 다른 하나는 소득분배형성과정에 개입하여 노동분배율에 영향을 미치는 소득정책인데, 이는 소득분배 공정 또는 평등화를 일차적 목적으로 하는 정책은 아니며, 물가안정을 주목적으로 하는 정책이다. 가격과 소득형성면의 정책만으로 소득분배평등화를 도모하는 데는 한계가 있으며 독점적 요소를 배제하는 경우에는 비록 완전경쟁이 이루어지더라도 소득이 각 단위생산요소의 한계생산력에 따라 분배될 뿐이고 생산요소의 분배가 매우 불평등하다면 소득분배에도 큰 불평등이 남게 된다. 소득분배율의 인상도 마찬가지이며 균형성장과 양립되는 한계점까지 노동분배율을 인상해도 자본소유자와 비소유자 사이에는 크나 큰 소득불평등이 남게 되므로 그 이상의 평등화는 소득형성면보다는 다른 수단에 의존하여야 할 것이다.

둘째는 시장을 통하여 본래의 소득을 형성한 후에 그 분포의 조정을 기하려는 사후적 재분배정책으로서 한편으로는 조세정책으로 고소득층에게 고율의 증세를 하고 저소득층에게는 감세를 하며, 다른 한편으로는 지출면에서 저소득층에게 유리하도록 정부지출을 함으로써 고소득층에서 저소득층으로 소득을 재분배하는 것이 그것이다. 먼저 조세면에서 소득재분배효과를 크게 하기 위하여 일찍부터 조세의 공평성과 사회정책적 원칙이 강조되었다. 그리하여 소득세・상속세・부동산세・부유세의 누진도(累進度)를 높이고, 자본이득세(資本利得稅)를 높이며, 사치품에 대한 소비세율은 무겁게 해왔던 것이다. 특히 상속재산으로부터 소득, 토지, 주식의 가격폭등에 의한 자본이득은 명백히 불로소득이며 그 억압은 경제성장을 해치는 일이 적으므로 평등화정책으로서 중요시할 만한 것이다. 아울러 조세부담의 형평성을 기하기 위해서는 조세정책상의 제약으로 말미암아 실현되지 않는 가치의 증가분과 귀속소득, 특정한 국가목적을 달성하기 위한 특정소득, 입법기술상의 이유로 말미암은 불규칙적 소득 및 증여소득 등 모든 소득을 소득세의 과세대상에 포함시킬 것이 요구된다. 다음으로 지출면(支出面)에서는 사회보장급부(社會保障給付)에 주목하지 않을 수 없는데, 여기에서 사회보장이란 질병·장해·노령·실업 등의 사회적 위험에 대한 공정보장을 통해서 대부분의 국민들에게 최저한도의 생활을 보장하고, 국민생활의 안정을 도모하는 사회보험·공적부조·사회복지·사회보장 관련서비스 등을 들 수 있다. 이 중 분배효과가 특히 강하게 나타나는 것은 소득보장 안에서의 공적부조 또는 사회복지서비스의 대부분을 차지하는 노인, 아동, 심신장애자 등에 대한 서비스일 것이다.[24] 또한 사회보장 이외의 정부지출에 있어서도 지출방법 여하에 따라서는 분배평등화에 기여할 수 있는 바, 저소득층을 위한 주택이나 토지를 정부가 스스로 공급한다든가, 보조하는 방법, 공립교육기관·공립병원의 운영, 생활필수품 가격을 정부부담으로 저렴하게 하는 방법, 저소득자의 공기업요금을 정부보조로 싸게 하는 방법 등이 그것이다. 이렇게 해서 저소득층의 생활물자의 가격을 싸게 하는 공공지출은 결국 노동분배율의 실질적 인상 및 임

---

24) 藤田晴, 위의 책, p. 144.

금격차의 실질적 축소를 정부가 조장하고 있는 셈이 된다. 그런데 이것들은 현물형태로서의 소득이전이라는 뜻을 가지고 있으며, 소비자주권을 부분적으로 부인하는 결과가 되어 현금이전에 비하여 상대적으로 후생의 감소를 초래하는 것이다. 그리하여 새로이 구상해 볼 수 있는 것이 바로 부(負)의 소득세(negative income tax)제도이다. 이것은 가득소득액(稼得所得額)이 소득세의 면세점을 하회하는 저소득자에 대하여 양자의 차의 일정비율이라고 할 수 있는 금액을 부(負)의 세(稅)로 하고 정부가 거꾸로 급부하는 제도로서, 이 제도가 도입되면 결합한 재분배기구를 형성하는 것이 되며, 또 현물급부가 아니라 현금급부가 이루어짐으로써 소비자선택의 폭을 증대시킴과 동시에 훨씬 더 큰 경제적 후생이 기대되어진다.

셋째로는 소득원천인 광의의 자본자산 자체의 불평등분배를 축소하려는 정책으로서 물적자산에 관한 것과 인적자산에 관한 것으로 대별할 수 있으며, 어느 것이나 재정이 대단히 중요한 역할을 하게 된다. 먼저 물적자산에 관해서는 전통적으로 특히 중시해왔던 정책수단이 유산세 또는 상속세이다. 양세의 차이는 유산세에서는 유산총액의 크기에 따라서 세액을 결정하는 것에 대하여 상속세에서는 상속분의 크기에 따라 각 상속인마다 세액을 결정한다. 누진상속세에 있어서는 유산을 분산하면 할수록 과세총액이 적어지기 때문에 이 조세는 유산세보다 자산분배를 평등화하는 효과가 크게 나타날 것으로 기대할 수 있다. 또 유산세와 상속세의 어느 것을 적용한다 하더라도 이것들은 생전 증여(生前 贈與)에 의해서 회피되기 때문에 보완세로서 증여세가 설치되는 것이 보통이다. 이것은 개인의 생애를 통해서 상속 또는 증여의 형태로 받는 일체의 자산액을 집계하고 이것을 과세표준으로 하여 누진세를 적용하므로 뛰어난 방식이라고 할 수 있다. 또는 상속이나 증여에 의한 자산취득도 소득의 일종으로 보고 이것들을 다른 형태의 소득과 합산한 것에 대하여 누진세를 적용하는 방법도 생각할 수 있다. 후자가 자산분배의 불평등도를 감소시키는 수단으로 갖는 장점은 일정한 자산을 이전 받았을 경우에 지급하는 세액은 고소득층일수록 무겁게 된다는 것이다.[25] 이상에서 문제를 삼은 상속세나 증여세는 물적자산이전(物的資産移轉)의 경우 과해지는 특수한 재산세이다. 이것들과는 별도로 자산보유에 대해서 장기적으로 과해지는 협의의 재산세가 있는데, 이것이 자산분배의 평등화를 기하는 유효한 수단이 되기 위해서는 누진적인 세율구조를 갖지 않으면 안되며, 그의 적용범위는 특정유형의 자산에 한정하지 않고 과세기준을 순자산액(자산총액-부채총액)에 가깝도록 해야만 할 것이다. 또 물적자산분배의 평등화를 기하는 더욱 급진적인 조치로서는 몰수 또는 불완전보상의 형태를 취하는 생산수단(生産手段)의 공유화(公有化)를 생각해 볼 수 있는데, 그것 자체는 몇 가지 점에서 분배평등화에 직·간접적으로 기여하기는 하나 그 정도는 그리 크지 않다고 하겠다. 왜냐하면 사회의 일부 기업만을 민주적인 절차에 의해 공유화하는 경우에는 특별한 이유가 없는 한 공유화된 자산에 해당하는 보상을 지급해야 하기 때문이다. 분배평등화를 위해서는 완전보상을 하

---

[25] 藤田晴, 위의 책, p. 145~146.

고 고정자산만을 공유화하는 것보다는 오히려 조세에 의하여 이윤에서 얻어낸 세금을 재원으로 만들든가 또는 공기업의 주식을 취득하여 공사혼합기업(公私混合企業)을 만드는 것이 더욱 그 효과가 클 것이다. 또 공기업은 적자가 되기 쉬운 산업보다도 독점적 초과이윤이 많은 산업에 진출하여 독점요소의 배제를 통하여 사적이윤을 억제하는 동시에 얻은 공적이윤을 공적고정자산투자와 공적금융자산의 비중증대를 위하여 사용하는 것이 더욱 바람직할 것이다. 주식(株式)의 공유화는 고정자산의 공유화에서 오는 마찰을 피할 수 있는 금융자산의 사회화(社會化)로서 그 의의가 크다고 하겠다. 그러나 이들 조치의 광범한 적용은 자본주의체제의 부정을 뜻하는 것이고, 또 부분적인 적용은 중대한 불공평을 가져올 수 있기 때문에 그 어느 것이든 문제가 없는 것은 아니다. 이것보다 더 온건한 방법으로는 세법상의 우대조치로서 근로자의 재산형성촉진을 생각해 볼 수 있다. 재산소유를 평등화하여 일부의 자본가계층 뿐만이 아니라 모든 국민이 어느 정도의 재산을 갖게 하는 근로자재산형성정책은 이미 영국, 독일, 프랑스 등 서구국가에서 실시되고 있고, 우리나라에서도 근로자재산형성저축이라는 방법으로 실시되어 오고 있다. 근로자재산형성저축이란 근로자가 저금, 유가증권, 주택 등의 재산을 보유하는 것을 정부가 감세, 기타 수단으로 원조함으로써 근로자생활의 안정과 향상을 기하는 정책이다. 이 정책을 추진하는 데는 세 가지의 입장이 있다. 먼저, 근로자에게 재산취득의 기회를 광범하게 부여함으로써 그의 생활기반의 안정을 도모하고 사회의 책임있는 일원으로서 그 참가를 기대하는 것이다. 다음으로, 현재의 재산분배가 현저하게 불공평하므로 앞으로 증가해 가는 재산분배를 현재 이상으로 공정하게 하는 것이 필요하다는 재산분배구조의 시정을 내세우는 입장이다. 마지막으로, 소득증가의 일부를 재산형성에 기여하도록 조치함으로써 생활안정과 자립성확보에 기여케 하는 동시에 소비구매력의 억제, 나아가서는 물가안정과 투자자금의 확보에 의한 지속적인 경제성장의 실현에 기여한다고 생각하는 입장이다. 이러한 근로자재산형성정책을 통하여 재산분배가 평등하게 이루어진다면 비록 재산소득이 불로소득이라고 하더라도 그것이 일부 사람들에게 집중되고 있는 경우보다 훨씬 평등의 관점에서 바람직스럽다고 하겠다. 또, 전국민이 재산을 가지게 됨으로써 국민 각자의 소비선호의 폭도 커지고 개인의 참다운 자유도 증대하는 것이 되어 훨씬 「파레토 개선」에 접근한다고 하겠다. 이 방법으로 평등화가 이루어지면 평등화 자체가 능률이나 성장과도 모순되지 않을 것이다.

　다음으로는 인적자산(人的資産), 즉 노동용역의 원천으로서의 인적능력의 분배를 평등화하기 위한 정책을 생각해 볼 수 있다. 그 중심이 되는 것으로 모든 청소년에 대하여 그 잠재적 능력을 충분히 개발할 수 있는 교육의 기회를 부여하는 것이다. 사실 소득불평등의 원천으로 재산소유에 다음가는 중요한 요인은 교육이나 지위의 차이로서 대체로 높은 교육을 받고 높은 지위에 있을수록 많은 소득을 얻게 될 것이다. 교육과 지위는 각자의 능력과 노력에 의해서만 결정되는 것이 아니라 다분히 인위적 제도에 의해서 결정될 수 있으므로 교육제도를 개혁하여 돈이 없더라도 머리만 좋으면 진학할 수 있도록 교육기회를 균등하게 하고 직업에 있어서 승진이 학벌이나 지벌, 파벌에 의해서가 아니라 능력주의원칙에 따라 결정되어져야만 할 것이다. 이 목적을 위하여 교육비의 공비부담(公費負擔)이나 무이자대여 등의 조치가 취해져 있지만 이것들은 인적자산(人的資産)의 평등화정책인 동시에 현물형태의 소득분배정책이라는 의미를 가지고 있다. 그리고 재산소유의 불평등, 교육과 승진의 기회불평등과 더불어 권력소유의 불평등은 소득불평등의 주요한 원천이라고 볼 수 있는데, 정치상의 권력은 형식상 민주적 절차에 의한 선거에 의해 국민의 지지를 얻는 국민대표에 의해 행사하도록 되어 있으나 실제로는 국민의 의사를 무시한 권력행사가 이루어지고 있는 것이다. 즉 선거에 의하지 않은 관료가 매우 강력한 정치권력을 가질 수도 있다. 그러나 그보다 더 문제가 되는 것은 산업 내지 경제면에서 경제권력이 자본소유자 및 테크노스트럭쳐(technostructure)에게 집중되고 있으며, 이것을 규제할 수 있는 수단도 갖추어져 있지 않다는 것이다. 이러한 문제점을 해결하는 방법으로는 대항력(對抗力)을 기르는 것과 산업조직 또는 경제조직에 정치적 민주주의원칙을 적용한 경제민주주의 내지 산업민주주의로 경제권력의 집중화를 저지하는 것을 생각해 볼 수 있으며, 이것은 간접적으로 소득분배의 평등화 기여하는 것이 될 것이다.

  이상에서 살펴본 바와 같이 현대 재정에 있어서 재분배정책의 수단으로서는 사회보장이전이나 교육, 주택 등 사회적 서비스가 대단히 중요한 것임에 틀림이 없다. 이를 위한 현대 재정의 재분배효과에 대한 계량적 파악은 대단히 필요하며 이에 따른 소득계층별 조세부담 귀착의 추정은 절실하다 하겠다. 또 유의하지 않으면 안 되는 점은 형평과 효율이라는 두 목표 간의 모순문제이다. 즉 최고한계세율이 100% 가까운 소득과세나 몰수에 가까운 상속세의 중과(重課)는 평등화정책으로서는 대단히 효과적이라고 볼 수 있지만 자원의 효율적 이용 및 경제성장에 대한 저해위험이 예상된다. 그러나 장기·동태적인 견지에서는 점진적인 재분배를 시도함으로써 이의 문제점을 극복할 수 있을 것이다. 또 공적부조(公的扶助)에 있어서 가득소득을 증가하는 동일한 액수만큼의 급부를 삭감하는 방법을 취하는 것이 적지 않은데, 이것은 실질적으로는 가득소득에 대한 한계세율 100%의 과세라는 뜻이 있기 때문에 근로의욕에 강한 악영향을 줄 위험이 있다. 말할 필요도 없이 분배정책의 실시에 있어서 경제효율의 악영향을 극소로 한다는 것은 대단히 중요하다. 이 점으로 보면 기회균등화나 시장지배력의 억제에 의해서 원소득분포 자체의 불평등도를 완화하는 형태의 정책방향은 사후적 재분배경제보다 월등하다고 볼 수 있다. 이 점은 또한 이론적으로나 관념적으로는 상당한 의미를 가지는 것이 분명하지만 현실적으로는 많은 한계점을 지님은 물론 재분배정책을 불가결하게 요구하는 경우가 많은데, 여기에서는 「소유지향적인 삶」에서 「존재지향적인 삶」으로 삶의 방식의 전환을 통한 재분배 방법도 모색해 볼 수 있을 것이다.

　나아가 국민의 재정수요는 경제여건이 바뀜에 따라 함께 변화하게 되며, 소득수준이 향상될수록 생활의 안정과 질적 개선을 위한 다각적인 정부역할이 요구된다. 물질적인 생활표준(standard of living)은 각 개인의 생활의 질(quality of living)을 향상시킨다는 측면에서 더 큰 의미를 가지며 생활의 질이야말로 복지의 궁극적인 척도라고 볼 수 있다. 향후 한국경제는 계속적인 산업화의 추진으로 생활환경에 주는 사회적 비용이 더욱 늘어나게 될 것이므로 생활의 질이 심각한 사회적 관심사가 될 뿐만 아니라 개인들의 소득수준 증대에 따라 국민기대수준도 더욱 높아지고 이에 따른 국민들의 욕망표출도 다양화 될 것이다.

· 운영의 묘

이상에서 살펴본 바와 같이 자본주의 시장경제는 각자가 자기관심분야에 몰입하면서 공익증대에 자연스럽게 연결되는 자유경쟁의 교환질서에 입각한 고전주의적 조화관(調和觀)에 의해서 엄청난 역동성을 보여주고 있다. 그렇지만 시장의 경계선에 대한 모호성과 거시적 불균형 등의 문제와 적하효과(滴下效果)에 대한 양적·질적 내용이 국민들의 기대수준에 미치지 못함으로 인하여 자본주의 시장질서에 대한 강한 회의와 신뢰 저하는 물론 체제개혁의 문제로까지 비화하게 된다. 이들에 대한 제도적인 수렴이 바로 공적부조, 사회보험, 사회복지 등의 사회보장제도로 이해할 수 있지만, 고전적 「값싼 정부」에서 현대의 「값비싼 정부」로의 이행은 시장의 실패에 이은 또 다른 정부의 실패를 낳음으로써 국민경제에 대한 조정자로서의 정부기능은 여러 부문에서 많은 한계점을 드러내고 있다. 여기에서 자본주의의 시장·교환질서의 원리를 충분히 수렴하면서 국민복지향상에 대하여 새로운 제도적인 방안을 모색해 가는 오이켄 중심의 신자유주의, 즉 정부의 민간경제에 대한 해독제 정도로의 질서정책은 많은 시사점을 제시하고 있다.

지금까지 한국경제는 너무 거시적 시각에 치우친 기조설정의 결과 재정의 경기조절기능이 상대적으로 중시된 반면 산업화 및 소득수준 향상에 따른 재정구조변화를 충족시키기 위한 재정구조조정의 노력이 미흡하였다. 더욱이 국민소득수준이 크게 향상된 최근에 이르러서는 재정기능의 정상화를 위한 재정확대와 안정기반구축을 위한 긴축재정이라는 두 방향 사이에서 재정기조설정(財政基調設定)에 많은 어려움을 겪고 있다.

따라서 효율과 형평의 가치에 대한 동시적 수렴이라는 측면에서 이상의 문제점에 대한 극복 방안으로 실질적 분배개선을 고려한 사회보장이전, 교육·주택 등의 사회적 서비스, 새로운 차원의 질서정책, 부(負)의 소득세의 도입·실시, 삶의 방식의 전환, 나아가서 생활의 질적 개선에 대한 국민적 관심의 고조를 반영하여 생산성 증가를 간접적으로 뒷받침할 수 있는 사회분야의 적절한 자원배분 등의 적극적 활용은 장기·동태적인 견지에서 훨씬 「파레토 개선」에로의 접근을 가능하게 할 것이다.

2장

인적자본투자와 경제사회발전

· 인적자본투자의 중요성

　인간의 노동은 사회의 가장 큰 생산적인 자원이며 여타의 물적인 생산요소와의 결합에 의하여 국민소득을 산출하는 모체(母體)가 되므로 노동의 양과 질은 전체 국민경제에 있어서 대단히 중요한 의의를 지닌다.

　산업·정보화 사회에서는 경제의 성장·발전을 위하여 물적인 자본 못지않게 고도의 기술을 가진 또는 경영능력을 지닌 우수인력을 요구한다. 이에 부응하여 인간노동의 질적인 측면의 인적자본투자(human capital investment)에 대한 연구는 1959년대 말부터 약간의 경제학자들이 관심을 갖기 시작하여 1960년 이후에야 비로소 집중적인 연구가 이루어지게 되었다. 그들은 경제학적인 지식을 교육에 원용하여 교육현상을 분석·규명하고, 더욱이 교육부문에의 지출도 일반 생산체계의 투자와 마찬가지로 하나의 투자로 간주되어야 한다는 입장에서 그것에 대한 경제적 효과를 분석함으로써 교육경제학(the economics of education)이라는 새로운 용어를 탄생시키기에 이르렀다. 교육경제학이란 현재와 미래에 사회의 여러 사람과 집단 사이에서 화폐의 사용 혹은 사용없이 희소한 생산자원을 이용하여 사람과 사회가 특히 학교교육에 의해서 여러 유형의 훈련・지식의 개발・기술・정신・인격 등을 산출하고, 또 시간의 경과에 따라 그들을 어떻게 분배하는가의 선태에 관하여 연구하는 학문이다.[26] 최근에는 인적자본론이 경제학의 가장 중요한 분야 중의 하나로 정립되었으며, 인적자본도 물적자본과 마찬가지로 투자를 통해 축적이 가능함은 물론 인적자본의 축적에 관한 의사결정도 비용편익분석을 통하여 행해진다는 것이다.

이렇게 인적자본이 투자의 측면에서 파악되고 중시되는 이유는 노동력의 질적 향상을 통한 생산의 증가, 소득수준의 증대 및 삶의 질의 향상을 통한 사회적 공동체의식의 함양 등이 기대되기 때문이다. 여기서 인적자본이라는 의미 자체는 미래 소득의 흐름을 제공하는 원천이라는 것에서 비롯되며, 이와 관련된 부문은 정규교육(formal education)외에 현장실습(on the job training, OJT), 노동이동(migration), 노동시장정보(information) 그리고 건강 등이 포함된다.[27]

우리나라는 광복 이후 교육이 양적으로 꾸준히 성장한 결과 2018년 현재 초등학교 취학률은 100%로서 세계 제1위를 나타내고, 또 중

---

[26] E. Cohn, *The Economics of Education*, Balling Publishing Company, 1979, p. 2.
[27] Mark Blaug, *The Methodology of Economics*, Cambridge Univ. Press, 1980, p. 255.

학교는 97.9%, 고등학교는 92.4%로 90% 이상 수준에 달하여 우리나라의 초·중등교육 기회는 선진국 수준에 도달하게 되었다. 이에 반하여 상대적으로 기술집약적 산업에로의 구조변화와 정보화·국제화 사회에 대처해 나갈 우수한 질적인 인력양성에는 다소 미흡했다. 이러한 여건 속에서 국민들은 그들의 소득수준상승으로 생활의 질적 향상에 대한 기대욕구가 커지고 소득과 부의 상대적 배분에 대한 사회적 관심이 고조되면서 그들이 바라는 경제적 가치는 소득 성장 이외에도 소득의 안정과 소득분배의 평등으로까지 진전하게 되었다.

이러한 다양한 욕구가 분출되는 시점에서 국민 각계각층의 증대되는 욕구를 경제논리에 따라 단계적으로 수렴·조정하고 분배를 개선하려는 노력도 경제활동과 자조정신을 북돋아 주는 방향으로 전개하기 위해서는 인적자본투자에 대한 체계적인 연구와 이에 대한 국가적인 관심이 요청된다 하겠다.

· 인적자본투자의 이론적 배경

생성의 배경과 추이

인적자본 내지 교육경제학에 대한 관심은 플라톤(Plato), 아리스토텔레스(Aristotle), 토마스 아퀴나스(St. Thomas Aquinas)의 시대에 까지 거슬러 올라간다.[28] 이러한 관심은 18세기 중상주의시대 말기의

---

28) Daniel C. Rogers and Hirsch S. Ruchlin, *Economics and Education*, The Free Press, 1971, p. 1.

대표적인 경제학자 가운데 한 사람인 깡띠용(Richard Cantillon: 1685~1734)에 의해서 양육이나 훈련을 위한 투자가 임금격차를 유발하는 주요한 요인 가운데 하나라는 사실이 인식된 후 인간에 대한 투자자본의 중요성과 그에 대한 경제적 분석의 중요성이 애덤 스미스(A. Smith), 알프레드 마셜(A. Marshall)로 이어지면서 계속 논의되어 왔다.

인적자본이론이 본격적으로 경제학계에 논란이 된 것은 1950년대 말부터 교육의 경제적 측면에 관심을 둔 경제학자들이 출현하면서부터이다. 이들 교육경제학자들에게 있어서 교육은 소비적 측면보다는 투자적 측면이 강조되어 분석되었고, 특히 교육경제학의 창시자인 슐츠(T. W. Schultz)의 탁월한 연구업적이 정립됨에 따라[29] 교육의 경제적 분석에 있어서는 인적자본 존재량의 추계와 이의 국민소득 증가에 대한 기여도측정 그리고 투자동기에 의한 교육수요 및 교육의 내·외적 수익률계산이 대부분을 차지하게 되었다.

선·후진국을 막론하고 1950~60년대의 교육의 경제발전에 대한 기여가 대단히 크다는 낙관론적인 견지에서 교육경제학자들은 교육을 성장과정 속의 한 투입요인으로 설정하고 노동의 생산적인 질의 향상에 초점을 두고 연구를 진전하였다. 이러한 분야의 최초의 연구자라고 볼 수 있는 솔로우(R. Solow)는 성장 중에서 잘 설명되지 않는 잔여(residual)를 공업기술의 진보라고 간주하였다.[30] 그 후 이러한

---

[29] T. W. Schultz, "Investment in Human Capital", *American Economic Review*, Vol.51(1961), pp. 1-17.
[30] Robert Solow, "Technical Change and the Aggregate Production

일반적인 주장은 자본의 질에 있어서의 향상도 포함시켜야 한다는 견해31)가 나타나기 시작하면서 변화를 초래하기 시작하였다.

1950년대 말 미국에서는 산출물이 투입물보다 현저히 빠른 속도로 증가하여 단순히 인구증가를 노동력 증가나 실물자본량의 증가와 같은 투입물의 양적인 증가만으로는 성장의 원인을 설명 할 수 없었다. 그 결과 자연히 생산요소의 양적증가 뿐만 아니라 질적 증가에 대해서도 관심을 갖게 되어 실물자본의 기술진보에 의하여, 노동력의 질적 증가는 교육 즉 인적자본투자에 의하여 달성된다는 인식을 갖게 되었다.32)

또한 당시 인적소득불평등의 성격과 원인에 대한 실증분석이 경제학자들의 관심을 끌면서 교육이나 훈련이 근로소득에 미치는 효과에 대해 실증분석의 필요성이 인식되었다. 이러한 배경 속에서 교육과 훈련에 대한 비용과 편익 분석은 민서(J. Mincer), 베커(Gary Becker), 슐츠(T. W. Schultz) 등에 의하여 체계화되었으며, 그 후 많은 논자(論者)들에 의하여 이 이론의 확장과 실증분석 등이 이루어졌다.

    Func-tion", *Review of Economics and Statistics*, 39(August 1957), pp. 312~320.
31) Z. Griliches and D. Jorgenson, "Sources of Measured Productivity Change : Capital Input", *American Economics Review*, 61(May 1966), pp. 50-61.
32) T. W. Schultz, op. cit., pp.1- 17, G. S. Becker, *Human Capital- A Theoretical and Empirical Analysis, With special reference to education*, Columbia Univ. Press, 1964. 서문.

이론적 근거

국민 소득의 증가와 분배 및 노동생산성의 분석에 있어서 인적자본의 개념이 새로이 도입된 것은 과거의 신고전경제학 이론의 한계에서 비롯된다. 즉 신고전학파 경제 이론이 동질성의 실물자본과 노동단위로 표시된 생산력증가와 소득분배과정을 모두 설명하지 못하자 이에 인적자본이론이 노동력의 질적 향상으로써 이것을 설명하려는 새로운 시도로서 이루어지게 되었다.

원래 인적자본의 개념은 피셔 (I. Fisher)적인 자본개념에서 비롯되는데, 그것의 핵심은 자본을 「시간의 경과에 따라 소득의 흐름을 낳는 모든 종류의 물(物: thing)」로 파악하고 소득을 자본의 산물로 간주하는 것이다. 이러한 관점에서 보면 어떤 생산과정을 통한 소득을 창출하는 자본으로서의 기능은 비단 인간에 의해 만들어진 자원으로서의 노동에만 있는 것이 아니라 토지, 인간에게도 체화(體化: embodied)되어 있다고 볼 수 있다. 그 이유는 토지가 자연상태 그대로 있는 것보다 인공이 가해지면서 더욱 유용한 자원으로 변모하는 경우와 같이 노동도 그저 근육의 작용 자체가 아니라 교육훈련을 통해 지식과 기술이 축적된 인공적인 자원으로 전환되기 때문이다. 지식이나 기술도 물적 자본의 축적과 하등 다를 바가 없는 하나의 자본으로 볼 수 있다. 이 점에서 인적자본이론의 선구적 제창자 슐츠는 자본개념을 인간의 노동력에도 적용할 필요가 있다고 보고 기계나 공장 또는 건물 등의 비인적자본과 구별하여 인적자본(human capital)이라 한 것이다.[33] 그리고 그는 교육비는 소비가 아니라 상품을 생산하는데 필요한 노동력을 증가시키기 위한 투자라고 주장하고 인적자본투자의 관점에서 학교교육은 물적자본을 변화시키지 않더라도 노동자 한 사람당 더 높은 산출을 기대할 수 있는 경제적 수익성을 지닌 투자라고 보았다.[34]

한편, 인적자본이론은 그 전까지의 자본의 개념을 확대하고 더욱 정리된 모형들을 개발함으로써 경제분석에 있어서 경제학자들이 직면한 집계(集計)·투자·성장·소득분배 등의 여러 가지 문제를 해결하는데 큰 도움을 주었는데 이를 구체적으로 살펴보면 다음과 같다.[35]

먼저 인간의 교육적 배경은 노동자의 숙련도를 결정짓게 된다. 교육은 근로자의 노동의 질을 개선하여 한계생산성을 높이며, 이는 각 노동자에게 투하된 인적투자비용에 비례한다. 또 각 노동자의 한계생산성은 한계생산력설에 의할 경우 임금과 일치한다. 따라서 각 노동자의 임금으로서 이질적인 노동의 저량(貯量)을 집계할 수 있게 된다. 다시 말하면, 인적자본개념에 의해 이질적인 노동들을 각각의 한계생산성에 따라 평가하고 집계할 수 있게 되었다.

다음으로 인적자본이론은 기존의 물적 자본에 대한 투자이론을 교육훈련에 대한 사적(私的)·사회적·인적투자행위에 쉽게 적용할 수 있게 함으로써 희소한 자원의 효율적 배분이라고 하는 투자문제에

---

33) T. W. Schultz, *Investment in Human Capital*, The Free Press, 1971, p. 48.
34) T. W. Schultz(1961), *op. cit.*, pp. 1-17.
35) L. Thurow, *Investment in Human Capital*, Wadsworth Publishing Co., 1970, pp. 8-13.

유용한 기준을 제공해 주었다. 또 교육에 대한 수익률분석을 통해 정치·경제·사회의 여러 측면에서 어느 부문에 더 투자를 할 것인가 하는 투자결정의 방향을 정할 수 있게 해주었다.

셋째로 인적자본이론은 경제성장 요인분석에서 상당부분을 차지하는 설명되지 않는 잔여(殘餘)를 설명해 줌으로써 성장을 더욱 잘 설명하는 새로운 방식을 제시해 줌과 동시에 생산적 능력의 분포를 변경시킴으로써 장래의 성장경로를 변경시키는 방법을 제시해 주었다. 그리고 인적자본이 경제성장에 미친 기여도를 분석하는 잔여분석에서는 투입에 의한 국민소득증가분을 제외한 잔여분을 노동의 실질향상의 결과라고 간주한다. 이와 같이 자본, 노동, 기술을 더욱 세분한 후 이들 세부요인이 얼마나 성장에 공헌하였는가 하는 것을 밝혀냈을 뿐만 아니라 앞으로 어느 부분에 더 투자하여야 성장이 가속화할 수 있는가를 제시해 주었던 것이다.

끝으로 인적자본의 개념은 빈곤 및 소득불평등 연구의 핵심이 되며 이를 개선시킬 수 있는 정책수단을 제공하였다. 인적자본이론에 의하면 노동소득의 분포는 자본소득의 분포에 의해 결정된다. 따라서 노동 소득 격차는 궁극적으로 인적자본 투자량의 차이에 기인하는 것이다. 이 점에서 베커와 민서는 인적자본과 소득의 인적분배를 밝히는 분석모형을 개발하여 소득분배의 불평등에 대한 인적자본투자의 효과를 분석하였다.

그러나 인적자본이론은 다음과 같은 방법상의 한계점과 취약성을 내포하고 있음을 부인할 수 없다.[36] 첫째, 인간에 대한 투자는 다른 물적인 투자처럼 투자동기에 있어서 합리적인 투자가 될 수 없다. 대체로 물적인 투자는 투자의 기회비용과 기대되는 투자의 수익 및 위험요인 등이 비교되어 자본배분원칙 아래 우선순위와 투자액이 결정되는데 대하여 실제로 인적투자에 있어서는 이와 같은 요인이 거의 무시되어 있다.

둘째, 인적투자는 장래의 금전적 수익에 대한 기대 이외에 금전적으로서 계산할 수 없는 만족과 현재의 욕망을 충족시킨다는 점에서 보완적인 요소를 지니고 있다. 따라서 인적투자에 대한 지출 중 소비적 지출이 계산·분리되지 않는 한 순수한 인적투자액이 도출될 수 없다.

셋째, 인적투자 중 소비적 지출분이 분리된다 하더라도 특정의 인적투자분에 대한 특정수익액의 계산이 거의 불가능하다. 인적투자에 대한 노동생산성 향상이 소득 혹은 임금수준에 반영됨은 사실이나, 주어진 인적투자 예컨대 교육, 현장훈련 또는 보건을 위한 지출에 대해서 개별적으로 수익액을 분리 측정하기는 매우 어려운 것이다. 또는 소득 및 임금수준은 개인의 능력 이외에 경력·연령·인적연고관계·재산 보유 등 수많은 외적 요인에 의하여 영향을 받기 때문에 순수한 인적투자에 의한 소득 및 임금증가분을 계산하기는 거의 불가능하다.

넷째, 인적투자에 대한 정의가 문제된다. 이미 교육 이외에 직업수련과 보건에 대한 지출이 때때로 인적투자로 간주되고 있지만 인간에

---

36) H. G. Shaffer, "Investment in Human Capital : Comment," *American Economics Review*, Vol. 52, No.4(1961), pp. 1026~35.

대한 지출 중 특정분을 인적투자로 판단하는 데는 임의적·주관적 요소가 개입된다. 식량·의복·주택·여가이용 등 종래에 일반적으로 소비 지출로서 간주되었던 모든 지출이 엄격한 의미에서 인적자본의 개선 및 노동생산성 향상에 기여함을 부인할 수 없고, 또한 지출동기 면에서도 일부 투자적인 요소가 있다고 하겠다. 그러므로 수많은 인간에 대한 지출 중 지출동기 또는 결과에 있어서 소비적 측면보다 투자적 측면이 강조됨을 판단할 수 있는 객관적인 지표가 먼저 마련되어야 인적자본의 연구대상이 확인될 수 있으며, 여러 인적자본의 비교연구가 가능할 것이다. 이러한 여러 가지 문제의 견지에서 볼 때, 많은 시사점을 제시해 주는 선발가설(screening hypothesis), 종속이론(dependency theory) 및 지위갈등이론(status conflict theory) 등도 중요한 의미를 던져주고 있음을 주의할 필요가 있다.

기본 모형

인적자본이론에서는 과거 전통적인 경제학이 노동력은 균질적(均質的)인 수량의 개념으로 파악한 데서 탈피하여 인간의 생산성은 모두 같지 않으며 그러한 차이가 타고난 능력과 교육·훈련을 통하여 축적한 지식, 기술 등 인적자본의 차이에 기인한다고 본다. 따라서 이와 같은 인적자본의 개념은 예상실질소득을 상승시키는 인간의 능력을 배양하는 모든 조직적인 행위를 분석하는데 유용하게 이용될 수 있다고 파악하였다.[37]

---

[37] 배무기, "교육투자와 소득분배", 주학중 편, 『한국의 소득분배와 결정요인』(상), 한국개발연구원, 1984, p. 329.

초기의 단순한 인적자본모형에서는 경제주체의 극대화 행동, 한계 생산성원리, 완전경쟁적 노동시장, 균등한 천부적 능력, 기회균등 등의 가정 하에서 인적자본투자에 대한 비용·편익분석을 통하여 인적자본투자량과 근로소득과의 사이에 높은 정(+)의 상관관계가 있음을 보여줌으로써 근로소득 격차를 인적자본 투자량의 차이로 설명하고자 하였다. 또한 초기모형은 학교 졸업 후의 인적자본투자를 고려하지 않고 학교교육만을 고려하고 있기 때문에 학교교육투자모형(schooling model)이라고도 한다.38) 본 이론에서 학교교육을 중시하고 있는 이유는 학교는 경제성장과 개인의 상승이동에 결정적인 역할을 하는 곳이며, 기술적·행정적 지식을 전체인구에게 폭넓게 분배하는 장소라고 보기 때문이다. 또 학생들은 이 지식을 배움으로써 자신의 기술과 전문성에 투자를 하게 되어 더욱 나은 직업으로 연결해 주는 사다리를 올라갈 수 있게 된다. 이와 같은 투자는 개인의 상승이동률을 높여주고 팽창하는 경제가 필요로 하는 잘 훈련된 인력의 공급도 보장하게 된다. 이처럼 기술 훈련의 확대보급, 사회적 이동 및 경제성장은 밀접하게 관련되어 있다.39)

그러므로 학교에서 세심한 인력계획과 더불어 과학적이고 기술위주이며 능력중심의 교육과정을 수립하는 일은 필수적으로 요청된다.

---

38) J. Mincer, "Investment in Human Capital and Personal Income Distribution", *Journal of Political Economy*, August, 1958, pp. 281~302.

39) Jerome Karabel and A. H. Halsey, "Educational Research : A Review and Interpretation", in Serome Karabel and A. H. Halsey eds., *Power and Ideology in Education*, Oxford Univ. Press, 1977, pp. 12-16.

인적자본이론가들에 따르면 상당한 정도의 지식을 소유하는 일은 경제분야에서 그것을 소유한 개인이 세력을 갖도록 해주며, 교육기관이 가지고 있는 한 가지 중요한 기능은 기술적 지식의 분배를 극대화하여 경쟁이 치열한 노동시장에서 각 개인이 성공할 기회를 최대화해주는데 있다고 가정한다.

이와 같이 이 접근법은 학교교육기간을 근로소득 격차에 기본적 원인으로 보고 있다. 그 이유는 훈련이나 교육이 생산성을 향상시키고 현재의 소득이 교육을 받을 동안에 지출되는 직접비용이고 기회비용을 충분히 보상해 줄 것으로 기대하며, 그러한 인적자본에 대한 투자비용은 학교교육 기간으로 나타낼 수 있다고 믿었기 때문이다. 이러한 초기의 논의에서는 개인의 천부적 능력을 균등한 것으로 가정하였기 때문에 인적자본투자를 학교교육 년수나 훈련 년수로 단일화하여 실증분석을 위한 편리한 지표는 제공할 수 있었으나, 동일한 기간 동안 교육을 받은 개인들 사이에 있을 수 있는 투자형태의 서로 다른 성질이나 천부적인 능력의 다양성이 무시되었다. 또한 기회균등의 가정은 특정 직업을 위해 교육이나 훈련을 받기 원한다면 아무런 제약없이 받을 수 있다는 것을 의미한다. 이것은 모든 사람이 가정배경 등의 차이와 같은 환경적 불평등이 없이 동일한 조건으로 자본시장에 접근할 수 있다는 뜻이다.

인적자본론자들은 후에 초기의 가정 가운데 이러한 두 가지 가정을 완화하고 현장훈련, 경험, 기타 지식 등 학교졸업 후 투자를 근로소득모형(the earnings model)에 도입하였을 뿐만 아니라 인적자본에 대한 계측(計測)도 훈련기간이 아닌 투자액으로 하였는데 그렇게 함으로써 더욱 폭넓은 논의를 전개할 수 있었다.40)

인적자본이론의 시각에서 볼 때, 기업가가 생산성 이외에 다른 어떤 기준으로 노동자를 차별한다면 차별하지 않는 다른 기업가는 차별받는 노동자를 상대적으로 낮은 임금으로 고용하여 더 많은 이익을 누릴 수 있기 때문에 차별적인 기업가는 경쟁에 의하여 자연히 도태되게 될 것이다. 또한 인적자본이론의 세계에서 노동시장은 경쟁적이고 그 기능이 완전하기 때문에 모든 개인은 자기직업을 자유로이 선택할 수 있다.

이와 같이 인적자본이론은 신고전학적 상상체계 하에서 교육과 훈련이 임금격차에 어떻게, 어느 정도의 영향을 미치는가를 설명하려고 노력했을 뿐만 아니라 높은 추상의 단계에 있는 신고전파 노동시장론에 어느 정도 현실적 감각을 부여하는 데 기여했다고 볼 수 있다. 따라서 인적자본이론 체계 내에서 볼 때, 임금격차의 균등화를 가져올 수 있는 가장 중요한 정책은 교육 및 훈련과 같은 인적자본투자와 그 기회의 확대일 것이다.

---

40) G. S Becker, *Human Capital*, 2nd eds., The University of Chicago Press, 1975, pp. 15-16, J. Mincer, "The Distribution of Labour Incomes ; A Survey, With special reference to the Human Capital Approach", *Journal of Economic Literature*, Vol.8, 1970, pp. 1-26.

· 인적자본투자의 경제적 효과

경제성장에 대한 기여

　인간의 노동은 사회의 가장 큰 생산적인 자원이며 거의 모든 사람들의 생활에서 가장 중요한 활동 중의 하나이다.[41] 일찍이 패티(W. Petty)가「노동은 부창조(富創造)의 아버지이고 토지는 부의 어머니」라고 말한바와 같이 노동은 여타의 물적 생산요소와의 생산적 결합에 의하여 국민소득을 산출하는 모체가 된다. 따라서 노동의 량과 질은 전체 국민 경제에 있어서 중요한 의의를 지닌다. 그러나 노동과 자본의 결합적 사용으로 경제성장이 이룩된다고 생각 할 때 경제성장을 저해하는 요인은 비단 자본이나 물적자원의 부족에만 한정되는 것이 아니고 오히려 인력의 부족이 그 원인으로 될 수도 있다. 그래서 경제개발의 선행조건으로서 먼저 인력개발에 주력해야 한다는 주장이 인력개발론, 교육투자론, 인력정책(人力政策) 등 일련의 정책과 이론을 등장시켰다. 특히 하비슨(F. Harbison)은 교육은 하나의 투자로서 경제성장과 밀접한 관계가 있다는 사실을 실증하게 되었다.[42] 인적자본이론에 의하면 교육의 경제적 효과는 대체로 직접적으로는 노동의 질의 개선을 통하여, 간접적으로는 사회의 지식 스톡(stock)의 증가를 통하여 경제성장에 기여하므로 노동력에 부여된 교육은 물적 자본의 축적과 같은 의미로 비유된다. 이 이론의 핵심을 이루는 가정은 경쟁적인 노동시장이 존재한다는 것으로서 이 시장에서는 노동력

---

41) Richard B. Freeman, *Labour Economics*, Prentice Hall Inc., 1972, p. 12.
42) 金仁煥, "경제성장과 노동력수급구조", 영남대학교 대학원 박사학위논문, 1979, 12, p. 3.

의 생산능률증대가 가져온 생산의 증대분은 노동력의 한계수익으로서 보상된다. 나아가서 이 이론에서는 교육수준이 높은 노동자가 더욱 생산적이고, 높은 생산성은 경쟁적인 노동시장에서 인정되기 때문에 소득이 높아지게 되는 것이라고 주장한다. 또 교육에 대한 수익을 의식하고 개인이나 가족 또는 사회전체가 직·간접적으로 발생하는 교육비부담을 위하여 현재의 소비를 희생하는 것이며, 개개인이 받은 교육에 대한 수익은 그 생애 기간 동안의 소득증대로 보상된다는 것이다.[43] 그리고 고용자는 개인이 경제적 생산에 필요한 지식과 기술 또는 취업 후 생산적인 종업원이 되는데 필요한 지식을 피고용자의 학력으로 평가하며 이것이 또한 확실성있는 증거가 된다는 것이다.[44]

[그림 2-1]과 [표 2-1]에서 보는 바와 같이 OECD에서도 교육정도가 높은 자가 낮은 자보다 소득수준이 높은 경향을 나타냄을 알 수 있다. 학력별 임금 격차는 고졸자 임금을 100으로 볼 때 중졸이하/전문대졸/대학 졸로 구분하여 이수 학력에 따른 임금을 상대적으로 비교한 지수로서, 수치간 차이가 클수록 학력별 임금 격차가 심한 것으로 볼 수 있다. 학력별 임금격차는 급격한 기술 변화, 다양한 직종의 생멸 등에 의한 노동시장 구조 변화, 졸업생의 교육, 노동시장 이행 정도 등에 따라 크게 변화 추정된다.

---

43) J. Mincer, "The Distribution of Labour Income", op. cit., pp. 1~26.
44) C. L. Gilory, "Investment in Human Capital and Black- White Employment", *Monthly Labour Review*, vol. 98, No. 7(July 1975), pp. 13~21.

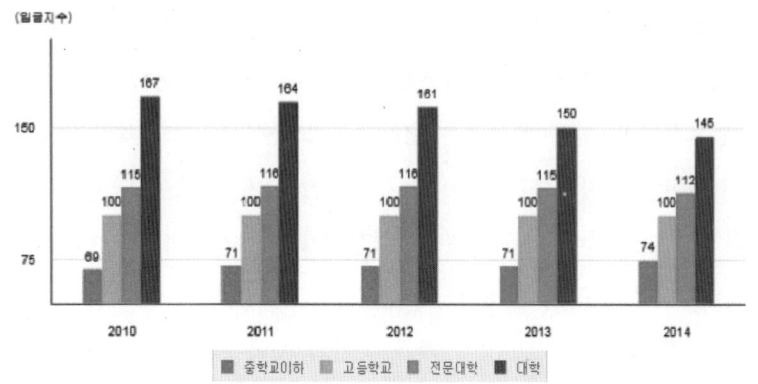

출처 : OECD「Education at a Glance」각 년도
[그림 2-1] 학력별 임금 격차

[표 2-1] 학력별 임금격차 국제비교

	한국 ('14)	독일 ('14)	미국 ('14)	영국 ('14)	프랑스 ('12)	핀란드 ('13)
중학교 이하	74	84	74	76	89	99
대졸 이상	138	158	168	148	141	135

자료 : OECD(2016), Education at a Glance
* 고등교육이상은 전문대, 대학을 포함한 전체 고등교육기관을 의미함
* 고등학교 졸업자의 임금을 100으로 할 때의 상대적 임금임

[표 2-1]에서는 한국, 독일, 미국, 영국, 프랑스, 핀란드의 중학교이하 학력자와, 대졸이상학력자의 임금수준에 관한 정보를 제공한다. [표 2-1]은 우리나라의 학력별 임금격차는 선진국에 비하여 낮은 수준임을 알 수 있다. 우리나라의 학력별 임금 차이가 경제협력개발기

구(OECD) 회원국 중 가장 큰 것으로 나타났다. 외국의 경우 대학을 나오지 않더라도 임금 차별이 적고, 전문성을 갖춘 기술력을 우대하는 풍토가 자리 잡았지만, 우리나라는 임금 차별을 받지 않기 위해서는 어쩔 수 없이 대학에 갈 수밖에 없는 게 현실이다. OECD가 발표한 '2012년 OECD 교육지표'에 따르면 우리나라 25~34세 청년층의 고등학교 이수율(졸업자 비율・98%)과 고등교육(전문대 이상) 이수율(65%)은 OECD 1위로 나타났다. 두 수치의 OECD 평균은 각각 82%와 38% 수준이다. 25~64세 성인의 고교 이수율(80%)과 고등교육 이수율(40%)도 OECD 평균(각각 74%, 31%)을 웃돌았다.

한편, 25~64세 성인인구의 고등학교 졸업자 임금(100)을 기준으로 교육단계별 임금을 살펴보면, 대학교와 대학원(석・박사)은 167로 OECD 평균(165)보다 높았지만 전문대학(115)은 OECD 평균(124)보다 낮게 나타났다. 한국의 경우 고졸 임금을 100으로 놨을 때 대졸 임금은 160으로 나타났다. 반면 영국 157, 프랑스 150, 캐나다 142, 뉴질랜드 117로 선진국들은 한국보다 낮았다.[45]

---

45) "한국의 높은 교육열은 임금 때문?…OECD중 학력별 임금격차 최고", 헤럴드경제, 2012-09-12.

[표 2-2] 소득분배지표 추이

	'06년	'07년	'08년	'09년	'10년	'11년	'12년	'13년	'14년	'15년	'16년	증감
지니계수	0.306	0.312	0.314	0.314	0.310	0.311	0.307	0.302	0.302	0.295	0.304	0.009
소득 5분위 배율	5.38	5.60	5.71	5.75	5.66	5.73	5.54	5.43	5.41	5.11	5.45	0.34
상대적 빈곤율 (%)	14.3	14.8	15.2	15.3	14.9	15.2	14.6	14.6	14.4	13.8	14.7	0.9

* 자료: 『2016년 소득분배지표』, 통계청, 2017.

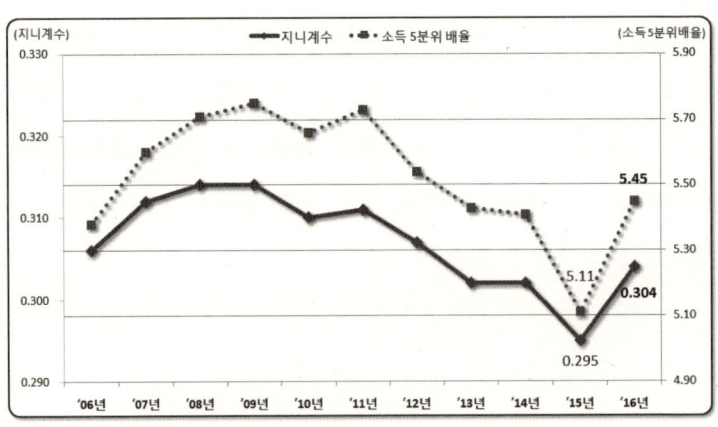

* 자료: 『2016년 소득분배지표』, 통계청, 2017.

[그림 2-2] 지니계수와 소득 5분위 배율 추이

[표 2-2]와 [그림 2-2]에서 볼 수 있듯이 우리나라의 지니계수는 2006년에 0.306, '07년에 0.312, '07년에 0.312, '08년에 0.314로 약간

나빠졌다. 이는 2008년 세계 금융위기가 큰 요인으로 작용했다고 할 수 있다. 그 후, 2009년에 0.310, '11년에 0.311, '12년에 0.307, '13년에 0.302, '14년에 0.302, '15년에 0.295로 조금씩 개선되었고, 2015년에 매우 좋아진 것으로 나타났다. 그러다가 2016년에 다시 0.304로 다 약간 나빠진 것으로 나타난다. 이는 정규직과 비정규직, 대기업과 중소기업, 도시와 농촌 등 양극화의 심화가 그 원인인 것으로 판단된다.

이상에서와 같이 사실 인적자본투자 내지 교육은 지식의 확장을 통하여 연구·개발이 수행될 수 있으므로 생산성과 생산고를 신장시킬 수 있고[46], 경제성장에 대하여 기능의 확산 또는 작업과정의 재조직 등을 통하여 생산성을 향상시킬 수 있으며, 기술변화를 촉진시킨다고 볼 수 있다. 지속적인 경제성장을 토대로 안정적인 일자리를 많이 창출하여 신규 취업 희망자나 전업 희망자에게 일정한 소득원을 제공하는 것은 국민 복지의 증진을 위하여 매우 중요한 과제이다.

· 인적자본투자와 형평분배

소득분배의 제고

소득에서 능력과 기회의 역할을 설명하기 위한 많은 연구들은 능력, 기회 등과 같은 변수가 직·간접적으로 학교교육이나 다른 형태

---

[46] John Sheehan, *The Economics of Education,* (London : George Allen & Unwin, Ltd., 1973), p. 46.

의 인적자본 획득을 통하여 소득에 영향을 미치고 있음을 밝히고 있다. 이는 인적자본 투자행위의 경제적 분석에 비추어 본다면 새로운 사실은 아니라고 볼 수 있지만 그 정적상관(正的相關)은 교육과 소득 사이의 관계에 대한 문제를 제기하는 준거가 될 수 있다.

인적자본이론은 학교교육·노동시장에서의 경험, 직종, 성, 지역 등과 같은 변수를 적용하여 소득구조의 연구에 적용되기 시작하였는데, 여기에서 나타난 대부분의 결과는 소득분배가 노동시장에서 노동자 사이에 형성·축적된 인적자본 스톡의 분배를 직접적으로 반영하는 것으로 간주하였다. 즉 [그림 2-3]에서 보는 바와 같이 인적자본이론에서는 교육과 훈련이 소득에 미치는 영향(C선)이 가장 굵은 실선으로 표시되고 있듯이 가장 중요한 영향을 미치고 있다.

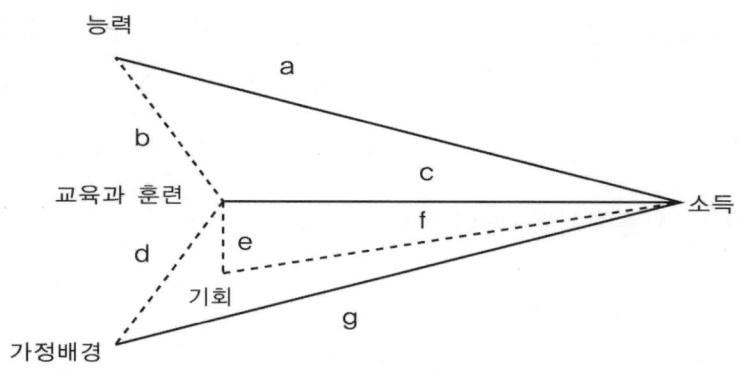

자료 : A. B. Atkinson, The Economics of Inequality, Oxford: Clarendon Press, 1983, p. 122.

[그림 2-3] 소득에 영향을 미치는 변수

그러나 [그림 2-3]에서 보듯이 교육과 훈련에는 능력과 가정배경 및 기회의 변수로부터 간접적으로 영향받은(b, d, e선) 효과가 포함되어 있기 때문에 순수한 교육적 효과는 이에 관련된 변량을 제거하지 않으면 안된다. 물론 능력·가정배경 및 기회는 각각 직접적으로 소득에 영향을 미치고(a, f, g선) 있음도 알 수 있다.

한편, 인적자본분배에 있어서의 개인투자량은 어떻게 결정되는가? 일반적으로 균형투자량은 투자의 생산성에 의한 수요곡선과 투자비용에 의한 공급곡선에 의하여 결정된다. 다시 말하면 추가학교 교육연수가 투자비용과 동등한 절대소득에 있어서의 증가가 기대될 때 달성될 수 있는 것이다. 그리고 수익률을 소득분배와 관련시켜 고려할 때 전체적인 수익률의 고저와는 별개의 문제로서 소득계층별로 본 한계수익률의 격차가 어떠하냐의 문제가 있을 수 있다. 즉 고소득층과 저소득층으로 크게 나눌 때 교육비 조달능력의 차이로 인하여 서로 다른 높이의 한계수익률에서 실제로 교육투자수준이 결정되지 않느냐의 문제이다.

[그림 2-4]에서 나타난 바와 같이 수요곡선인 한계수익률곡선이 소득수준에 관계없이 같다고 한다면 교육투자에 대한 수요곡선은 DD 하나로 표시할 수 있다. 그런데 인적자본투자에 대한 비용의 조정능력을 나타내는 공급곡선은 양소득계층간에 틀림없이 차이가 크므로 가령 저소득층의 그것을 S로 표시한다면 그에 상응하여 양소득계층에서 E_P와 E_r의 교육투자수준이 결정될 것이다. 그런데 여기서 문제

가 되는 것은 이 때 각 소득계층이 한계적인 투자참가자의 수익률 내지 능력에 큰 차이가 있다는 점이다. 다시 말하면 인적자본 투자결정이 고등교육에 관한 것이라면 상대적으로 훨씬 우수한 능력을 갖추고 기대되는 수익률이 상대적으로 높은 저소득층의 대상자가 교육을 받지 못하는 반면, 상대적으로 능력과 기대수익률이 낮은 고소득층의 대상자가 교육을 받게 된다는 것이다.

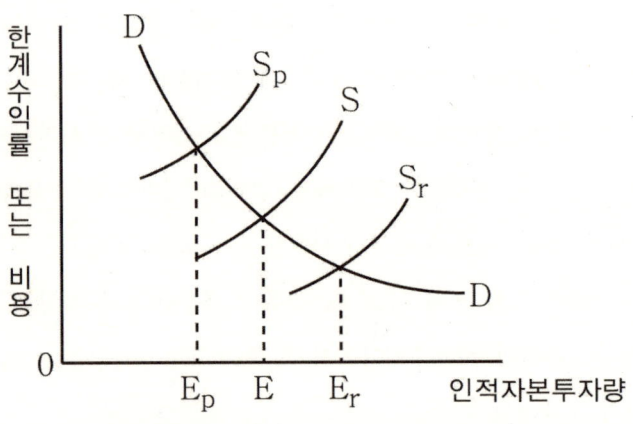

[그림 2-4] 교육비 조달능력에 따른 교육투자수준

이것은 물론 사유재산제도가 기반이 되어 있는 자본주의 사회에서 고소득층 가구의 대상자가 낮은 능력과 수익률에도 불구하고 스스로의 비용부담으로 교육투자를 하겠다고 하는 것을 지나치게 통제하기는 어렵다는 문제가 있다. 문제는 상대적으로 높은 능력과 기대수익률에도 불구하고 기회의 불평등으로 인하여 인적자본투자를 포기하게 되는 저소득층의 대상자들이다. 이들은 그 사회의 입학시험제도,

정원제도, 교육비부담방법 등을 포괄하는 교육제도에 따라 그 처리가 달라진다. 가령 하나의 극단적인 예로 모든 교육비를 국가 또는 사회가 부담하고 그러면서 일정한 정원을 엄격히 지키는 제도라면 <그림 2-4>의 S곡선이 소득계층과 관계없이 단일공급곡선이 될 것이며 그때에는 동일한 능력 및 수익률을 가진 대상자들이 소득수준과 관계없이 교육의 기회를 갖게 된다.[47] 이와 같은 제도가 실시된다면 사회적인 수익률이 제고되고 소득분배의 평등화에 더 기여하게 될 것이다.

[표 2-3] 학력별 임금격차

	학력별 임금지수(%)			
	중학교이하	고등학교	전문대학	대학
1998	78	100	106	147
2003	67	100	111	156
2007	69	100	118	177
2008	69	100	103	143
2010	69	100	115	167
2011	71	100	116	164
2012	71	100	116	161
2013	71	100	115	150
2014	74	100	112	145

출처 : OECD「Education at a Glance」각 년도

---

[47] 배무기, 앞의 논문, pp. 344~346 참조.

더욱이 인적자본투자의 소득분배효과와 관련하여 가장 중요한 것은 학력별 임금격차를 비교하는 것일 것이다. [표 2-3]에서 볼 수 있듯이, 1998년부터 2014년까지의 최근 9년간의 학력간 임금격차를 비교해 봤을 때, 2007년으로 고졸을 100으로 했을 때 대졸은 177로 1.77배의 격차가 있음을 알 수 있다. 2008년에는 학력간 임금격차가 가장 작은 것으로 나타난다. 이는 미국발 국제금융위기 여파가 그 원인인 것으로 판단된다. 그 후 다시 2010년엔 1.67배로 다시 높아졌다가 2011년 1.64배, 2012년 1.64배, 2013년 1.61배였다가, 2013년엔 1.5배로 훨씬 낮아졌고, 2014년엔 1.45배로 매우 낮아졌다. 이 기간 동안 중졸이하, 고졸과 전문대졸 및 대졸 간의 임금격차가 더욱 벌어진 것으로 나타난다. 사실 대학교육의 기회가 주로 고소득계층에 집중되어 있는 상황에서 이와 같이 대학교육의 수익성이 상대적으로 높다고 한다면 대학교육은 소득분배를 악화시키는 요인으로 작용할 것이 분명하다. 이로 인한 소득분배의 악화를 개선시키기 위해서는 교육비지원체계의 확립으로 교육기회분포를 더욱 균등화하고 교육기회를 증가시킬 수 있는 정책적 배려가 요청된다 하겠다.

사회적 이동성

전통적인 신분사회에서 학력사회로 이행하는 과정에서 개인의 능력이 중요시되고 그만큼 사회적 이동성(social mobility)도 커진 것이 사실이다. 그러나 학력사회가 곧 능력주의사회를 의미하기 위해서는 당연히 학력이 능력을 기준으로 배분되어야 할 것이며, 사람들이 교육을 받음에 있어서는 지역·성별·사회계층·학교설립형태 등과 같은 교육외적인 요인에 의해서는 차별받지 말아야 할 것이다. 또 교육을 통한 인적자본의 형성은 세대간의 소득재분배 기능을 갖는 것이기 때문에 어떠한 비용으로 이루어졌는가 하는 것보다는 어느 계층에게 교육의 기회가 주어졌는가 하는 점에 주의를 기울일 필요가 있다.

이렇게 볼 때 인적자본투자 혹은 더 넓게는 인적자본투자에 관련된 개인의 의사결정이나 정부 내지 공공기관의 정책 내지 제도가 소득분배에 어떠한 영향을 미치며, 그에 관련되는 사적·공적 행동양식의 변동을 통하여 어떻게 소득분배의 불평등을 개선할 수 있는가에 관한 과제를 다룬다는 것은 대단히 중요한 일이다. 왜냐하면 그것은 소득분배문제에서 가장 특수하면서도 근본적인 한 부분을 다루는 것이기 때문이다. 여기에서 특수하다는 의미는 인적자본투자를 통한 소득분배의 개선에는 장시간의 막대한 투자와 노력이 요구된다는 뜻이다. 또 근본적인 분배문제를 다룬다는 것은 인적자본투자가 세대간의 빈곤이 재생산되는 악순환의 고리를 깨는 가장 결정적이고도 중요한 하나의 요인으로서 소득을 버는 힘(earning power) 자체를 체내에 축적시켜 줄 뿐만 아니라 사회적 이동도 가능케 해준다는 것이다.

자본주의 경제제도는 생산수단의 사적소유를 기초로 하므로 물적자본 소유의 불평등, 그에 따른 재산소득의 불평등은 거의 피할 수 없다고 할 수 있다. 그런데 노동소득에 대해서는 완전한 불평등의 제거가 불가능하겠지만 그것을 결정하는 가장 중요한 요인의 하나인

인적자본투자, 즉 교육에 대하여 적어도 교육을 받을 기회만은 평등해야 할 것이다. 왜냐하면 인적자본의 축적에 따른 생산과정에서의 노동력의 질적 향상은 근로소득 수준의 전반적 상승은 물론 근로소득 내부의 격차도 점점 줄이는 방향으로 작용할 것이기 때문이다. 그러므로 국가는 보다 불리한 사회적 지위에서 태어난 자에게 더 많은 관심을 가져야 할 것이다. 여기에서의 기본사상은 평등에로의 방향을 향해서 우연적 여건의 불편부당성을 보상해 주자는 것이다.[48] 그런데 교육기회의 균등이라고 하여도 그것을 구체적으로 실현하는 데는 여러 가지 상충되는 문제가 있게 마련이다. 즉 인적자본투자를 함에 있어서 효율성이 전혀 배제될 수 없으며, 또 평등화라는 차원에서 가구별 내지 개인별 소득을 주어진 것으로 하여 그 소득수준에 따라 고소득 가구에서는 높은 수준의 교육을, 그리고 저소득 가구에서는 낮은 수준의 교육을 받게 되는 문제가 남게 된다. 이와같이 분배를 고려하는 차원에서 볼 때에는 이미 일정한 가계의 소득을 주어진 것으로 하고 소비지출의 효율성을 높인다는 뜻에서 극대화하는 것으로 문제가 끝난다고 보지는 않는다. 오히려 소득의 분배 자체가 논의의 초점이므로 저소득층에 대하여 국가사회의 보조금 또는 대여 등에 의하여 인적자본투자 수준을 정책적으로 제고시켜서 분배를 더욱 평등하게 하는 것까지도 고려의 대상이 될 수 있다.

이러한 관점에서 더로우(L. Thurow)는 정부 또는 공공기관의 인적자본투자에 대한 개입이나 지원에 대하여 그 의의와 필요성을 제기

---

[48] John Rawls, *A Theory of Justice*, Balknap, Harvard Univ. Press, 1971, p. 100.

한바 있는데, 이를 구체적으로 살펴보면 다음과 같다.49) 첫째, 교육훈련에 의하여 형성된 인적자본은 마치 국방과 같은 순수한 공공재적 성격을 가졌다는 것이다. 따라서 사적 시장경제기구는 이 투자결정에서 제대로 작용을 하지 못하므로 점차 정부의 관심사로 되어 진다.

둘째, 한 사회는 소망스러운 소득분배에 대한 선호체계를 가질 수도 있다는 것이다. 그리하여 지나친 불평등을 개선하려고 할 수도 있고, 또한 구휼대상자에게 이전지출 대신에 교육투자로서 인적자본을 형성 시켜줄 수도 있다.

셋째, 시장경제에서의 분배기구의 공평성은 소망스러운 소득분포에 도달된다는 것을 전제로 성립된다. 그런데 그러한 분배가 실현되지 못하였으므로 사회가 인적자본에 투자하여 불평등에서 오는 영향을 상쇄해야 할 것이다.

넷째, 사회는 인적자본에 대하여 사람이 갖추어야 할 좋은 필요물로 보고 개인에게 최소한도의 그것을 갖추도록 하는 측면이 있다.

다섯째, 인적자본은 외부경제가 더 크다고 보며 이러한 외부경제는 개인의 교육투자 결정시에는 제대로 고려되지 못하므로 사회적으로 간섭하는 것이 정당하다고 본다.

여섯째, 인적자본투자의 결정에는 그로부터 장차 얻게 될 수익과 투자에 필요한 비용이 드는데 이를 수익 및 비용발생 예상액에 대하여 국가가 개인보다 훨씬 더 정확한 지식을 가지고 있다는 점이다.

---

49) Lester Thurow, *Investment in Human Capital*, Wadsworth Publishing Co, 1970, pp. 103~111.

일곱째, 시장경제의 불완전성이 개인으로 하여금 인적자본투자결정을 오도할 가능성이 있다.

여덟째, 사회적으로 더욱 정확한 정보를 가진 점과 다수가 대상으로 되는 점 때문에 개인이 겪는 위험과 불확실성에서 오는 예상이 어긋나는 것보다 사회적으로는 그 정도가 훨씬 더 낮을 수 있다는 점이다.

아홉째, 사적인 투자결정과 공적인 투자결정은 각각 부담해야 되는 이자율의 차이 때문에도 다를 수 있다.

이러한 관점들이 사실이라고 한다면 인적자본투자에 대한 재원의 할당은 숙련된 생산능력에 의해 평가되는 효과에 의할 수도 있겠지만 최소수혜자를 포함한 시민들의 개인적·사회적 생활을 윤택하게 하는 그 가치에 따라서 이루어지는 것이 바람직할 것이다.[50] 또 사회적으로 바람직한 인적자본에 대한 투자수준이 있다고 할 때 사적인 투자결정과 그것이 일치하지 않을 경우에는 국가·사회적인 간섭의 필요성도 요청된다고 하겠다.

후생의 증대

시장경제 체제는 개인들의 자유로운 경제활동을 보장하며 누구에게나 자기의 능력을 발휘할 수 있는 기회가 주어지는 경제체제이다. 그러나 균등한 기회가 주어졌다 하더라도 각 개인의 소질이나 능력의 차이가 있고 부모로부터 물려받은 유산의 정도가 다르므로 각 개

---

[50] John Rawls, *op. cit.*, p. 107.

인이 자유로운 경제활동을 통하여 얻을 수 있는 소득에는 상당한 격차가 생기게 마련이다.

그런데 소득의 불평등한 정도가 심화되면 부유계층과 빈곤계층 간에 위화감이 생기고 빈곤감을 느끼게 된다. 이와 같은 소득분배의 격차가 심화됨에 따라 사회불안이 조성되고 경제성장의 결과배분에 대한 회의가 짙어짐에 따라 생산활동에 참여하는 대다수 국민들의 근로의욕이 줄어들게 된다. 그리하여 이와 같은 이유로 유발된 여러 가지 문제, 즉 소득분배의 불평등과 사회적 불안요소를 제거하고 생산활동에 참여하는 근로자들의 근로의욕을 고취시키며 국민들의 근로의욕이 줄어들게 된다. 그리하여 이와 같은 이유로 유발된 여러 가지 문제, 즉 소득 분배의 불평등과 사회적 불안요소를 제거하고 생산활동에 참여하는 근로자들의 근로의욕을 고취시키며 국민들의 사회경제적 후생을 높이기 위해서는 이에 대한 적절한 정책적 배려가 주어져야 할 것이다. 여기에서 일반적으로 논의되어질 수 있는 것은 소득분배정책과 재분배정책이다.

먼저 분배정책은 저소득층의 임금소득과 재산소득의 분배율증대를 기할 수 있도록 고용제도와 임금구조를 개선하고 근로자의 재산형성을 촉진시켜야 할 것이다. 또 기능별 소득의 소득계층별 분포를 개선하는 것은 근로자들의 재산형성이 선행되어야 하므로 장기적인 안목에서 점진적·지속적인 개선의 노력이 요구된다. 그리고 소득재분배정책으로는 누진세와 조세감면 등의 조세정책과 사회보험 및 공적부조 등의 사회보장정책을 들 수 있다. 특히 재분배를 통한 소득분배의 개선방안으로서 더욱 중요한 정책수단은 단기적으로는 재정지출의 소득재분배 기능을 강화하고 장기적으로는 사회보장제도를 확립하여 세대간의 막대한 부의 상속을 방지하기 위한 실효있는 상속 및 증여세의 징수와 세대간의 빈곤의 상속을 방지하기 위한 후세대의 교육 및 인력개발기회를 부여하는 것일 것이다.

현대사회에서 교육은 개인의 사회적·경제적 지위를 결정함은 물론 사회의 존속 및 발전을 위한 필수불가결의 요소라고 할 수 있다. 이러한 관점에서 인적자본투자를 위한 합리적인 교육재정의 분배, 즉 부족한 재정으로 교육의 평등성을 실현하고 공정성을 보장하며 효율성을 증대시킬 것이 요구된다. 아울러 교육의 소득분배에 대한 역기능을 최소화하기 위해서는 다음과 같은 방향에서 교육재정정책의 개선이 이루어질 것이 요구된다.[51] 첫째, 교육기회의 계층간 불균등문제의 해소를 위한 대학생 학비지원체계 확립의 기본방향은 ① 대학생에 대한 학비지원은 그 성격상 크게 저소득층 지원과 우수학생 지원의 두 가지로 구분되는 바, 저 소득층 지원은 공공부조의 성격을 띠고 있으므로 정부가 주도하고 민간부문에 대해서는 자율적으로 우수학생 지원을 실시하도록 하면서 정부의 저소득층 지원을 보완하는 역할을 하도록 유도한다. ② 대학생 학비지원제도가 저소득층 학생의 대학진학에 실질적인 도움을 줄 수 있도록 납입금 이외에 일정액의 사교육비를 포함시켜 지원대상과 총교육비를 설정하고 이 가운데 가계조달 가능 교육비를 제외한 전액을 지원하도록 한다. ③ 대학졸업

---

[51] 김명숙, "교육재정과 소득분배", 곽태원·이계식, 『국가예산과 정책목표』, 한국개발연구원, 1988, pp. 129~131 참조.

자는 현재 속한 소득계층에 관계없이 미래의 상대적인 고소득계층이라고 할 수 있으므로 가계교육비의 지원은 무상장학금의 지급보다 융자기회의 제공을 위주로 하도록 한다. ④ 졸업 후의 지나친 상환 부담을 방지하기 위하여 연간대여 한도액 및 총대여 한도액을 설정하여 그 범위 내에서 대여를 실시하고 그 이상의 부족한 교육비는 무상장학금의 지급 및 부직의 알선을 통해 지원하도록 한다. ⑤ 농어촌 가계의 경우 하숙비부담으로 도시가계에 비해 사교육비 부담이 훨씬 크고 교육비가 농가부채의 주요 요인 가운데 하나가 되고 있음을 감안하여 대학기숙사 시설자금을 지원함으로써 농어촌 출신 학생의 대부분이 기숙사시설을 이용할 수 있도록 한다.

둘째, 초·중등교육의 질적 균등화를 위해서는 ① 지방재정 교부금제도 및 그 운영방법을 개선함으로써 교부금제도의 재원조달기능을 최대한 살려나가야 할 것이다. 우리나라 학교교육의 지역간·학교간 질적 불균등문제는 인구의 대도시집중 및 도시화 등 교육재정 외적인 요인에 더 근본적인 원인이 있다고 하겠으나 현행교부금제도 및 그 운영상의 문제점에 기인하는 바도 없지 않다. ② 학교교육의 질적개선을 통해서 소득계층 및 사교육투자의 차이가 교육효과에 미치는 영향을 줄여 나가야 할 것이다. 자본주의 사회에서 사교육투자의 불균등이 교육효과에 미치는 영향은 공교육투자의 질적수준이 낮을수록 크기 때문이다. ③ 극빈층 학생에 대한 행·재정적 지원을 확대함으로써 이들의 교육부족과 그에 따른 빈곤의 세습화를 방지하는 데 각별한 노력을 기울여야 할 것이다.

나아가서 복지사회를 앞당겨 실현시키기 위해서는 다음과 같은 방향에서 경제·사회발전정책이 추진되어야 할 것이다. 먼저, 결과의 공평화보다 참여기회의 공평성을 추구하면서 각 경제주체는 자율과 책임, 그리고 공정한 경쟁을 통하여 각자의 이익을 추구하는 자유시장경제체제의 기본질서를 확립하여 나가야 할 것이다. 다음으로, 복지증진과 분배개선도 경제안정 기조의 바탕위에서 우리 능력에 맞게 점진적으로 추진되어야 한다. 의료·교육·연금·실업보호 등 각종 복지수요를 충족시킬 수 있는 경제력의 기초는 능력이 있는 모든 국민들의 소득이 보장되는 직장을 확보하는 것이다. 따라서 생산성증가와 소득증가를 지속하면서 고소득층이 보다 많은 비용을 부담하되 기본적으로는 수익자 부담원칙에 의하여 복지수준을 확대해 나감으로써 과도한 재정부담 등에 따라 세계경제질서의 형성에 있어서 우리의 능력에 상응하는 책임과 역할을 수행해야 한다. 이를 위하여 젊은 세대들의 진취적 기상과 국제화의식 고취를 위한 교육혁신을 추진하여야 할 것이다.

· 인적자본투자에 의한 경쟁력 강화

오늘날 세계 경제는 18세기의 제1차 산업혁명인 증기기관 기반의 기계화 혁명에 이어, 19~20세기 초의 제2차 산업혁명인 전기에너지 기반의 대량생산혁명, 20세기 후반의 제3차 산업혁명인 컴퓨터와 인터넷 기반의 지식정보혁명, 그리고 2015년 이후의 제4차 산업혁명인 빅데이터·인공지능(AI)·사물인터넷(IoT)·클라우드 컴퓨팅·3D 프린터 기반의 만물초지능혁명이 전개되고 있다. 4차 산업혁명은 세계가 인터넷 네트워크로 연결되면서 공장과 제품이 지능화되는 시대이다. 4차 산업혁명은 빨리 움직이는 물고기가 느리게 움직이는 물고기를 잡아먹는 구조로 크기가 아니라 속도의 문제이다. 한국은 조금 규모가 작더라도 빨리 움직이는 물고기가 될 수 있도록 하는 것이 인적자원 투자, 나아가 실패를 두려워하지 않는 도전, 문제해결을 위한 혁신의지, 새로운 가치창조, 한계를 뛰어넘는 시도, 열악한 환경을 뚫고 새로운 기회를 포착할 줄 아는 인적자본 발굴 및 투자에 매진해야 한다.

이상에서 살펴본 바와 같이 인적자본이론은 인적자본투자에 의한 노동력의 질적 향상으로서 설명함으로써 획기적인 전환점을 맞게 되었다. 이는 그전까지의 자본의 개념을 확대하고 학교교육모형과 근로소득모형 등의 정리된 모형들을 개발함으로써 경제분석에 있어서 경제학자들이 직면한 집계·투자·성장·소득분배의 여러 가지 문제를 해결하는데 큰 도움을 주었다.

인적자본이론은 학교교육·노동시장에서의 경험·직종·성·지역 등과 같은 변수를 적용하여 소득구조의 연구에 적용되기 시작하였는데, 여기에서 나타난 대부분의 결과는 소득분배가 노동시장에서 노동자 사이에 형성·축적된 인적자본 스톡(stock)의 분배를 직접적으로 반영하는 것으로 나타났다. 또 교육을 통한 인적자본의 형성은 세대 간의 소득재분배 기능을 갖기 때문에 어떠한 비용으로 이루어졌는가 하는 것보다는 어느 계층에게 교육기회가 주어졌는가 하는 점에 주의를 기울일 필요가 있다. 시장경제체제는 개인들의 자유로운 경제활동을 보장하며 누구에게나 자기의 능력을 발휘할 수 있는 균등한 기회가 주어지는 경제체제이다. 그러나 이러한 장치가 마련되었다고 하더라도 각 개인의 소질·능력·유산 등의 정도가 다르고 이로 인하여 야기되는 원초적 상황(original position)에서의 소득의 불균등 정도가 격심할 때 사회불안이 조성되고 경제성장의 성과배분에 대한 회의가 짙어짐에 따라 생산활동에 참여하는 국민들의 근로의욕이 줄어들게 된다. 그러므로 이들의 여러 가지 문제를 해소하고 국민들의 사회경제적 후생을 높이기 위해서는 실효성 있는 인적자본투자정책이 요구된다. 아울러 인적자본의 투자증대 효과가 가장 크게 나타나는 고등교육에 대한 기회확대 정책과 함께 고도의 기술지원정책, 경쟁력 강화에 대비할 수 있는 미래지향적 교육정책은 어떤 시대에서보다 더욱 강하게 요구되고 있다. 이와 같은 제반 여건이 순조롭게 이루어질 때 인적자본투자효과의 극대화와 함께 한국경제의 앞날은 더욱 밝아질 것이다.

3장

생활의 질의 개선과 편익의 재분배

· 생활의 질에 대한 공적관여의 필요성

오늘날 현대인들은 공해·도시화·교통혼잡 등 여러 가지의 개별적으로 해결하기 어려운 새로운 문제에 부딪혀 있고, 이로 인하여 편익권을 중심으로 한 새로운 빈부격차가 중요한 정책과제로 등장하고 있다. 편익권이란 현행 헌법 제10조에 규정하고 있는 행복추구권 중 환경권(environmental right), 즉 오염되거나 불결한 환경(공해)으로 말미암아 건강을 훼손당하지 아니할 권리와 깨끗한 환경에서 건강하고 쾌적한 생활을 누릴 수 있는 권리 등에 대하여 편리하고 유익함을 좇아 선택할 수 있는 권리라고 규정지어 볼 수 있다. 물론 이의 대상이 되는 환경은 자연적 환경(물, 해양, 하천, 호수 등), 인공적 환경(공원, 도로, 상하수도 등), 사회적 환경(문화적·경제적 환경 등)이 포함된다. 그러나 이들과 관련한 환경 및 공공재는 비경쟁성·비배제성·외부성 등의 특성 때문에 시장의 실패를 유발하므로 이의 생산·공급·처리 등은 어느 나라에서나 개별적인 사경제의 범위를 벗어나 공공적 내지 국가적 차원에서 그의 해결방안을 모색해 나가지 않으면 안되기에 이르렀다.

우리나라에 있어서도 급속한 공업화와 도시화의 촉진 및 국민생활 수준의 향상 등으로 대기·수질·해양·토양오염 등은 구미 선진국에 비하여 대단히 빠른 증가추세에 있으며, 이의 처리 및 정화능력에는 많은 문제점이 산적해 있는 실정이다. 그런데 이러한 환경문제가 선진국과는 달리 급속히 국민적 관심사로 대두된 것은 무엇보다 우리나라의 높은 인구밀도와 함께 높은 경제밀도에 기인한다고 볼 수 있다. 이와 같은 상황의 심화와 더불어 오염범위의 확산은 국토의 자연정화능력을 약화시킴은 물론 약간의 오염원 증가에도 심각한 환경오염과 함께 상대적 소득분배의 악화를 초래하게 되는 것이다.

이제 공기·물·산림과 같은 환경자원은 더 이상 공짜재화(free goods)가 될 수 없고, 하부시설(infrastructure)에 대한 방치, 재생 비용 및 물류비용을 급증시켜 국제경쟁력을 급격히 떨어뜨리고 있다. 그러므로 생활의 질(quality of life)[52]의 향상 및 재분배 개선이라는

---

52) 생활의 질이란 여러 가지 의미로 해석해 볼 수 있지만 일반적으로 ① 인간성(humanity)ー자기실현, 삶의 보람, 인간적인 접촉과 사회참가. ② 환경의 매력 내지 쾌적성(amenity)ー문화·예술의 공간 만들기, 역사환경의 보전과 활용, 오감(五感)으로서의 쾌적한 환경조성, 자연보전, 재생산업, 오락.스포츠시설의 이용가능성, 교통·통신·정보의 편리성, 공해규제, 건강·위생시설의 설치. ③ 안전성(safety)ー 방재(防災)·방범체제구축, 보행자만을 위한 거리 만들기, 노인·어린이·장애자들이 안심하고 살 수 있는 마을 만들기, 일상화(normalization)의 이념에 따른 마을 만들기 등의 의미를 포함하고 있다. 丸尾直美,『豊かさ創造,-「ゆとりうるおい」の福祉展望-』, 東京 : 社會經濟國民會議, 1990, pp. 116~117 참조.

측면에서 이에 대한 공적인 개입은 반드시 필요하겠다고 하겠다.

· 재정의 운용에 의한 재분배 개선

논의의 전개를 위한 전제

일부의 사람들이 굶주리고 있는 동안 다른 일부의 사람들은 지나치게 호화생활을 할 때 사회정의의 견지에서 그것은 과연 정당한가? 이것은 어떤 학파도 만족스러운 해답을 주지 못하는 실로 어려운 문제이다.[53]

경제학에 있어서 분배이론의 중요성은 그것이 바로 인간성 회복의 문제에 있기 때문에[54] 경제의 다른 어떤 부문보다 더 큰 의미를 가진다고 볼 수 있으며, 이러한 소득분배에 대한 관심의 초점은 경제성장과 그 활동의 궁극적인 목적을 잊지 않으려고 하는 데 있다. 다시 말하면 경제활동은 생산을 위한 것이 아니라 생산된 것을 소비함으로써 만족감을 얻으려는 데 그 목적이 있으며, 마찬가지로 경제성장도 그 자체에 뜻이 있는 것이 아니라 그것에서 비롯되는 삶의 질이나 복지수준의 향상에 더 큰 의미가 있는 것이다. 인간성 회복의 실현으로서의 분배문제는 개발도상국에 있어서 뿐만 아니라 선진제국에 있어서도 그 중요성이나 관심도는 전혀 다르지 않을 것이다. 소득

---

[53] John Robinson and John Eatwell, *An Introduction to Modern Economics,* Revised ed., McGraw-Hill Book Company. 1973, p. 2.
[54] 조용범 외, 『한국자본주의 성격논쟁』, 조기준박사 고희기념논문집, 서울: 대왕사, 1988, p. 22.

분배의 문제는 경제의 성장이나 안정과 밀접한 관계가 있으므로 이의 상호관계를 충분히 고려하여 경제의 안정·성장을 해치지 않는 방향에서 분배의 평등화와 공정화를 도모하여 사회복지를 극대화하는 것은 분배정책의 중심 목적이다. 분배의 공정이란 사회를 구성하고 있는 사람들에 대한 소득분배가 사람들이 품고 있는 공정의 개념에 합치하는가 안하는가의 문제이다. 현대사회에 있어서 격심한 빈부의 차는 대부분 사람들에 의하여 불공정하다고 생각되어지며, 또 상당한 수의 사람들은 경제적 노력이나 경제에 대한 공헌도를 무시한 분배의 평등화는 좋은 평등이라고 생각하지는 않는다. 이와 같이 분배의 공정에 대한 의견의 일치를 보기가 어렵기 때문에 분배의 평등화나 공정화를 위한 분배정책의 목적을 설정한다는 것은 가치판단을 요구하는 문제로서 대단히 어려운 과제이다.

이러한 소득분배의 문제는 일찍이 리카도(D. Ricardo)에 의하여 중요성이 강조된 이래 이에 대한 근대적인 이론은 신고전파의 집계생산함수이론(集計生產函數理論), 칼렉키(M. Kalecki)의 독점도이론(獨占度理論) 및 신케인즈학파의 저축·투자이론 등으로서 1930-50년대에 이르러서야 비로소 확립되었고, 최근에는 와인트롭(S. Weintraub)의 생산성 독점도 절충이론과 라이돌(H. Lydall)이 전개한 E. P. M.(Entry and Product Market)경쟁이론 등을 통하여 발전되어 왔다. 이와 같이 많은 경제학자들의 관심과 연구의 대상이 되어온 이 문제는 경제적인 측면에서는 물론 정치사회적으로도 해결해 나가지 않으면 안되는 대단히 중요한 문제임에 틀림이 없다. 그러나 이 문제는 근본적으로 이해대립 사항이고 수요공급이라는 시장의 힘에 의해서만 결정되는 것이 아니라 사회제도적인 힘과 규범에 의해서도 결정되며, 불가피하게 체제·이념·윤리·분배의 기준 등에 관한 가치판단을 필요로 하기 때문에 완전히 만족스러운 해결을 기대하기란 참으로 어려운 것이다. 사실 소득분배 그 자체는 경제활동의 성과를 누가 향유하는가 하는 것을 간접적으로 나타낼 수 없고, 또 같은 수준의 국민소득이라도 복지수준이 크게 다를 수 있으며, 분배를 나쁘게 하는 높은 경제성장에 비하여 분배를 좋게 하는 낮은 경제성장이 국민의 삶과 질을 더욱 높일 수도 있는 것이다. 더욱 이 복지와 삶의 질은 국민 각자의 지니는 가치관과 의식에 따라 주관적으로 평가되는 것이기 때문에 소득분배과정에서 분배기준에 대한 설득력과 국민들의 공감이 뒤따르지 못하면 자기의 몫을 과소평가하는 소외감마저 갖게 된다.[55]

고도의 자본축적을 실현한 후기 산업사회에 있어서 상이한 계층간에 소득이 어떻게 분배되고 있느냐 하는 문제는 모든 사람들의 중요한 관심사가 되고 있다. 특히 개발도상국 사회에서 개발이익이 불균등하게 분배되어질 때 계층간의 소득불균등은 심화될 것이고 「가진 자」와 「가지지 못한 자」간의 대립과 사회적 충돌이 격화될 가능성마저 있게 된다. 경제성장에 의한 국민소득의 증대는 복지증대의 요건은 되지만 경제성장 과정에서 야기된 분배의 평등화에 의한 소득격차의 심화, 생활환경·노동환경·산업환경의 악화, 인간소외 문제 등

---

55) 주학중, "소득분배",『한국경제의 이론과 실제』, 서울대출판부, 1987, p. 143.

을 개선하지 않고서는 진정한 성장과 복지의 조화가 어려운 것이다. 어떠한 사회에서나 그 사회에 소속하는 구성원으로서의 개인은 자신의 능력과 가치관을 그 사회의 법과 질서에 조화시켜 나가는 과정에서 스스로 혹은 집합적으로 정치활동과 경제활동을 영위하게 되는데, 여기에서 개인은 경제적인 소득의 생산활동을 통하여 그 사회에 공헌하게 되고 거기에 따르는 소득의 공정분배를 요구하게 되며, 사회는 그에게 적절한 보상을 하게 된다. 특히 결과로서의 평등이 아니라 기회균등으로서의 평등을 부여하는 자본주의 사회에서는 통상적으로 능력원칙(principle of ability), 즉 한계생산력적 분배원리에 의하여 그 사회가 운영되어 나가는 데, 이는 사회생산물을 양적으로 극대화시킬 수 있다는 점에서, 또 각자가 제공하는 요소의 한계생산력에 의해서 결정된 공평한 지급과 대가를 받는다는 점에서 그 정당성이 인정된다. 즉 한계생산력에 의하여 소득이 분배될 때 사람들은 각자「노력한 만큼의 보상」을 받게 됨으로써 자기가 노력한 것 이상의 보상을 요구할 수 없으며, 또 노력한 것 이하의 보상을 받을 필요도 없는 것이다. 이러한 노력과 보상의 일치원리는 사회의 자원배분의 효율을 극대화하고 실질국민소득을 극대화할 수 있기 때문에 자본주의 사회에서는 일반적으로 한계생산력적인 분배원리가 지배원칙으로서 수행되어 왔고, 또 이는 적극적으로 권장되는 것이다.

일반적으로 순조로운 경제성장 과정에서는 저수지나 그릇에 물이 차면 넘쳐흐르듯이 경제가 성장하여 소득과 부(富)가 충분히 증가·축적되면 그 혜택이 국민 각계각층에게 광범하게 분배되는 소위 적하효과(trickle-down effect)를 기대할 수 있다. 즉 축적된 부가 생산시설의 확장에 재투자됨으로써 가난한 사람들에게 고용기회를 늘려주는 동시에 생산한 물건들을 더욱 많이 팔아주게 되어 성장의 과정에서 그 과실은 1차적으로 기업가와 같은 부유층에게 돌아가겠지만 궁극적으로는 가난한 사람에게도 돌아가게 될 것이다. 쿠즈네츠(S. Kuznets)의 장기에 걸친 소득분배에 관한 경험적 연구는 이를 잘 뒷받침해 준다.56) 그러나 천민자본주의(Paria Kapitalismus)적인 혹은 건전하지 못한 방식으로 성장이 계속 이루어질 때에는 적하효과에 대한 기대는 사실 어렵게 되고 부는 편재된 상태에서 그대로 남아있게 된다. 아울러 축적된 부가 생산활동에 재투자되지 않고 비생산적인 투기활동에 쓰여지고 또 호화로운 생활영위나 재산의 해외도피 등으로 지출이 될 때 최소한의 적하효과마저도 기대하기가 어렵게 된다. 그러므로 오랜 기간에 걸쳐 경제성장의 원동력을 유지하며 동태적으로 지속하기 위해서도 경제성장의 기여에 상응한 고른 분배는 반드시 이루어져야 할 것이다. 또한 실제경제에 있어서 분배의 불균등 상황은 시장경제의 개인적 자유선택의 차이에 기인한다기보다는 오히려 개인의 자본・유산 및 능력의 초기치(初期値)의 차이에 기인할 수도 있기 때문에57) 많은 사람들이 여기에 대하여 커다란 피해의식을 느끼고 있고, 또 그 정당성 자체를 부인하려 할 때 이를 완화

---

56) S. Kuzets, *Modern Economic Growth*, New Haven : Yale University Press, 1966, pp. 206~216.
57) J. Buchanan and M. Flowers, *The Public Finances*, An Introductory Text-book—, 4th. ed., HOME WOOD : Richard D. Irwin, Inc., 1975, p. 83.

함은 물론 그에 대한 적절한 해결책이 강구되어야 할 것이다. 왜냐하면 지나친 빈부의 격차는 국력을 약화시킬 수 있기 때문에 모든 사람은 가능한 한 자신의 노동의 결과만을 향유하여야 할 것이다. 이러한 분배의 공정은 인간의 천성에 가장 적합한 것이고 이로 인하여 빈민들의 행복을 증진시키는 것에 비하여 볼 때 부자들의 행복의 감소는 오히려 적을 것이다.[58] 그런데 재산과 능력의 초기치로 말미암아 소득의 격차, 기회의 격차가 초래되고 「부익부 빈익빈」이라는 사회적 공정과 윤리에 배치되는 현상이 발생할 때 이러한 상황을 방임한다면 상대적 빈곤감은 말할 것도 없고, 사회적 불안과 계층간의 갈등·반목이 더욱 심화되어 보다 나은 발전을 기대하기가 어려울 것이다. 일찍이 케인즈는 「노동자는 제각기 직업이 다르다면 화폐임금이 상대적으로 감소하는 것은 참을 수가 있지만 실질임금이 상대적으로 감소하는 데는 참을 수가 없다」[59]고 했는바, 이는 상대적 빈곤감의 중요성을 말해주는 것으로 이중구조의 확대가 발전의 가장 큰 저해요인으로 작용하는 것으로 여겨진다. 이와 같이 우리사회에 있어서 상대적 소득격차를 논할 때 가지지 않는 자에게는 가진 자에게 정상적으로 주어지는 경제적 보상이 불만스러운 것이 아니라 경제적으로나 사회정의의 차원에서 정당화될 수 없는 부당소득의 취득을 용납하기가 어려운 것이다.

---

58) David Hume, *Political Discourses*, Edinburgh, 1752, 박기혁,『경제학사』, 서울: 법문사, 1988, pp. 62~63 재인용.
59) J. M. Keynes, *The General Theory of Employment, Interest and Money*, (London : Macmillan & Ltd., 1936), p. 14.

인간은 누구나 자기를 소중히 여기는 자유와 평등을 요구하는 존재이기 때문에 자연적 불평등에 대해서는 쉽게 단념하고 순응하는 편이지만 사회적 불평등에 대해서는 노골적인 불평과 불만을 가지고 그것의 개선을 시도한다. 우리의 인간사회에서는 조직이 만들어지고 지배 관계가 성립되면 거기에는 반드시 집단으로서의 생활능력인 집단문화가 나타나고, 그 사회를 질서 바르게 운영하려는 의지에 의하여 집단의 윤리가 형성되며, 집단의 윤리는 그 구성원인 개인에 대해서 도덕과 규율을 요구하는 것이 일반적이다. 사회의 입장에서 도덕과 규율이라는 집단의 윤리는 개인의 입장에서의 자유와 평등이라는 「자발적 참가의 윤리」와 서로 대립관계에 있게 되며, 그 집단문화는 이 대응관계의 여하에 따라 달라지는 것이다.[60] 모든 인간 내부에서 일어나는 상극적인 투쟁 중에서 한편이 우세하도록 결정하는 것은 사회구조와 가치관, 관습 등이라 볼 수 있다. 소유에 대한 탐욕을 조장하고, 그 결과 생존의 소유양식을 강조하는 문화는 인간의 한쪽 잠재성에 뿌리박고 있는 것이며, 존재와 공유를 조장하는 문화는 인간의 또 다른 쪽의 잠재성에 뿌리박고 있는 것이다. 우리는 이 두 잠재성 중 어느 쪽을 키울 것인가를 결정해야 하나, 이때 주의할 점은 우리의 결정이 어느 한쪽의 해결책으로 기울게 하는 것은 곤란하므로 사회경제구조를 고려하여 결정해야 한다는 점이다.[61] 여기에서

---

[60] 김일곤, "한국경제의 발전과 과제", 『경제학연구』제34집, 한국경제학회, 1986. 12, pp. 278~279.
[61] Erich Fromm, *To have or to be?*, Harper and Row Publishers, 1976, p. 106.

우리는 사회적 불평등의 최소화 내지 새로운 차원의「파레토 개선」
이란 관점에서 인간의 삶의 방식의 전환을 생각해 볼 수 있다. 즉
우리 인간에게는 두 가지의 삶의 방식이 존재하는데, 그 하나는 살아
남으려는 욕망인 생물학적 요소에 기인하는「소유지향적인 삶」과 다
른 하나는 서로 나눠 갖고 주고 희생하려는「존재지향적인 삶」이 그
것이다. 특히「존재지향의 삶」의 방식은 인간 생존의 특유한 조건과
다른 사람과 하나가 됨으로써 자기의 고립을 극복하려는 고유의 욕
구에 기인하는 것이다.62) 아리스토텔레스(Aristoteles)의 정의(正義)의
덕(德), 즉 이상적으로는 폴리스의 행복과 개인의 행복은 일치하여야
하며, 이리하여 폴리스의 용기도, 정의도, 지혜도 개개인이 그에 참여
하는 것에 의하여 용기있는 사람이라든가 지혜있는 사람이라고 하여
지는 바의 덕과 같은 실천적 생활,63) 존 로크(John Locke)의 평화적
공존상태, 즉 자연상태를 자연법(각자는 평화를 획득한다고 하는 희
망이 있는 한 평화를 향하여 노력하여야 한다)이 지배하고 상호간에
는 애정에 의하여 지탱되고 있는 것64) 그리고 흄(D. Hume)의 공감
(sympathy)65)은 같은 맥락으로 이해할 수 있을 것이다. 이와 같은 자
발적 참가가 강조되는 존재지향의 삶에 있어서 존재지향은 그 선행
조건으로 독립·자유 그리고 비판적 이성을 요구한다. 그의 기본적

---

62) E. Fromm, *Ibid.*, p. 106.
63) Aristoteles, *Nicomach Ethics*: 『니코마키아 윤리학』, 김철수, 『법과 사회 정의』, 서울대학교 출판부, 1989, p. 45 참조.
64) J. Locke, *Two treatises on Government*, 1690, 김철수, 위의 책, p. 49. 재인용.
65) D. Hume, *A Treatises of Human Nature*, 1670, 김철수, 위의 책, p. 50. 재인용.

특성은 외적 활동이나 분주하다는 의미의 능동적인 것이 아니라 내적 활동, 인간의 힘의 생산적 사용이라는 의미에서 능동적인 것이다. 능동적이라는 것은 그 정도는 다르지만 모든 인간이 타고난 능력, 재능 그리고 풍부한 인간적 소질을 발휘한다는 뜻이다. 그것은 자신을 새롭게 하고 : 성장하고 : 흘러넘치고 : 사랑하고 : 자신의 에고(자아)의 감옥을 빠져나가 관심을 갖고 : 참가하고 : 주는 것을 의미한다. 그러나 이런 경험은 어느 것이나 말로 충분히 표현될 수 없으므로 다만 나와 경험을 나누어 가짐으로써만이 상대방에게 전달될 수 있는 것이다.66) 이러한 존재지향의 사회에서는 무엇을 즐기기 위해서 또는 그것을 사용하기 위해서까지도 그것을 소유할 필요가 없다. 그렇기 때문에 존재지향의 삶에서는 누구도 그것을 즐기는 조건으로 그것을 가질 필요가 없으며, 또 그것을 소유하지도 않기 때문에 수백만의 사람들이 한 대상을 동시에 즐길 수가 있다. 이것은 싸움을 피하도록 해줄 뿐만 아니라 가장 심원한 형태의 인간행복 중의 하나, 즉 나눠 갖는(공유) 즐거움을 창조한다. 어떤 사람에 대한 찬양과 사랑을 공유하는 것 : 어떤 의식에 같이 참석하는 것 : 또 슬픔을 함께 나눠 갖는 것보다 더 사람들을 결합시키는 것은 아무것도 없을 것이다. 공유의 경험은 두 개인과의 관계를 활발하게 해주며, 모든 위대한 종교적·철학적·정치적 운동의 기초인 것이다. 이러한 것들은 개인들로 하여금 자발적 소득이전을 가능하게 하고「파레토 최적」, 더 나아가「파레토 개선」상태를 이루게 한다.

---

66) Erich Fromm, *op. cit.*, pp. 88~89.

「파레토 최적소득재분배」에 대한 탐색

실제 경제에서「파레토 최적」상태는 모든 사람이 자신의 선호체계를 잘 알고 있으며 다른 사람의 효용을 감소시키지 않고는 자신의 효용을 증대시킬 수 없다는 개인주의적 도덕관에 기초하고 있다. 그 도덕관을 널리 받아들이고 있기 때문에「파레토 최적」상태 또는 효율성이 바람직하다는 데 대해서는 일반적으로 의견이 일치될 수 있다.「파레토 최적」상태 중 하나를 선택하기 위해서는 사회 각 구성원의 효용수준을 비교해야 하며 일부 구성원의 후생이득을 다른 사람들의 후생손실과 교환하지 않으면 안 되지만 그러한 개인간 후생비교에 대한 가치판단을 어떻게 할 것인지에 관해서는 합의된 것이 없다. 이와 같은 어려움 대문에 대다수의 경제분석에서 경제학자들은 형평의 문제를 외부에서 결정되도록 방치하고 각각의 경제조치가 효용의 상대적 분배나 효율성에 미치는 영향을 분석하되 어떠한 정책을 선택할 것인지는 정책결정자에게 일임하고 있다. 따라서 정책결정자는 예컨대 어떠한 소득세제도가 적절한지를 결정하는데 중요한 기능을 한다. 소득세제도가 누진적일수록 소득이 보다 많이 재분배되지마는 동시에 노동과 자본의 공급을 왜곡시킴으로써 효율성에 대한 왜곡효과가 커진다. 그러므로 누진적 소득세에 따른 효율성의 손실과 형평성의 증가에 대하여 각각 얼마만큼의 상대적 비중을 둘 것인지에 대한 정당한 가치판단이 있지 않으면 안 된다.

이상에서의 이러한 어려운 문제를 부분적으로나마 회피하기 위하여 최근에는 「파레토 최적소득재분배(Pareto-Optimal income redistribution)」라는 개념이 제기되었다.67) 이의 기본적인 구상은 각 개인의 효용함수가 외부성의 형태로 상호의존적이라는 것으로서, 이러한 효용함수의 상호의존관계(interdependent proferences)를 가정하면 소득의 재분배는 사회의 모든 개인의 후생을 증진시킬 것이라는 것을 쉽게 이해할 수 있다. 이는 타인의 효용을 상실시키지 않은 채 사회적 후생을 증대시킬 수 있으므로「파레토 효율」원리에 가장 합치되고 이에 따라「파레토 최적」에 도달할 수 있기 때문에, 이 종류의 재분배는 사회적 효용함수에 따르지 않고「파레토 기준」에 의해서 분석할 수 있다. 다시 말하면 이것은 타인이 행복해지면 자기도 행복해진다고 하는 순수한 이타적(altruistic)인 것, 즉 가난한 사람이 많아지면 슬럼가의 증가, 공중위생의 저하, 치안의 악화 등으로 인하여 자기의 생활환경에도 나쁜 영향을 미칠 수 있다는 생각에서 소득재분배에 의한 개선을 통하여 그것들에 대한 어느 정도의 지지를 시도해 보는 것이다. 이와 같이 각 개인의 효용은 자기 자신의 소득에 의해서만 결정되는 것이 아니라 다른 사람의 소득에도 영향을 받는다고 할 때, 가난한 사람의 효용이 증가함에 따라 부유한 사람의 효용이 실질적으로 증가될 수 있는 것이다.68) 이 경우 소득을 다른 사람에게 이전함으로써 모든 사람의 효용이 증가될 가능성이 있다. 만일 부자가 자기 자신의 한계적인 소득증대보다 가난한 사람의 한계

---

67) H. M. Hochman and J. D. Rodgers, "Pareto Optimal Redistribution," *The American Economic Review*, 1969, pp. 542~557.
68) 그렇기 때문에 소득재분배에 의한 개선을 통하여 어느 정도 그것들을 저지시킬 수가 있을 것이며, 이와 같은 재분배가 바로「파레토 최적소득재분배」이다.

적인 소득증가로부터 더 큰 효용을 얻는다면 부자로부터 가난한 사람에게 소득을 이전함으로써 양자 모두 잘 살 수 있을 것이다. 그러므로 효율기준은 재정과정을 통한 소득재분배에 충분히 적용될 수 있다고 볼 수 있으며, 이렇게 볼 때 국가의 국민경제에 대한 활동은 제반생산의 가능조건임과 동시에 국민경제의 분배의 규제자란 기능에 비추어 보아 생산적[69]이라고 할 수 있을 것이다. 아울러 고소득을 가진 개인들의 효용이 분배구조에서 저소득의 개인들의 소득과 관련되어지고 상호의존적이라면, 가난한 집단에게 가처분소득을 향상시키는 조세-이전지출 계획은 모든 사람들의 효용수준을 개선시킬 것이라는 것이다. 이것이 사실인 곳에서 이와 같은 재정계획은 공공재정에 대한 전통적인 접근방법과는 반대로 「파레토 최적」이라고 볼 수 있으며, 효율과 형평의 양립성이 가능할 수 있을 것이다.

따라서 이와 같은 관점의 분배와 재분배는 둘 다 동일한 방법론과 동일한 기준, 즉 효율에 의해서 취급되어질 수 있는 것이다.[70] 이와 같은 재분배가 바로 「파레토 최적소득재분배」라 할 수 있으며, 시장의 실패와 정부의 실패가 항상 존재하는 현실에서 「파레토 최적소득재분배」야말로 효율과 형평의 두 가치를 동시적으로 실현할 수 있는 정책수단이 될 수 있을 것이다.

---

[69] Adolf Wagner, *Finanzwisenscaft*, 1890, p.210. 유호근, 『현대재정학』, 서울 : 법문사, 1981, p. 95 재인용.
[70] H. M. Hochman and J. D. Rodgers, *op. cit.*, p. 543.

· 생활의 질의 향상을 위한 공적관여

생활의 질의 향상을 위한 공적관여의 필요성과 효율성

　19세기까지만 하더라도 인류에게 있어서 영원한 과제는 맹수·전염병·홍수·태풍 따위 자연재해의 위협으로부터 인류와 그 생활공간을 지키는 것이다. 오늘날에도 역시 자연재해의 위협은 여전히 강대하지만 20세기에 이르자 새로운 과제가 나타났는데 그것은 바로 인류로부터 자연을 지켜주어야 한다는 것이다. 이제 환경오염은 국경과 체제를 초월한 인류전체의 중대문제로 등장하게 된 것이다.[71] 특히 최근에는 국제적으로 오존층파괴현상, 온실효과와 산성비 등으로 인한 생태계의 파괴에 따른 지구환경의 위기의식이 고조되고 있으며 지구환경보전은 세계적 공통관심사로 되어 있다. 이러한 중요성을 인식하여 개개인이 환경보호에 솔선수범을 보인다면 모르겠지만 만약 그렇지 않고 인간이 절제없이 자원을 채굴하고, 균형수준 이상으로 생물자원을 수확한다면 인간은 분명히 몇 세대 내에 문명의 종식과 붕괴를 맞게 될 것이다. 폐기물은 환경의 자정능력을 초과하는 비율로 땅 속으로·수계(水系)로·대기로 방출될 것이고, 그것은 또 비가역적(非可逆的)인 환경적 손상을 초래하게 될 것이다. 그러한 전략은 단기적으로 인간의 물질적 재화의 소비를 증가시킬 것이지만 곧 문명에 무서운 종말을 가져다 줄 것이다.[72]

---

71) Peter F. Drucker, *The New Realities*, Harper & Row Publishers, Inc., 1989. 김용국 역,「새로운 현실」, 시사영어사, 1991, pp. 161~169 참조.
72) Alan Randall, *Resource Economics,* ─*An Economic Approach to Natural*

이상에서와 같이 오늘날 현대인들은 공해·환경·도시·교통문제 등의「현대적 빈곤」에 처하여73) 새로운 분배문제를 야기시키고 있다. 이의 기본적 원인이 자본제 축적에 있고 저소득 계층은 환경을 선택하는 권리(편익권)에서 상대적으로 불리할 수 있기 때문에 불평등이 존재하게 된다. 그리하여 그들은 주로 나쁜 환경에 살기 쉬우며 그로 인한 공해의 피해로 그들의 상대적 빈곤은 더욱 커질 수가 있다. 사실 공해·재해나 교통사고는 인간의 건강과 생명의 손실을 가져오고 심하면 생활 그 자체를 불가능하게 하기 때문에 공해나 도시문제는 빈곤 그 자체를 만들어 낸다고도 볼 수 있다. 더욱이 오늘날의 복지는 단순히 각자가 받고 쓰는 소득이나 자산에만 의존하는 것이 아니라 어떠한 환경에 살고 어떠한 사회시설이나 서비스를 이용하는가에 따라 달라질 수도 있다.

그런데 환경재는 공공적 특성으로 인하여 특정 경제주체 또는 사회가 비용을 투입하여 깨끗한 환경재가 공급되는 경우 그 혜택에서 어느 누구도 배제시킬 수 없으며, 모두가 공동으로 활용할 수밖에 없다. 여기에 대하여 각 소비자는 자신이 환경재를 소비한 만큼의 비용을 지불해야 하나 자신의 소비량은 자신만이 알고 있기 때문에 자신의 선호관계를 왜곡해서 주장함으로써 무임승차자(free-rider) 문제가 발생하게 된다. 이러한 상황 하에서는 아무도 환경투자에 대한 의욕

    Resource and Environmental Policy¯, (Ohio; Gird Publishing Inc., 1981), p. 16.
73) 宮本憲一, "現代的貧困と福祉政策－轉換期の財政改革と關聯して,"『安定成長下-の福祉政策－日本經濟政策學會年譜ⅩⅩⅤ－』, (日本經濟政策學會偏, 1977), p. 7.

이 없게 될 것이며 결과적으로 환경오염의 문제가 발생하게 된다. 그렇지만 사회적 관점으로 보면 쓰레기나 폐기물을 청소·처리하지 않으면 공해를 유발하여 커다란 사회적 비용이 생겨나며, 헌 종이 같은 것이 회수되고 재생되지 않으면 그만큼 새로운 자산이 감소하게 된다. 그러므로 환경관련 사업은 환경악화·자원고갈·엄청난 비용의 방지를 위하여 세계적 장기적인 관점에서 보면 불가결의 사업으로서 정부의 공적관여가 절실히 요청된다. 아울러 생활의 질에 대한 공적 관여는 사회적 장기적 관점에서의 외부성을 고려한 효율화와 효용의 극대화를 위한 자원배분의 최적화, 서비스의 지역격차의 시정, 환경 사업 종사자의 노동조건의 보장 및 저소득층의 자기부담의 경감 등 분배공정(分配公正)의 관점에서 그 필요성이 증대된다고 하겠다. 그러나 공적관여 특히 규제와 보조가 안일하게 행해지면 오히려 민간시장의 효율성을 저하시키는 경우도 있기 때문에 이 재화를 공적으로 공급한다든가 또는 공적관여를 한다는 것 자체가 반드시 바람직하다고는 볼 수 없으며, 사기업에 비하여 그 운영이 비효율적인 경우도 많다는 것을 주의할 필요가 있다. 더욱이 이러한 공정한 정책이 사회적 후생의 개선을 가져오는지의 여부는 자원배분의 효율성의 기준과 소득분배의 공정성의 기준에서 평가되어질 것이 요구되어지는 바, 사회적으로 가장 바람직한 재정지출은 효율성과 형평성의 양기준을 동시적으로 충족시키는 것이라 하겠다.

공적관여와 재분배 개선

국민의 재정수요는 경제여건의 변화와 더불어 공공재・비용체감산업・외부효과・불확실성・소득분배 등에 대한 사회적 대처에 따라 민간생활보다 더 급속히 증대되는 경향이 있다. 사회개발과 관련된 다양한 공공재의 공급량은 재빠르게 증가하지 못했음에 비해 소득수준의 급속한 향상으로 사회개발수요는 빠르게 증가해 오고 있다. 특히 오늘날에는 소득수준의 향상과 더불어 생활의 질의 문제가 중요한 과제로 떠오르고 있다. 이의 개선을 위한 재정지출의 확대는 양기준의 만족을 위한 충분조건이 될 수 있을 것이다. 비록 생활의 질은 수량화가 어렵고 모호한 점이 없지 않지만 이것이야말로 모든 합리적 경제활동이 입각해야 할 초석이라고 할 수 있다.

소득수준의 향상과 생활의 질에 대한 국민 의식수준의 제고에 따라 쾌적하고 편리한 생활환경에 대한 국민의 수요는 대단히 빠르게 늘어나고 있다. 이에 따라 공해문제・도시문제・교통문제・생활편익시설의 부족문제 등 국민의 일상생활에 직결된 문제들이 급박하게 대두되고 있다. 지금까지 공해문제는 고도성장을 추진하는 과정에서 우선순위가 낮은 과제로 인식되어옴에 따라 산업공해 등에 의해 수자원(水資源)의 오염이 심각한 수준에까지 이르게 되었으며, 또 도시에서는 대기오염・소음공해・하수 및 쓰레기에 의한 환경오염이 심각한 문제로 대두되고 있다. 나아가서 농약 및 비료의 남용으로 토질오염 및 식품공해도 심화되고 있는 실정이다. 교통문제의 경우에도 지금까지 도로건설 및 포장, 지하철 및 철도건설 등에 투자가 꾸준히 이루어져 온 것은 사실이나 도시 규모의 빠른 팽창으로 교통의 효율성은 오히려 크게 떨어지고 있으며, 더구나 높은 교통사고율은 국민생활을 불안하게 하는 중요한 요인이 되고 있다. 사실 소득수준이 상승하고 소득재분배가 행해지고 완전고용이 이루어진다고 해도 생활의 질의 문제까지 해결되는 것은 아니며, 도시화와 대량소비 생활양식이 계속되는 한 도시화·복잡화 및 교통·공해 등의 문제는 오히려 더욱 깊어지는 것이다. 소득과 주택이 같아도 녹지나 공원이 적고 스모그나 소음이 걱정되는 지역에 사는 것과 녹지나 공원이 많아서 문화·스포츠시설의 혜택을 보고 공해가 없는 주거환경에 사는 것은 개인의 소득과 자산, 주택의 크기가 같더라도 생활의 질에 있어서는 완전히 다를 수 있기 때문에 약간의 소득격차 문제는 이와 같은 환경 내지 생활의 질이 상대적으로 개선되어 있을 경우 어느 정도 상쇄효과도 기대해 볼 수 있는 것이다. 이러한 생활의 질에 관련한 환경재의 생산은 비경쟁성·비배재성·효용측정불가능성 등의 이유로 부득이 시장의 실패를 야기하므로 이들의 생산·관리에 있어서 정부의 적절하고 지속적인 정책지원은 편익의 재분배와 더불어 재분배 개선이라는 측면에서 절실히 요청된다고 하겠다.

· 생활의 질의 공적관여와 경쟁력 강화

소득수준의 향상과 생활의 질에 대한 국민 의식수준이 제고됨에 따라 쾌적하고 편리한 생활환경에 대한 국민의 수요는 빠르게 늘어나고 있다. 이에 따라 생활 편익시설의 부족문제, 도시문제, 교통문제, 공해문제 등 국민 일상생활에 직결된 문제들이 급격하게 대두되고 있다.

[그림 3-1] 사회간접자본(SOC) 투자 계획

 그렇지만 급격한 차량이나 물동량의 증대와 소득보상적 재정지원의 확대에 따른 투자여력감소 및 국토의 균형개발과 대도시의 인구집중억제의 실패로 그를 보상하기 위한 사회간접자본(Social Overhead Capital: SOC)의 공급량은 많은 부족현상을 나타내고 있다. 그리하여 성장잠재력의 배양과 관련하여 재정에서 우선적으로 강화해야 할 기능은 사회간접자본의 확충이라고 볼 수 있지만 [그림 3-1]에서 보는 바와 같이 최근의 우리나라 SOC투자계획은 상대적으로 줄어드는 추세를 보이고 있으므로 정부의 지속적인 관심과 이에 대한 재원조달이 요구된다.

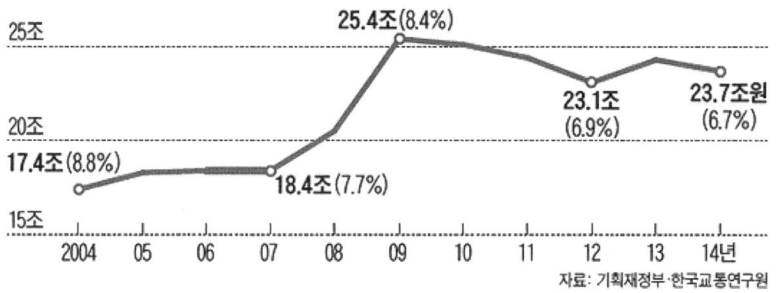

[그림 3-2] 정부의 SOC 투자 규모 추이

　　[그림 3-2]의 정부의 SOC투자규모추이에서도 보듯이, 최근 5년 사이 정부의 SOC 예산은 25조4000억원에서 23조7000억원으로 1조 7000억원(6.7%)이 줄었다. 정부 전체 지출에서 SOC 예산이 차지하는 비중도 8.4%에서 6.7% 수준으로 줄었다. 6.7%의 비중은 최근 10년 사이 가장 낮은 수치다. SOC투자와 관련된 지출의 소홀은 그 후의 영향의 파급범위가 시간적으로나 사회적으로 크기 때문에 철저하고 객관적인 효율성의 분석을 통하여 이루어져야 할 것이다.

　　SOC의 방치는 물류비용(物流費用)의 증가로 물가상승의 가속화와 산업의 국제경쟁력의 약화 및 국민생활에의 혼란과 불편을 야기한다. 즉 우리나라의 도시권에 있어서는 벌써 자동차의 이용이나 트럭에 의한 화물수송은 한계에 왔다고 볼 수 있다. 그런데 이 경우의 복지정책은 소득보장만 하고 근로자의 자동차 구입이 촉진되면 도리어 생활의 질이 저하할 뿐만 아니라 도로비의 상승, 철도 등 공공수송기관의 쇠퇴, 공해, 사고 등 사회적 손실이 오히려 증대될 것이다. 나아가서 노동조건이 개선되어 1일 7시간 노동으로 되어도 무계획적인 도시화가 이루어져 통근시간이 1시간에서 2시간 이상으로 되면 노동자의 생활시간에 있어서의 여가의 크기는 오히려 감소할 수도 있는 것이다. 사실 만원버스 내지 만원전철에서 1시간 에너지의 소모량은 사무노동자의 4시간 노동에 해당된다고 하는 연구결과를 숙고해 볼 때[74] 이 통근시간의 에너지소비에 대해서는 수송기관의 기업이 교통비를 할인하는 등의 보상을 하는 것도 아니고, 또 고용기업주가 4시간 분의 에너지 소비의 보상으로 교통비를 지불해 주는 것도 아니므로 정치적인 효과만을 생각하는 무책임한 의사결정이 배제될 수 있도록 특별한 제도적 방안이 강구되어야 할 것이다.

따라서 생활의 질적 향상과 재분배 개선 및 국제경쟁력 강화를 위해서는 다음과 같은 정책적 배려가 요망된다고 하겠다.

첫째, 생산과정에서 발생하는 환경오염을 사전에 방지할 수 있는 노력과 불가피하게 발생된 환경오염물질을 제거하기 위한 공해방지시설의 확충 및 소비과정에서의 소비행태개선이 필요하다. 공해·교통문제 등은 교환가치로 잴 수 없는 손실이 있고 그 중에는 불가역적(不可逆的)인 손실이 포함되어 있다. 이 절대적 손실에는 인간의 건강장해나 사망을 가져오는 공해병이 있다. 이것은 지금의 의학에서는 회복불능이라고 볼 수 있으며, 가령 회복된다고 하더라도 인생을 두 번 살 수는 없는 것이다. 이와 같은 회복곤란은 인간사회에 깊은 영향을 주는 자연파괴나 역사적 문화재의 손실도 포함된다. 이들의

---

[74] 宮本憲一, 앞의 논문, p. 8.

절대적 손실은 사후적으로 화폐로 보상하는 것은 불가능하기 때문에 사전예방이 절대적으로 필요하다. 환경문제의 해결에는 정부의 규제와 투자뿐 아니라 민간부문에서의 감시와 견제 및 기업투자도 중요한 역할을 담당한다. 따라서 환경문제와 관련된 각종 정보의 정직한 공개를 통해서 시민의 문제의식을 재고시킬 필요가 있다. 나아가 개인 또는 시민의식에 의한 자발적 환경감시 활동이 활성화가 요청된다. 아울러 도시교통문제의 개선을 위해서는 도시 교통용량의 확대를 위한 투자도 중요하지만 교통수요를 효율적으로 충족시킬 수 있는 제도의 개선, 즉 지하철·전철·대용량 직행버스를 중심으로 한 간선노선과 간선의 각 정류장을 연결하는 지선을 연계 운행하는 종합적인 체계로 개편하고, 교통사고의 획기적 감소를 위한 종합적인 대책의 강구 및 교통안전 관련제도와 법규의 합리적 개정·시정이 철저히 이루어져야 할 것이다.[75]

둘째, 환경보전을 효율적으로 달성하기 위한 법적·행정적 규제 및 이의 해결을 위한 재정지원과 정책적 배려가 요청된다. 즉 이는 ① 정부가 오염물질을 배출하는 자에 대하여 강제적인 행정수단을 동원하여 법이 정한 배출기준을 준수하도록 오염방지시설을 설치하도록 강요하는 것, ② 외부불경제에 의해서 발생하는 시장실패를 교정하려는 수단으로서 공해방지시설 또는 공해처리시설을 설치하는 개인이나 기업에 대해 정부가 보조금을 지급하거나 융자 및 세제혜택을 주는 것, ③ 오염물질의 배출과정에 따라 경제적 부담을 부과

---

[75] 구본호·이규억 편, 『한국경제의 역사적 조명』, 한국개발연구원, 1991, pp. 352~353 참조.

함으로써 오염물질배출 기업이 스스로 오염배출을 억제하도록 하는 배출부과금제도의 시행, ④ 공해세제도(pollution control tax) 및 오염권판매제도(market in pollution rights) 등이 요청된다. 아울러 ① 인명·건강에 부(負)의 외부효과가 현저한 경우, ② 정(正)의 외부효과와 공공재의 성격이 현저한 경우(환경 amenity의 보전·개선에 적극적으로 필요한 경우)와 재생(recycling) 사업, ③ 규모의 이익과 조정의 이익이 클 경우, ④ 장기 불확실성을 수반한 대규모적인 선행투자형 환경개선사업에의 융자와 투자, ⑤ 해외의 공해방제·환경개선사업에의 협력 등에 대하여는 위와 같은 이유로 정부개입의 정당성이 부여될 수 있을 것이며, 이것으로 인한 공해의 방지 및 환경의 개선은 충분히 재분배구조를 시정해줄 수 있을 것이다. 이제 환경재는 아무런 대가없이 무한정 이용할 수 있는 자유재적 성질을 상실하고 충분한 대가를 지불하지 않으면 양질의 환경재를 이용할 수 없는 재화로 변모되었다. 따라서 이와 같은 상황이 일반화될 경우 더러운 환경을 피해 깨끗한 환경이 있는 곳으로 옮길 수 있는 부자들과 깨끗한 환경을 이용하는데 대한 대가를 치를 능력이 없는 빈자들 사이에 엄청난 빈부격차가 발생하게 됨은 말할 필요도 없다. 그러므로 소득분배의 개선과 사회 전체적인 삶의 질의 향상을 위하여 장기 동태적인 측면에서 이에 대한 재원마련과 국가의 적절한 정책적 배려가 적극 요구된다 하겠다.

 셋째, 환경기술의 개발로 환경오염방지의 효율을 극대화하는 것이 바람직하다. 환경보전기술에 관한 국내연구기관 간의 협력체제를 강화하는 한편 저공해 생산기술개발을 위한 지원·강화가 요망된다. 공정상(工程上) 오염물질의 배출을 감소시키거나 유해한 중금속 등을 안전하게 처리하는 기술과 저공해 내지 무공해 제품을 생산하는 기술 등을 중점적으로 개발토록 하고 환경산업을 고부가가치 첨단산업으로 육성하는 것이 필요하다.[76]

    넷째, 공동생활조건의 관리주체는 각 지방자치단체에 있기 때문에 이에 대한 해결은 지방자치단체가 해결주체가 되어야 할 것이다. 다시 말하면 복지정책의 사전평가·계획작성·집행·사후평가에 대해서 주민참여가 반드시 필요하다. 또 공동생활조건을 개선하고 생활의 질의 향상을 위한 생활권[77] 확립의 복지정책이 요구되며, 이를 위하여 이에 가장 밀접한 주민운동이 요구된다. 사실 지금까지 복지정책의 주체는 국가라고 생각하여 왔으나 공동생활조건의 확립의 관점에서 보면 그 관리주체는 자치가 오히려 적당하다고 볼 수 있으며 또한 바람직하다고 하겠다. 그리고 지역경제가 다양화되어 있기 때문에 소득보장 이외의 화폐적 복지에서도 반드시 전국 획일로 할 필요는 없을 것이다. 국가는 국민최저수준만 정하고 지방자치단체는 그 보다는 높은 수준을 선택하도록 하며, 국가가 실시하고 있지 않은 복지를 행할 경우에는 대폭적으로 자유경쟁에 맡기는 것이 좋을 것이다.

    다섯째, 생활환경관련 투자에 있어서는 투자규모의 확대도 중요하

---

76) 대한상공회의소, 『한국자본주의론』, 1990, p. 505.
77) 헌법 제34조 제1항에서 규정하고 있는 「모든 국민은 인간다운 생활을 할 권리를 가진다」의 인간다운 생활을 할 권리에 해당하는 사항으로서, 이는 사회적 기본권의 근간이 되며, 교육을 받을 권리, 근로의 권리, 노동3권, 환경권, 보건권 나아가서 사회보장수급권을 포함한다.

지만 투자내용의 내실화·효율화가 선행되어야 할 것이다. 상하수도 등 국민기본수요와 관련된 투자는 우선적으로 확대되어야 하나 지역간 균형을 고려하여 낙후된 지역에 우선적으로 투자재원이 배정될 수 있도록 하여야 한다. 문화환경과 관련된 투자에 있어서는 지금까지의 전시적인 대형투자를 지양하고 주민의 일상생활에 바로 연결될 수 있는 부문에 우선적으로 투자하여야 하며 투자결정 과정에 있어서도 주민의사가 최대한 반영되도록 하여야 한다. 아울러 사회간접자본은 분야별로 개별 법령에 따라 각기 다른 정부부처에 의해 집행되고 있기 때문에 시설 상호간의 종합적 검토가 결여되고 있고 효과적인 집행을 위한 구체적 수단이 강구되어 있지 않으므로 사회간접자본에 대한 계획수립과 집행과정에서 전문성을 보완하고 통합성을 유지하기 위해서는 중앙의 각 부처와 지방정부가 참여하는 계획 및 조정기구의 설치 운영과 이를 뒷받침하는 법의 제정이 요청된다.

이상의 「파레토 최적소득재분배」의 정책적인 조치들이 적절하게 수렴·수행될 때 장기·동태적인 측면에서 성장을 통한 분배, 즉 효율과 형평의 동시적 달성 및 국제경쟁력 강화가 가능할 수 있을 것이다.

4장

시장의 실패와 조절 정책

· 사라진 애덤 스미스의 꿈

애덤 스미스는 정부가 경제를 자유방임한 채 그대로 둬야 한다고 주장했다. 그는 경제를 그대로 놔두면 시장경제체계 덕분으로 균형이 이루어지고 효율적·합리적인 경제가 나타날 것이라고 생각했다. 서구사회에서 자유시장경제가 발달했을 때 머지않아 스미스의 이상이 너무 지나치게 낙관적이었음이 드러났다. 상인들은 최소량의 자원으로 최대의 이익을 구하고자 하므로 상인들의 이익은 때때로 소비자의 이익과 상반되었다. 한편 그들은 판매를 위해서라면 가끔씩 비열한 방법이라도 기꺼이 쓰는 상인들이었으므로 소비자들은 애덤 스미스가 주장한 선택을 때때로 행할 수 없었다. 그 이유는 독점이 나타나고 상인들이 가격을 올려 소비자들을 괴롭히는 음모를 짰기 때문이다. 이러한 나라에선 철도는 가장 으뜸가는 독점이었으며, 연방정부의 독점금지명령은 독점세력을 흩트리는 데 별로 효과적이지 못했다.

정부는 경제영역에서 점차 더욱 더 큰 책임을 느끼게 되었다. 1929년의 증권시장의 몰락과 케인즈의 『고용, 이자, 화폐에 관한 일반이론(The general theory of employment, interest, and money; 1936)』은 정부의 개입을 정당화시켜 준 두 가지 중대한 사건이었다. 대공황은 시장경제에 퍼진 약점을 철저하게 폭로시켰다. 특히 케인즈는 자유방임주의(laissez-faire)는 이미 시대에 맞지 않으므로 완전고용을 이룩하기 위해서는 정부가 능동적으로 개입·활동할 것을 역설하였다. 그리하여 완전고용을 이룩하기 위해서 정부가 취할 수 있는 정책수단으로서는 이자율의 인하에 의한 투자자극, 재정적자정책에 의한 정부지출의 확대 및 사회의 소비성향을 제고시키기 위한 소득재분배정책 등을 제시하고 있다. 케인즈는 1926년에 발간된 소책자에서 자유방임주의를 신랄하게 비판하면서, 자본주의는 규제되어야만 존속될 수 있다고 주장하고, 고전학파의 경제학은 가장 유력한 몇몇의 이윤획득자들이 자기보다 못한 자들을 도산시켜 버리는 냉혹한 투쟁의 결과를 경시하고 있다고 공격하였다.

「가장 목이 긴 기린이 그보다 목이 짧은 기린들을 아사시키고 있다. 만약 우리가 기린의 복지를 고려한다면, 우리는 아사하는 목 짧은 기린의 고통 및 투쟁의 와중에서 아깝게 짓밟히고 있는 나뭇잎과 목이 긴 기린의 과식을 간과할 수가 없다. 우리 시대의 악은 위험, 불확실성, 그리고 무지의 결과인 것이다. 대기업을 경영하는 소수의 사람들은 타인의 무지와 불확실성을 이용하여 이윤을 획득하게 되고 그 결과 부는 불공평하게 분배되고 노동력은 불완전고용이 되며, 합리적인 기업상은 빗나가게 되고 능률과 생산이 저해당한다. 그러나 이러한 불합리성을 시정하는 것은 개인의 능력범위 밖에 있으며, 때로는 이러한 상태를 악화시키는 것이 개인의 이익에 부합되는 경우도 있다. 이러한 사태를 바로잡기 위해서는 통화량과 신용을 신중히 통제하는 한편, 기업의 경영상태에 관한 자료를 광범위하게 수집하여 이를 사회에 널리 알려주어야 한다. 그러나 자본주의제도의 신봉자들은 지나치게 보수적이어서 그 자신들이 자본주의의 희생물이 되지 않을까 두려워하며, 자본주의를 더욱 강력하게 존속시키게 할 제도면에서의 개선을 반대하는 것이 상례이다. 내 생각으로는 자본주의는 잘만 운영된다면, 경제적인 목표에 도달하는데 있어서 그 어떤 다른 형태의 체제보다도 더욱 능률적인 것 같다. 그러나 자본주의 자체도 물론 많은 문제점을 가지고 있다. 따라서 우리들의 과제는 만족스러운 생활방식을 유지하려는 사람들의 의도를 해치지 않는 범위 내에서 가능한 한 가장 능률적인 사회조직을 만들어내는 것이다.」[78]

이상에서의 논의와 같이 지나친 시장경제에 대한 의존은 시장경제에서 소비자와 사업가들이 누린 엄청난 자유 때문에 새로운 재화와 용역에 대한 전체 수요가 어떤 땐 너무 커지고 어떤 땐 너무 작아져 완전고용을 유지할 수 없게 될 수 있으므로 경제안정을 위해 정부가 간섭할 필요가 생기는 것이다. 물론 이 이전에도 애덤 스미스의 자유

---

78) J. M. Keynes, *The End of Laissez Faire,* The University of Chicago Press, 1926.

방임이론에 도전했던 맬더스나 다른 학자들이 있었음에도 불구하고 애덤 스미스의 이론은 리카도, 밀 같은 위대한 학자들의 도움을 받아 모든 비판에도 계속 유지되었다. 그러나 애덤 스미스의 강력한 전설이 지닌 비참한 운명은 임박해 있었으며, 자유시장경제는 차츰 고도로 혼합된 경제로 대체되게 된 것이다.

· **시장실패의 뜻**

어떤 한 경제가 안고 있는 과제는 효율적인 자원배분, 소득과 부의 공정한 분배, 경제의 안정과 성장의 촉진이라고 할 수 있다. 자본주의 경제체제는 이러한 과제를 시장기구에 주로 의존하여 해결한다. 모든 시장이 완전경쟁일 경우에는 소비나 생산 등에서 가장 이상적인 자원의 배분상태가 달성되게 된다. 그러나 현실의 시장에서는 암묵적으로 전제해 온 이러한 이상적인 상황이 존재한다고 보기 힘들며, 시장의 힘을 제약하고 또 왜곡하는 수많은 요인들이 존재한다. 독과점기업의 존재, 공공재, 외부성, 도덕적 해이 등이 그들이다.

특히 공공재는 소비에 있어서의 비경합성이나 배제불가능성 등의 특성 때문에 우리가 보통 생각하는 재화나 서비스와는 판이하게 구별된다. 공공재의 이러한 특성 때문에 시장에 의한 자율적인 배분은 바람직한 배분을 실현시킬 수가 없다. 또 우리 사회는 물론 세계 어느 곳에서나 심각한 문제가 되고 있는 환경오염은 초미의 관심사가 되고 있는데, 이는 외부성과 직결되는 문제이다. 더욱이 IMF 외환위기 이후 우리 사회에 정보의 비대칭성으로 인하여 발생한 도덕적 해이는 시장의 자동조절기능에 치명적인 상처를 안겨 주었다. 이와 같은 이유들로 인하여 시장은 본래의 고유기능을 충실히 수행하지 못하여 효율적인 자원배분에 실패하는 경우가 많은데, 이것을 우리는 시장의 실패(market failure)라고 한다.

이와 같이 시장에서의 효율적인 자원배분은 독과점기업의 존재, 공공재, 외부효과, 도덕적 해이 등이 존재하지 않아야 한다는 몇 가지 숨은 가정이 필요하다. 그런데 실제 경제에는 대체로 이것들이 존재하므로 시장기능에만 맡길 경우 자원배분의 비효율이 일어난다. 따라서 효율적인 자원배분을 해결하기 위하여 정부가 민간부문의 경제활동을 직·간접으로 간섭·규제하는 혼합경제체제가 요구되는 것이다.

· 시장실패의 원인과 대책

독과점기업의 존재

시장은 완전경쟁에 가까울수록 효율 달성의 조건이 잘 충족되므로 자원배분의 효율성이 그만큼 높아지고, 그 반대로 독점에 가까울수록 효율이 저하된다. 완전경쟁과 독점 사이에 존재하는 독점적 경쟁의 경우 자원배분의 효율성은 일반적으로 독점의 경우보다 높지만 완전경쟁에 비해서는 비효율적이다. 과점기업들의 경우에도 기업들이 담합(collusion)하여 카르텔을 형성함으로써 독점에 가까운 시장지배력을 행사할 때는 그 피해가 독점에 가깝게 된다. 더욱이 후진국에서는 고도성장에 따른 경제력 집중과 독점력 문제가 심각하게 된다. 그 이유는 국내시장의 규모가 작기 때문에 국제경쟁력을 갖춘 대형기업체가 설립되는 즉시 독점기업화할 가능성이 크기 때문이다.

특히 독점기업은 시장에서의 유일한 공급자로서 가격설정자(price-setter)의 지위에 처하게 되며, 이윤극대화를 위하여 가격과 수량을 모두 조절하게 된다. 독점기업의 경우에는 완전경쟁에 비해 가격은 높고 생산량은 적게 된다.

이와 같이 기업이 독점 또는 과점을 형성하여 가격지배력을 가지게 될 때, 가격은 완전경쟁보다 높은 수준에서 결정되고 생산량은 완전경쟁보다 낮은 수준에서 결정되므로, 자원의 효율적 배분을 위하여 독점 및 과점의 규제가 필요하게 된다. 또 자연독점일 경우는 독점을 규제하고 기업규모를 축소하는 것이 규모의 경제를 상실하는 문제를 발생시킬 수 있으므로, 전신·전화·철도·가스·수도·도로 등의 경우에는 독점의 규제뿐만 아니라 공유화 혹은 가격에 대한 규제가 요청되어지는 것이다.

공공재(public goods)

어떤 회사가 소비의 비경합성과 비배제성이 있는 재화나 용역을 생산하여 공급하는 것을 업으로 삼는다면 그 회사는 설립한 후 얼마 되지 않아 도산하고 말 것이다. 길가에 가로등을 설치하고 이용자에게 대가를 징수하려는 회사를 예로 들어 보자. 처음에는 순진하게 돈을 내려는 사람조차 이내 돈을 내지 않더라도 가로등의 혜택을 계속 받을 수 있음을 발견하고 돈 내기를 거부할 것이다. 어떤 강제력도

가지고 있지 않은 그 회사는 강제로 사용 요금을 징수할 수 없어 도산할 수밖에 없다. 이러한 예는 도로, 공원, 소방, 등대 등 무수히 많다.

공공재란 소비의 비경합성과 비배제성이라는 두 가지 특성을 동시에 지니고 있거나(순수공공재), 소비의 비경합성이라는 특성만을 지니고 있는(준공공재) 재화와 용역을 말한다.

소비의 비경합성(non-rivalness)이란 어떤 재화나 용역이 소비의 경합성이 없는 것을 말한다. 기업들이 생산하는 대부분의 재화나 용역은 소비가 경합적이다. 즉, 한 사람이 소비하면 다른 사람은 소비할 수 없다. 예컨대, 어떤 사람이 빵을 사서 먹으면 다른 사람은 그것을 먹을 수 없다. 하지만, 등대 불빛 같은 경우는 어떤 배가 그 불빛을 본다(소비한다)고 해서 다른 배들이 불빛을 볼 수 없는 것이 아니다. 다른 배들도 아무 지장이 없이 똑같이 등대 불빛을 소비할 수 있다. 즉, 소비가 경합적이지 않고, 공동소비(joint consumption)가 가능한 것이다.

소비의 비배제성(non-excludability)이란 재화나 용역의 대가를 지불하지 않은 자를 소비에서 배제하지 못하는 것을 말한다. 빵의 경우, 가게 주인은 빵값을 치르지 않는 사람에게는 빵을 주지 않으므로 빵의 소비에서 배제시킬 수 있다. 하지만, 등대 불빛의 경우, 대가를 지불하지 않는 배라고 해서 불빛을 못 보게 할 수 없다. 이런 경우, 소비의 비배제성이 존재한다고 말한다.

어떤 재화나 용역이 소비의 비경합성과 비배제성이 있는 경우, 합리적 개인은 자발적으로 가격(대가)을 지불하고 소비하려고 하지 않는다. 대신 다른 사람이 가격을 지불하면 자신은 그에 편승하여 공짜로 소비하려고 한다. 예컨대, 어떤 해운회사가 등대가 꼭 필요하여 등대를 설치해야 하지만 그렇게 하려고 하지 않는다. 다른 회사가 설치하기를 기다려 공짜로 이용하면 되기 때문이다. 이처럼 소비의 비경합성과 비배제성이 있는 재화나 용역의 경우, 합리적 개인이라면 누구나 무임승차자(free-rider)가 되려고 한다.

이로 인해 등대가 사회적으로 필요함에도 불구하고 시장에서는 공급되지 않거나 바람직한 수준보다 적게 공급된다. 즉, 시장이 자원배분에 실패하게 된다. 소비의 비경합성과 비배제성으로 인해 시장 참여자들이 무임승차가가 되려고 함으로써 시장이 자율적인 자원배분에 실패하는 것을 무임승차자 문제(free-rider problem)라고 한다.

따라서 공공재의 적정한 생산과 공급(즉, 효율적 자원배분)에 실패하므로 공공재의 적절한 공급을 위해서는 정부가 개입하여 조세 징수를 통해 공급하게 된다. 이러한 공공재의 예로는 국방, 치안, 소방, 도로, 공원, 등대 등이 있다.

외부성(externality)

어떤 한 개인이나 기업의 행동이 제3자에게 의도되지 않은 이득이나 손해를 주는데도 이에 대한 이득을 받지도 않고 또 손해를 지불하지도 않을 때 외부성(externalities)이 발생하였다고 한다. 여기서 외부(external)란 '시장의 외부'라는 의미이다. '시장의 내부'란 모든 거래가 가격을 매개로 이루어지는 것을 말한다. 예컨대, 가게 주인이 빵을 주면 그 대가로 빵값(가격)을 지불하고, 가게의 빵을 떨어뜨려 못 팔게 만들었으면(손해를 끼쳤으면) 그에 대한 배상으로 빵값을 물러주는 것을 말한다. 따라서 외부성이란 시장이란 테두리의 외부에 존재하는 현상, 즉 구체적으로 말해 이득이나 손해를 주고받는데도 그에 대한 금전적 거래가 이루어지지 않고 있다는 의미이다.

외부경제

어떤 양봉업자가 과수원 옆에서 양봉을 하는 경우를 보자. 이때 양봉업자는 과수원의 꽃으로 인해 이득을 얻는다. 과수원 주인 역시 벌들이 수정을 도와줌으로써 양봉업자로부터 이득을 얻는다. 하지만, 이런 경우, 서로 그 이득에 대한 대가를 주고받고 하지 않는 것이 일반적이다. 따라서 외부성이 발생하고 있는 것이다.

외부성은 생산과정에서 생길 수도 있고 소비과정에서 생길 수도 있다. 이로운 경우를 외부경제(external economy)라고 한다. 외부경제는 개인 혹은 기업의 어떤 활동이 다른 개인이나 기업에게 이익을 가져다주면서도 그에 대한 대가를 받지 않은 경우를 말한다.

외부경제의 또다른 예로는 정원의 잔디를 들 수 있다. A, B 두 사람이 서로 이웃하여 살고 있는데, A가 상당한 자금을 투입하여 정원의 잔디를 잘 가꾸는 경우, A 자신이 즐기기 위해서 잔디정원을 가꾸지만, 이웃의 B가 쳐다봄으로 해서 훌륭한 정원의 혜택을 받고 있다. 이런 경우, B가 이에 대한 대가를 지불하지 않는 경우가 일반적이다. 따라서 외부성이 발생하고 있는 것이다.

이런 경우, 한쪽이 이익을 가져다주면서도 대가를 받지 못한 것은 다른 쪽이 자신의 것을 사적으로 활용하지 못하도록 배제할 수 없기 때문이다. 이익을 주는 편에서는 이익 제공에 따른 대가를 받지 못하기 때문에 자신의 경제활동 수준을 결정할 때 다른 편이 받는 이러한 이익을 고려할 유인이 없다. 그래서 자신의 사적 한계편익(private marginal benefit)과 사적 한계비용(private marginal cost)이 일치하는 수준에서 경제활동 수준을 결정한다. 그 결과, 정원이 더 크고, 과수원이 더 크고, 양봉 통이 더 많은 것이 사회적으로 바람직함에도 불구하고 그러한 사회적 한계편익(social marginal benefit)을 고려하지 않기 때문에 그렇게 되지 않는다. 다시 말해, 다른 경제주체에게 이익을 주는 경제활동 수준이 사회적으로 필요한 것보다 적게 이루어져 효율적인 자원배분이 이루어지지 않게 된다.

따라서 외부경제를 수반하는 경제활동에는 정부가 개입하여 보조금을 지급함으로써 그 활동을 촉진시키는 것이 바람직하다.

외부불경제

외부성에는 이로운 것과 해로운 것이 있을 수 있으며, 이 중 해로운 경우를 외부불경제(external diseconomy)라고 한다. 외부불경제란 개인 혹은 어떤 기업의 어떤 활동이 다른 개인이나 기업에게 손해를 끼치면서도 그에 대해 배상이 이루어지지 않는 경우를 말한다.

공공장소에서의 흡연은 자신뿐만 아니라 함께 생활하는 다른 사람에게도 간접흡연의 기회를 제공하여 담배를 피우지 않는 다른 사람에게도 건강을 해치게 된다. 그렇지만 담배를 피우지 않는 사람에게 어떤 피해보상도 해주지 않을 뿐만 아니라 흡연자에게 손해배상을 청구하는 데도 많은 한계점이 존재한다.

또 생산과정에서 오염물질을 많이 방출하게 되는 종이공장의 예에서 외부불경제가 어떻게 발생하는지 살펴보자. 종이 1톤당 생산비용이 5천원이라면 생산업자의 개인적인 관점에서 본 사적 비용(private cost)은 5천원이다. 그러나 여기에는 그 자신이 방출한 오염물질이 환경을 더럽히는 행위, 즉 외부불경제와 관련된 사회적 비용(social cost)이 포함되어 있지 않다. 만약 종이 1톤을 생산하기 위해 방출해야만 하는 오염물질을 제거하기 위해 사회가 3천원의 비용을 써야만 한다면 사회적인 관점에서 본 종이 1톤의 생산비는 8천원이 된다. 자원의 효율적인 배분이란 사회적 관점에서 본 비용에 입각한 배분이어야 한다. 그런데 사적 이윤을 추구하는 종이 생산업자는 훨씬 낮은 수준인 5천원의 사적 비용만을 고려해 생산량을 결정하게 되므로 생산량이 사회적 관점에서 바람직한 수준보다 많게 된다. 다시 말해, 사회적 관점에서 볼 때 과잉생산 되어 효율적인 자원배분에 실패하고 마는 것이다.

외부불경제의 사례로는, 공장의 폐수 방출, 자동차의 매연, 비행장의 소음, 고속도로의 교통체증 등 매우 많다. 따라서 공해 등 외부불경제가 초래하는 활동은 정부가 개입하여 이를 법적으로 규제하거나 세금 또는 벌금을 부과하여 그 활동이 사회적으로 적정수준에서 이루어질 수 있도록 하여야 한다.

공유지의 비극

공유지의 비극(Tragedy of the Commons)은 생물학자인 가렛 하딘(Garret Hardin, 1915-2003)이 1968년 과학 잡지인 사이언스에 실은 논문의 제목에서 유래된 용어이다. 지하자원, 초원, 공기, 호수에 있는 물고기와 같이 주인이 없는 모두의 공동 소유인 공유자원은 사회적 관점에서 볼 때 과다하게 사용돼 결국 고갈된다는 이야기이다. 공유자원은 공공재처럼 소비에서 배제성은 없지만 경합성은 가지고 있다. 즉 원하는 사람은 모두 아무 대가도 없이 사용할 수 있지만 한 사람이 공유자원을 사용하면 다른 사람이 사용에 제한을 받는다. 공유지의 비극은 외부효과 때문에 발생한다. 한 사람의 소떼가 공유지의 풀을 뜯어 먹으면 이는 다른 사람의 소떼가 먹을 풀의 양과 질을 떨어뜨린다. 공유지의 비극을 방지하려면 공유지의 소유권을 확립해야 한다. 그러면 자원을 낭비하는 일이 줄어든다.

도덕적 해이(moral hazard)

어떤 사람이 화재보험에 가입한 경우 보험가입자는 보험 계약 후에 보험 가입 전보다 화재예방을 위한 조치를 훨씬 더 느슨하게 한다. 그 이유는 화재가 발생하면 보험회사가 보상해주기 때문이다.

생명보험의 경우도 마찬가지다. 어떤 사람이 보험회사에 건강보험을 가입하려 한다고 해보자. 그 사람은 자신의 건강 상태와 병력 등에 대해 잘 알고 있는데 비해 보험회사는 그렇지 못하다. 즉, 정보가 비대칭적인 것이다. 보험 가입 후에도 가입자가 건강을 해치지 않기 위해 노력하는지 않는지 가입자 본인은 잘 알지만 역시 보험회사는 그렇지 못하다. 만약 가입자가 건강보험을 믿고 불규칙적이고 방탕한 생활을 하여 질병에 걸리더라도 보험회사는 이를 알지 못하기 때문에 보험금을 지불하지 않을 수 없다.

이와 같이 보험가입자의 상태와 행동을 보험회사가 알 수 없고(즉, 정보가 비대칭적이고), 가입자의 잘못임에도 보험회사가 보험금을 지불하게 되면 보험가입자는 건강에 대한 주의와 건강 증진을 위한 노력을 게을리 하기 마련이다. 이러한 현상을 도덕적 해이(moral hazard)라고 한다.

완전경쟁시장에서는 완전정보(perfect information)를 가정하지만 현실적으로는 각 경제주체들에게 정보는 완전하지 않고 불완전하다(imperfect information). 다시 말해, 경제주체들 사이에 어느 한 쪽은 충분한 정보를 갖고 있는 반면, 다른 한 쪽은 불충분한 정보 밖에 가지고 있지 못하다. 이를 정보의 비대칭성 혹은 비대칭적 정보(asymmetric information)라고 한다. 이런 경우 효율적 자원배분이 실현되지 못하여 시장의 실패가 발생한다.

자신의 행동을 다른 사람이 알지 못하고(즉, 정보가 비대칭적이고), 동시에 자신의 잘못에 대한 책임을 다른 사람이 대신 져줄 때 도덕적 해이는 불가피하다. 주인-대리인(principal-agent) 관계가 대표적인 예 중의 하나이다. 사람들은 모든 일을 본인(principal)이 직접 일을 할 수 없는 경우가 많으며, 그래서 대리인(agent)에게 일을 맡기게 된다. 이때 주인-대리인의 관계가 맺어진다. 소송의뢰인과 변호사,

주주와 경영자, 고용주와 근로자, 국민과 공무원의 관계가 그것이다. 일을 맡긴 사람을 주인(principal)이라 부르고 일을 위임받은 사람을 대리인(agent)이라 부른다. 소송의뢰인, 주주, 고용주, 국민은 주인이고, 변호사, 경영자, 근로자, 공무원은 대리인이다.

　주인 - 대리인의 관계에서의 도덕적 해이가 발생할 수밖에 없는 것을 소송의뢰인과 변호사 관계를 예로 들어 살펴보자. 소송의뢰인은 변호사가 자신을 위해 열심히 노력하는지 아닌지 알 수 없다. 또한, 변호사는 자신이 열심히 노력하지 않아서 소송에서 지더라도 그에 대해 책임지기 위해 수임료를 돌려줄 필요가 없다. 의뢰인이 자신이 노력했는지 않았는지를 알 수 없어 책임 추궁을 하지 않기 때문이다. 그래서 변호사들은 사건을 맡으면 소송에서 반드시 이기기 위해 최선을 다해 노력하지 않고 게을리 하기 쉽다. 즉, 대리인의 도덕적 해이가 발생하는 것이다. 주주와 경영자 사이에서도 경영자는 주주보다 자신의 이익을 더 추구하고 주주를 위한 노력을 게을리 하기 쉽다. 국민과 공무원 사이에서도 마찬가지이다. 공무원이 국민을 위해 최선을 다하지 않기 쉽다.

　위에서 본 것처럼 정보가 비대칭적일 때는 도덕적 해이 현상이 발생하기 쉽다. 그로 인해 사회적으로 낭비와 손실(즉, 비효율)이 발생하여 자원배분이 비효율적이게 된다. 예컨대, 건강보험에서는 도덕적 해이로 인해 의료비 지출이 과다하게 된다. 다시 말해, 의료비 지출에 배분되지 않아도 될 자원이 의료비 쪽에 배분되는 것이다. 화재보험에서도 화재 예방 주의와 노력의 소홀로 인해 손실이 커지게 된다.

주인-대리인 관계에서의 대리인의 도덕적 해이로 인해서 역시 사회적으로 낭비와 손실이 발생하게 된다.

이처럼 정보의 비대칭성이 중요한 문제가 되는 이유는 사회적 비효율이 초래되기 때문이다. 따라서 정보가 비대칭적일 때 정보를 투명하게 하고 계약을 정직하고 성실하게 이행하는 사람이 이득을 보도록 유인 체제를 갖출 필요가 있다. 보험시장의 경우 자기부담제, 공동부담제, 실업보험의 지급률과 지급 기간의 제한 등이 유인 체제의 예이며, 또한 주인-대리인 관계의 경우는 변호사 성공보수제, 경영자의 스톡옵션(sock option)제, 노동자와 공무원의 성과급제 등이 그 예이다.

경제위기, 본질은 '오만과 도덕적 해이'

'작은 정부와 마켓프랜들리(시장친화)정책'으로 요약되는 레이거니즘(Reaganism)과 대처리즘(Thatcherism)은 1970년대 불황의 늪에 빠져 있던 미국과 영국 경제를 부활시켜 장기 성장의 기틀을 마련했다. 이로써 소련과 유럽의 공산권이 붕괴되면서 이제는 사회주의 계획경제(planned economy)라는 용어도 생소하게 되었다. 이렇게 세계 경제에 공헌이 큰 레이거니즘과 대처리즘이 이제는 글로벌 금융위기의 주범으로 몰릴 처지가 되었다. 미국 무주택자들의 꿈을 위해 추진된 부동산·금리정책이 서브프라임모기지(비우량주택담보대출) 사태를 몰고 왔고, 신자유주의의 빅뱅(Bigbang)과도 같은 규제철폐가 월가의 투자은행(IB)들을 도덕적 해이에 빠지게 해 오늘날 금융위기를 일으켰다는 것이다.

벌써 유럽의 좌파들은 "지금의 위기는 앵글로색슨 타입의 고삐 풀린 시장경제에 따른 필역적인 산물이며, 세계화는 경제 패권을 위한 그들의 가면이었다."고 공세를 펴기 시작했다. 사르코지 프랑스 대통령조차도 이제까지의 색깔을 바꾸어 자유방임(Laissez-Faire)의 시대는 끝났다는 좌파들이 주장에 합세하고 있다.

세계적 경제위기를 맞아 다양한 주장이나 예측들이 나오는 것은 당연하다. 경제학 자체가 당대의 주요 현안인 새로운 처방들을 제시하면서 발전해 왔다. 공급 과잉으로 촉발된 세계 대공황(1929) 이후 재정 지출 등 정부의 시장 개입을 강조한 케인스주의자(Keynesian)들이나 1960년대 중반 이후 통화조절을 통한 안정을 강조한 화폐주의자(Monetarist)들이 대표적 사례다.

하지만 이번의 금융위기를 빌미로 시장경제를 불신하거나 특히 그동안 고개를 숙여 왔던 좌파들의 목소리가 커지는 상황은 경계해야 한다.

자칫 세계 경제의 물줄기가 다시 역행하는 대혼돈의 시기로 빠져들 위험이 있기 때문이다.

과거에도 대공황 이후 케인스주의자의 가면을 쓴 좌파들이 이전까지의 자유방임적 시장경제를 뒤엎은 적이 있고, 영국에선 강성노조와 스태그플레이션으로 요약되는 이른바 '영국병'이 40여 년간 만연했던 적도 있었다.

지금의 금융위기는 자유방임에 기초한 시장경제의 본질이 문제라기보다는 '자유 시장에 대한 지나친 오만과 도덕적 해이'에서 비롯된 것이다. 연장(시장경제)을 잘못 사용한 것이지 연장 자체에 문제가 있었던 것은 아니다.

미국 정부는 주택시장 버블과 투자은행의 파생상품에 대한 위험 경고가 수없이 있었던 데도 '규제'라는 말을 아예 바보 취급해 온 사람(그린스펀)에게 미국의 중앙은행(FRB) 수장 자리를 무려 20년간이나 맡기지 않았던가.

이번 금융위기에도 불구하고 역사적으로 경제 주체의 자유를 최대한 보장해 온 시장경제의 세계화의 물결은 결코 뒷걸음질치지 않을 것이다.

앞으로 세계 금융시장에선 증권시장 등을 통한 직접금융이 더욱 요구될 것이고 투자은행들의 역할은 보다 건전한 방법으로 살아 날 수밖에 없다. 유럽과 미국의 은행 국유화도 부실 은행들이 정상화된다면 언제라도 민간에 매각하는 전통적인 부실 처리 기법이니 사회주의 처방이라 할 수 없다.

필자도 국제금융기구의 뱅커(banker)로서 1998년 금융위기로 파산위기에 놓인 러시아 은행들이 이 같은 금융지원을 해서 3-4배의 수익을 올려준 경험이 있다.

이명박 정부의 '작은 정부와 비즈니스 프랜들리' 정책 기조 역시 후퇴하거나 머뭇거릴 이유가 없다.

> 그것은 세계 경제의 큰 흐름에 부합하는 것이고, 한국경제의 미래를 위해 잠시라도 멈춰선 안 될 동력이 돼야 하기 때문이다. 금융위기라는 상황을 맞아 정부가 불가피하게 시장 개입을 하더라도 시장 경제의 기본원칙을 지키면서 약속한 MB노믹스의 계획들을 차질 없이 진행시켜야 된다. 다만 버블이 심한 금융 부문에 대한 규제 철폐는 신중하게 접근할 것을 주문한다.
>
> (조선일보, 2008. 10. 17, 민충기/전 유럽부흥개발은행 수석이코노미스트&뱅커)

5장

정부의 실패와 조절 정책

· 현대 경제와 정부의 역할

　우리는 일정한 조건하에서는 시장기능을 통한 자원배분이 높은 수준의 경제적 후생을 보장함을 앞에서 보아왔다. 역사적으로 시장경제가 효율적이라는 관념은 그 근원을 애덤 스미스(Adam Smith)에 두고 있으며, 그 관념은 경제에 대한 정부개입의 필요성 여부를 따지는 논쟁에서 매우 중대한 역할을 담당하여 왔다. 이와는 달리 자원배분 기준에 있어서 효율성도 물론 중요하지만 효율성만이 경제적 성과를 따지는 전부는 아닌 것이다. 효율성은 사회구성원 사이의 경제적 복지(well-being)나 후생(welfare)의 분배가 공평(equitable)하거나 공정(fair)하다는 것을 보장하지는 않기 때문이다. 이러한 효율성(efficiency)과 공정성(fairness)은 정부가 시장경제에 개입하는 중요한 이론적 근거가 된다.

　현대 경제에서 정부는 광범위한 역할을 수행한다. 즉 정부는 과세, 지출, 차입 및 규제 등의 강력한 정책수단을 통해서 모든 개인과 기업의 다양한 경제활동에 큰 영향을 주고 있다. 이와 같이 경제에 대한 정부관여가 증대함에 따라 일반대중이나 경제학자들 사이에 정부관여의 적정범위를 둘러싸고 대논쟁이 벌어지게 된 것은 결코 놀라운 일이 아니다.

현대 자본주의 국가의 국민경제는 민간부문과 공공부문이 병존하는 혼합경제체제로 특징 지워진다. 민간부문의 주체는 가계와 기업이고, 공공부문의 주체는 정부와 정부의 통제 하에 있는 공기업이다. 자본주의 시장경제 체제에 있어서 자원의 배분은 가격기구를 중심으로 소비자와 생산자들 사이의 자발적인 교환과 경쟁을 통하여 이루어진다. 그러므로 시장가격기구가 경쟁적인 상태로 운영되는 한, 그리고 몇 가지 전제조건이 충족되는 한, 효율적인 자원배분은 달성될 수 있다.

시장경제의 장점으로는, 첫째 생산될 상품의 종류, 생산방법 및 분배와 관련한 생산자와 소비자의 이해관계와 수급조건의 변화가 자동적으로 조정된다는 점, 둘째 각종 경제문제의 해결에 있어 인간에 의한 인간의 통제를 배제한다는 점, 셋째, 소비자가 원하는 상품을 최소의 비용으로 생산하도록 보장한다는 점, 넷째, 수급불균형이 자동적으로 교정되는 점 등을 들 수 있다.

완전경쟁을 토대로 하는 자유시장제도는 위에서 언급한 여러 가지 장점을 가지고 있으나, 현실의 시장제도는 완전한 시장제도와 큰 차이를 보이고 있다. 따라서 오늘날 국민생산물의 상당부문이 정부나 공기업에 의해서 직접 생산·제공되어 공공욕구를 충족시키고 있는 현상 자체가 시장기구만에 의한 경제문제의 해결에 어려운 점이 있다는 것을 단적으로 나타낸다.

> **이제부터 '정부의 실패'가 더 무섭고 두려워진다**
>
> 정치꾼과 사익 앞세운 관료가
> 정책 주도할 때 '정부의 실패'
> 정책 성과 없는 이유 따져봐야
> 정부 아닌 시장에 정책 중심을
>
> 이론적으로 보이지 않는 시장의 손이 본연의 기능인 효율적인 자원배분을 하지 못하는 경우를 '시장의 실패'라고 부른다. 시장이 규모의 경제와 정부의 인허가 요인(각종 규제 포함)으로 독과점 구조로 바뀌거나 완전경쟁시장이라도 외부 효과, 공공재, 불확실성이 존재할 때 시장의 실패가 발생한다.
> 한 나라 경제가 이 상황에 빠지면 정부가 보이는 손을 갖고 불완전한 시장 기능을 보완한다. 정부의 보이는 손이 완전한가에 대해서는 한마디로 답할 수 없지만 각종 정책이 추진되는 과정에서 보면 '정부의 실패', 즉 정부에 의한 자원배분의 비효율성과 불공정한 현상도 자주 목격된다.
> 정부의 실패가 생기는 것은 무엇보다 정책결정이 '정치가(statesman)'가 아니라 '정치꾼(politician)'에 의해 주도되는 경우가 많기 때문이다. 다음 세대와 국민을 생각하는 정치가가 아니라 다음 선거와 자신의 자리만을 연연하는 정치꾼은 의사를 결정할 때 개인적인 야심이나 이해관계를 우선적으로 따져 자원의 효율적인 배분과는 거리가 멀다.
> 정치꾼보다 더 문제가 되는 것은 관료 조직이다. 모든 공직자가 공익에 충실하다고 볼 수 없다. 공직자도 사람이기 때문에 사익

을 공익보다 앞세우게 되고, 이 경우 올바른 의사결정이 어렵게 된다. 특정 지역의 부동산 대책을 강구하는 공직자가 해당 지역에 살 경우 자신의 재산 가치를 떨어뜨릴 수 있는 근본적인 대책을 내놓기란 힘들다.

시장실패의 원인으로 가장 먼저 꼽는 것이 소득분배의 불공평이다. 계층 간 소득 불균형이 심해지면 정부 개입과 재분배 정책이 필요하다는 논리와 주장이 힘을 얻는다. 재분배 정책의 취지는 '있는 계층'을 대상으로 세금을 거둬 '없는 계층' 소득으로 이전하는 것이지만 실제로는 집권당의 지지층을 옹호하는 쪽으로 결정되는 경우가 많다.

또 하나 시장실패의 원인으로 꼽히는 불완전한 정보도 정부에 그대로 적용된다. 정부에서 문제가 되는 불완전한 정보는 크게 두 가지다. 하나는 경제주체 간 비대칭성이다. 현 정부처럼 정책 결정과 집행이 '넌 개혁 대상, 칼자루는 내가' 식의 이분법적 구도에서 이뤄지면 더 심해진다. 다른 하나는 미래에 대한 불확실성이다.

뒤늦게 부산을 떨고 있는 현 정부의 경기대책이 대표적인 예다. 대다수 국민은 외환위기보다 더 어렵다고 느끼고 있는데 '미·중 간 마찰이 타결될 것이라는 잘못된 정보'로 대통령과 경제 각료, 심지어는 더불어민주당 국회의원까지 경기를 낙관해왔다. 경제정책은 '타이밍'이 중요하다. 늦어지면 늦어질수록 정부의 실패 비용은 기하급수적으로 늘어난다.

정부 정책의 성공 여부는 경제 주체가 어떻게 반응하느냐에 따라 다르다. 정부가 아무리 좋은 정책을 내놓는다 하더라도 경제 주체가 적극적으로 반응하지 않으면 실패하기 마련이다. '버티면 정부가 다 알아서 해주는데 왜 지금 할 필요가 있느냐' 식의 도덕적 해이는 현 정부에 부담이 되는 사례가 점점 많아질 것으로 예상된다.

정부의 실패가 있다고 정부가 시장에 전혀 개입하지 말라는 것은 아니다. 정부 개입 비용이 시장실패 비용보다 적으면 정부 개입은 정당화될 수 있다. 반대로 시장실패 비용이 정부 개입비용보다 적다면 설령 시장실패가 있다 하더라도 정부가 나서는 것은 바람직하지 않다.

다른 어느 경제 주체보다 정부와 국회가 처신하기 어렵고 관료와 국회의원이 국민의 공복(公僕)이 돼야 하는 것도 이 때문이다. 분명한 것은 선진국일수록 자원 배분에 있어서는 '보이는 손'보다 '보이지 않는 손'을 더 중시하고, 시장과 정부 간 관계는 '작은 정부'를 지향한다는 점이다.

요즘 정책이 제대로 추진되지 않는다는 비판이 많다. 집권 후반기로 갈수록 더 심해질 가능성이 높다. 현 정부 출범 이후 주력해 왔던 '있는 계층을 억제하고 없는 계층을 보호한다'는 명목하에 추진해온 정책이 오히려 없는 계층으로부터 외면당하는 경우가 나타나고 있다. 더 심해지면 지지층에도 외면당하는 총체적인 정부의 실패로 연결된다.

현 정부는 지금까지 추진해온 정책이 왜 성과를 못 내고 있는지 따져볼 필요가 있다. 지난 주말 청와대 두 경제정책 책임자가 교체된 것이 이런 각도에서 이뤄졌다면 마지막 희망을 걸어볼 수 있지만 다른 목적에서 단행됐다면 총체적인 정부의 실패로 연결될 수 있다는 점을 명심해야 한다. 모든 경제 정책의 기본은 '정부'보다 '시장' 중심으로 이뤄져야 한다.

(한국경제신문, 「한상춘의 국제경제읽기」, "이제부터 '정부의 실패'가 더 무섭고 두려워진다", 2019. 6. 24)

· **정부실패의 뜻**

　현대의 복지국가는 국민경제에 대한 조정자로서의 역할 때문에 대체적으로 큰 정부를 지향하고 있다. 이 경우 정부의 국민경제에 대한 깊은 개입은 정부통제의 비용 수반과 정책결정과정의 속성 때문에 경제적 효율성의 저하를 초래하는데 이를 정부의 실패(government failure)라고 한다. 예를 들어 시장의 실패로 2억 원의 외부성이 발생하는 경우 정부의 효율적인 개입으로 이것을 모두 제거한다면, 이로 인하여 사회에 돌아가는 사회적 편익은 우선 2억 원이라 할 수 있다. 그러나 그렇게 하는 데 소요된 정부의 통제비용이 그보다 훨씬 더 많은 4억 원이 될 수도 있다. 그럴 때는 정부개입의 비용이 사회적 편익을 초과하게 되므로 사회 전체적으로 보면 효율적이지 못하다.

　그런데 정부개입은 그에 따른 사회적 편익이 크다고 하여 반드시 좋고, 반대로 적다고 하여 반드시 나쁜 것은 아니다. 중요한 것은 그에 따른 사회적 편익과 사회적 비용을 동시에 고려하여 사회적 편익(social benefit)이 사회적 비용(social cost)을 초과하는가의 여부이다. 즉 사회적 편익에서 사회적 비용을 뺀 순사회적 편익(net social benefit)이 영(0)보다 커야 되는 것이다. 이를 위한 경제적 분석방법은 비용편익분석(cost-benefit, analysis)이 주로 원용된다. 비용편익분석은 사회자본에 관한 투자기준을 마련하기 위해 고안된 분석용구의 하나이다. 민간투자의 경우에는 얻어지는 이익이 판매수익인 화폐액으로 나타나는데 비해 사회자본의 경우에는 이익이 판매수익을 나타내지 못하므로 한정된 자원을 효과적으로 활용하기 위해서는 이익을 비용과 비교할 수 있도록 화폐단위로 환원해야 한다는 문제가 생긴다. 예컨대 정부 또는 공공단체가 수자원 개발을 위해 댐을 건설할 때 몇 가지 계획안을 놓고 각각의 경우의 비용과 이익의 양면을 비교·검토하여 그 중 가장 유리한 계획안을 채택하는 것과 같은 방식이다.

정부의 실패란 정부의 각종 정책이나 규제활동의 결함으로 원래의 정책목표나 규제목표의 달성에 실패함을 의미하는 것으로서, 정부의 지나친 개입에 의하여 초래되는 적정수준 이상의 물가앙등, 높은 실업률 등의 거시적 시장실패를 포함하는 개념이다. 정부실패의 구체적인 원인으로는 규제자의 불완전한 지식과 정보, 규제수단의 비효율성 또는 불완전성, 규제의 경직성, 정치의 제약조건, 근시안적 규제의 가능성, 규제자의 개인적 목표나 편견의 영향 등을 들 수 있다.

이러한 정부실패가 본격적으로 등장한 것은 1970년대말로, 케인즈주의에 입각한 정부의 경제정책이 한계를 드러내면서부터이다.

· 정부실패의 원인과 대책

독점으로서의 정부기구

독점적 성격을 지닌 정부기구는 정부실패의 원인이다. 정부규제(government regulation)란 시장 또는 민간영역에 대한 정부의 개입(intervention), 관여, 간섭, 조정, 통제, 유도 등을 말한다. 정부규제는 현대적 정부가 성립된 이래로 정부가 갖는 중요한 역할로서 인식되어 왔다. 각종 정부기구는 국민에게 공적서비스를 공급함에 있어서 독점적 위치에 있다. 그러므로 서비스 공급은 가급적 적게 하고 대가는 많이 받으려고 하는 독점기업과 비슷한 피해를 주기 쉽다. 독점기구에서 일하는 공무원들은 각종 규제를 까다롭게 하여 서비스를 적게 하고 가급적 천천히 함은 물론 자신의 책임도 회피하려고 한다. 또한 경쟁자가 없기 때문에 서비스 공급 비용을 자발적으로 적게 하려고 노력할 유인도 별로 없다. 또한 정부기구를 아무리 부실하게 운영하더라도 민간기업의 경우처럼 부도가 나는 일도 거의 없다. 이러한 문제를 방지하는 방안으로는 예산통제, 국정감사, 국민여론 등이 있다.

주인 - 대리인 문제(principal-agent problem)

주인 - 대리인 문제(principal-agent problem)는 대리인이 주인보다 더 많은 정보를 가짐으로써 대리인 본인의 이익을 위해서 행동하는 것을 말한다. 일반적으로 계약관계에서 권한을 위임한 사람을 주인(principal)이라고 부르고 권한을 위임받은 사람을 대리인(agent)이라고 부른다. 대리인이 사용자를 위해 일을 하지만, 적합하게 일을 수행하고 있는지 제대로 살펴볼 수 없을 때 발생한다. 이 경우 대리인의 도덕적 해이가 일어나기 쉽다. 주인이 대리인의 행동을 알 수 없기 때문에 대리인의 개인적 이익을 추구하면서 정직하지 못하거나 주인에게 바람직하지 못한 행위를 하는 것이다. 예를 들면, 주인이 국민을 위해서 봉사를 해야 할 공무원들(대리인)이 오히려 자신의 승진이나 소속 부서의 이해관계에 따라 행동하는 경우가 그 예이다.

민간기업에 있어서도 주인인 주주와 대리인인 경영자 사이의 목표 불일치, 정보비대칭성에 의한 대리인 비용(agent cost)으로 인해 동일한 문제가 발생한다. 대리인 비용(agency cost)이란 주인(principal)이 직접 일을 할 수 없을 경우 대리인(agent)에게 일을 위임할 수밖에 없는데, 이 경우 대리인이 주인과 다른 개인적 목표를 갖게 되어 주인의 뜻(의사)대로 일을 수행하지 않을 때 발생하는 비용을 말한다.

공기업의 경우 주인-대리인 문제가 더 심각해질 수 있다. 그 이유는 공기업의 주인인 국민은 주인으로서 행동하기 어렵기 때문이다. 불특정 다수가 주인이라는 사실은 주인이 없다는 의미일 수 있다. 주주에게 기업이 창출된 가치가 배당금이나 자본소득의 형태로 이전되는 사기업과는 달리, 공기업의 경우 경영효율성에 기초한 기업이익을 소유주인 모든 국민에게 배당하는 것이 가능하지 않다. 따라서 공기업의 소유자는 기업의 경영활동에 무관심할 수밖에 없다.

이들을 방지하기 위해서는 공무원들에 대해 그들의 일의 능률에 따라 보상을 지급하는 성과급제도, 예산통제, 국정감사 및 국민여론 등의 방안들이 있다.

지대 추구 행위(rent-seeking activity)

지대는 공급이 제한된 생산요소에 돌아가는 수익으로서, 이러한 지대 추구 행위(rent-seeking activity)는 생활의 곳곳에서 발견된다.

개인 택시업자들은 생존권 문제를 들어 당국에 개인택시의 증차를 강력히 요구하는데 이 경우가 바로 지대 추구 행위다. 개인택시업자들이 로비를 하여 서울시로 하여금 증차를 못하게 하면 기존 개인택시에는 권리금이 많이 붙으므로, 운전을 열심히 하여 돈을 벌기보다는 단체활동으로 이런 로비를 하면 큰돈을 벌 수 있게 되는 것이다.

또 서울 강남의 대형 유흥업소들이 로비를 통하여 정부로 하여금 신규업소 설립을 금지하게 하면 프리미엄이 붙는 경우도 마찬가지다.

이런 경우는 경제의 능률을 저하시키는 행위이므로 정부실패이다. 이 경우도 국정감사, 국민여론, 사업에 대한 투명성 확보가 좋은 방안이 될 수 있다.

불완전한 지식과 정보

불완전한 지식과 정보로 인한 정부실패의 경우다. '정부가 증시부양에 실패했다.' '부동산 투기를 잡지 못했다.' '통화량을 과대 혹은 과소 책정했다.' '국제수지 적자폭의 예측을 잘 하지 못했다.' 등은 정부의 정책에 관한 지식이나 정보가 정확하지 못함으로써 발생한 경우의 예들이다. 정부의 정책담당자에게 공공요금의 책정, 부동산 과표나 세율의 결정, 공해기준의 설정이나 효과의 측정 등에 대한 완전한 지식이나 정보를 기대하는 것이 무리인 경우 위와 같은 문제가 발생한다.

따라서 정부의 실패가 큰 국가에서는 정부의 규모나 기능을 가급적 줄이는 것이 바람직하다. 시장경제체제의 기틀을 마련한 애덤 스미스(Adam Smith)는 정부의 역할은 국방, 경쟁을 제한하는 독점의 규제, 화폐발행, 도량형 기준의 마련, 조세 그리고 경찰업무를 포함한 재판에 국한되어야 한다는 것이며, '작은 정부'(small government)를 주장했다. 밀턴 프리드만(M. Friedman)도 같은 맥락에서 정부의 기능을 게임의 규칙제정자 및 심판, 공해와 같은 외부성과 독과점의 규제자, 병자·노약자·극빈자 등을 돌보는 '가부장'으로서의 의무를 다하는 정부의 기능을 주창하고 있다. 특히 정부는 중복되는 행정기능의 합리적 조정, 지방정부에의 권한 위임, 인허가제도 정비, 금융자율화 등 여러 면에서 사심 없는 자세로 일해야 한다. 기득권의 포기가 없는 작은 정부는 말장난에 불과하다. 작고 효율적인 정부의 정립은 21세기 경제적 성공의 관건이다.

6장

사회적 기업과 조화

· 사회적 기업의 필요성

21세기 지구촌 시대는 양극화의 심화로 불평등 경제상황이 전개되고 있다. 전 세계 인구 중 21퍼센트가 가난 때문에 고통을 당하고 있고, 10억이 넘는 인구가 하루에 1달러 미만으로 살아가는 것으로 밝혀져 있다. 뿐만 아니라 중국이나 인도 같은 나라가 급진적으로 발전하고 있음에도 불구하고 세계적인 불평등은 확대되고 있다. 우리나라의 소득불평등 정도는 최근 30여 년 동안에 1980년대 이후 1990년대 초반까지는 개선되었다가, 그 후 다시 악화된 것으로 나타난다. 미국의 경우 상위 1%의 가구가 전체 소득의 20%를 차지하고 있는 것으로 파악되고 있으며, 많은 국가들이 10% 전후를 차지하는 것으로 나타난다. 양극화 심화에 대한 해소책은 무엇일까?

소득불평등 정도를 더욱 심화시킨 원인으로는, 첫째, 숙련을 우대하는 기술진보, 개방화, 그와 관련하여 선택한 제도와 정책들이 개인의 고용과 임금에 영향을 미쳐 소득불평등 정도를 더욱 심화시켰다.

교육격차가 기술격차를 가져오고, 그것으로 소득격차와 소득불평등 심화로 나타난다. 둘째, 고령화에 따른 핵가족화는 소득불평등을 더욱 심화시켰다. 고령화에 따른 핵가족화는 노인빈곤을 증가시켜 소득불평등 심화를 초래하였다. 고소득자끼리 결혼하는 현상의 증가도 소득불평등을 증가시킨다. 셋째, 급속한 서비스화는 소득불평등을 더욱 확대시켰다. IT화·자동화가 급속도로 진행되었기 때문에 고용의 증가를 동반하지 못하였다. 1990년대 초반부터 확대된 한국경제의 급속한 서비스화는 소득불평등의 주요 원인으로 작용한다. 정보격차가 소득격차를 가져온 것이다.

속담에 '의식이 족해야 예절을 안다', '먹고 입는 것이 충분해야 명예와 수치를 안다(衣食足則知榮辱)'에서 알 수 있듯이 사람은 배가 고프면 염치를 잊는다. 따라서 사람들에게 명예와 염치를 알게 하려면 무엇보다 먹고 입는 것부터 해결해야 한다. 그리하여 공자는 정치의 기본 요건으로 먹는 것을 풍족하게 하는 것[79]과 백성들을 잘살게 하는 것[80]을 강조했다. 또 맹자는 백성들이 살아갈 수 있는 일정한 재산 또는 생업이 없으면 변함이 없는 올바른 마음이 없게 된다[81], 백성의 도는 일정한 생업이 있으면 일정한 마음이 있고, 일정한 생업이 없으면 일정한 마음이 없을 것이다[82]. 훌륭한 임금은 백성의 생업을 설정하여주나 반드시 위로는 부모를 섬길 수 있게 하고, 아래로는 처자를 부양할 수 있게 하여, 풍년에는 종신토록 배부르게

---

79) 子貢問政 子曰 足食足兵信之矣,『論語』, <顔淵篇>.
80) 富之,『論語』, <子路篇>.
81) 無常産而無常心者也,『孟子』, <梁惠王 上>.
82) 民之爲道也 有恒産者 有恒心 無恒産者 無恒心,『孟子』, <騰文公 上>.

먹고 흉년에는 죽음을 면하게 하는 것이다83)라고 강조했다. 춘추전국시대 때 관자는 땅과 백성을 다스리는 사람은 사시사철의 변화를 잘 살펴서 곡식 관리에 힘써야 한다. 나라에 재정이 넉넉하면 다른 지역 사람들도 모이는 법이고, 개간할 토지가 풍부하면 백성들은 그곳에 머물기 마련이다. 창고에 곡식이 넉넉하면 예절을 아는 법이요, 먹고 입는 것이 충분하면 명예와 염치를 아는 법이다. 그리하여 윗사람이 법도를 지키면 한 집안 전체가 화합할 것이고, 예의와 염치가 행해지면 임금의 법령도 잘 실행될 것이다84)라고 하여 이들 모두는 민본(民本) 중심, 민치(民治) 중심의 상생경제관을 강조했다.

우리나라에서도 IMF 외환위기, 글로벌 금융위기, 유럽발 재정위기 등 경제구조의 변화 등에 따라 실업자가 증가하는 등 양극화가 더욱 심화되고 있다. 이에 따라 개인별 능력차가 아닌 사회구조의 변화에 따라 증가하는 빈곤, 실업, 노령 등의 위해요인에 대해서는 사회제도적 대처가 요구된다. 이에 따라 기초생활보장제도의 도입, 사회보험 급여 범위의 확대, 적극적 노동시장 정책 강화 등의 정책적 대응이 모색되기 시작하였다. 사회안전망(social safety net)이 그것이다. 이는 실업, 질병, 노령, 빈곤 등 사회적 위험으로부터 국민을 보호하

---

83) 明君制民之産 必使仰足以事父母 俯足以蓄妻子 樂歲終身飽 凶年免於死亡,『孟子』, <梁惠王 上>.
84) 기원전 7~8세기, 춘추시대 때 제나라 환공은 주나라 왕실을 도우며 제후들을 호령하였다. 환공이 패자(覇者)가 되도록 도와준 이가 바로 관중(管仲)이다. 현실적 정치가였던 관중은 경제를 중시했으며 인간의 예절과 염치도 경제적 기반 위에서 가능함을 역설하였다. 管仲,『管子』, <牧民篇>.

기 위한 제도적 장치로서 국민연금, 의료보험, 고용보험 및 산재보험 등 4대 사회보험과 공공부조 및 서비스, 긴급복지지원제도 등을 말한다. 다만 관점에 따라 노동시장 측면의 고용이 강조되거나, 시장경쟁에서 배제되거나 근로능력이 없는 계층에 대한 사회보장이 강조될 수 있다. 개인이 직장을 잃고 실업자가 된 뒤 다시 직장을 얻으려고 노력하는 대신 노숙자 같은 사회적 무기력층이 되는 것을 막기 위한 최소한 생계유지의 마련, 경제 구조조정으로 불가피하게 발생한 실업자들에 대한 공공 일자리의 제공 및 생계비 보조 대책 등의 마련은 정부의 필수 과제다.

이와 같은 사회후생의 극대화 방안은 타인의 효용을 감소시키지 않은 채 사회적 후생을 증대시킬 수 있으므로 파레토 효율(Pareto efficiency) 원리에 합치되어 파레토 최적(Pareto optimum)에 도달할 수 있다. 이러한 접근 방법은 호크만-로저스(H. M. Hochman and J. D. Rodgers)에 의해 시도되었다.[85]

· **사회적 기업의 의의**

사회적 기업 육성법 제2조에 따르면 사회적 기업이란 취약계층에게 사회서비스 또는 일자리를 제공하거나 지역주민의 삶의 질을 높이는 등의 사회적 목적을 추구하면서 재화 및 서비스의 생산·판매

---

[85] H. M. Hochman and J. D. Rodgers, Hochman, H. M., and Rodgers, J. D., "Pareto optimal redistribution," *The American Economic Review*, 59. (1969, September), pp. 542~557.

등 영업활동을 수행하여 이익을 추구하는 기업이다. 이는 빵을 팔기 위해 고용하는 것이 아니라 고용하기 위해 빵을 파는 기업이라 할 수 있으며, 비영리 조직과 영리기업의 중간 형태라고 할 수 있다. 취약계층을 위한 일자리 창출과 사회복지서비스의 제공을 목표로 추진되는 사회적 기업은 일자리 확대사업을 제도화하고 영리추구의 목적도 달성하는 지속가능한 기업이다. 고용노동부에 따르면 사회적기업은 비영리조직과 영리조직의 중간 개념으로 비영리조직의 '사회적 가치 실현'이라는 목적을 영리기업의 '경제활동'이라는 수단을 통해 달성하는 기업으로 정의할 수 있다. 그런 측면에서, 지속가능한 일자리 제공, 사회서비스에 대한 수요 충족, 지역사회 통합 및 지역경제 활성화에 기여, 윤리적 소비시장 확산을 사회적기업의 주요 역할이라고 할 수 있다.[86]

각 사회마다 정부 재정지원 비율이 서로 다름에도 불구하고 사회적 기업의 재정구조는 유사하다. 설립초기엔 정부의 보조금이나 서비스계약을 통한 지원이 재정적 원천의 주를 이루다가 안정기에 접어들면서 자생력을 얻어 정부의 보조금을 대출금형태로 전환한다.[87] 최근 사회적 기업이 주목받게 된 것은 사회적 가치 창출에 대한 시장의 실패와 정부실패의 대안으로 급부상했기 때문이다. 이는 취약계층에 대한 일자리 창출과 사회서비스 제공이라는 사회적 목적 실현을 영리적·사업적인 수단을 통해 동시에 달성할 수 있을 것이라는 것, 즉 공익성과 영리성이라는 상충적인 가치가 상호 보완·절충되어

---

86) 고용노동부, 사회적 기업 인증 업무매뉴얼, 1-421, 2015. 7. 11.
87) 정무성 외, 『사회적기업과 사회서비스』, 서울: 공동체, 2011. p. 84.

시장과 정부가 완벽하게 해결할 수 없었던 사회문제에 대해 효율적으로 해결할 것이라는 기대와 전망 때문이다.[88)]

사회적 기업은 제3섹터(Third Sector)[89)]으로 불리어지는 사회적 경제에 의한 새로운 기업 형태로써, 이윤을 추구하는 기업의 특성과 공공성을 우선시하는 사회적 특성을 모두 포함하고 있으며, 이에 대하여 경제적·사회적 차원의 기준을 요약 정리하면 <표 6-1>과 같다.

---

88) 홍석빈, "사회적 기업의 지속 가능성", LG Business Insight, 2009 5/6, pp. 41-50.
89) 사회에 존재하는 활동 영역을 구분할 때 제1섹터(정부: 공공영역)와 제2섹터(기업: 영리영역) 외에 제3섹터(비영리영역)로 구분한다. 제3섹터는 비영리단체(Non-Profit Organization, NPO)로서, 정부나 기업을 제외한 모든 기구나 단체, 집단이나 조직 또는 결사체 등을 포함하는 포괄적 개념으로 비영리, 공익적 가치를 추구하기 위해 자발적으로 구성한 단체 또는 조직을 말한다. 제3섹터의 일자리 증가는 세계적인 추세이다. 미국은 비영리부문 조직수가 190만개 이상이고, 미국 전체 고용인원의 7.2%를 차지하며, 940만 명이 비영리영역에서 일하고 있다. 영국에는 약 6만2천여 개의 사회적 기업이 있으며, 294만 명을 고용하고 있다. 전체 고용인원의 12.5%를 차지한다. 영국정부는 영국 국내총생산의 28%가 제3섹터에서 이루질 것으로 예측해 'Office of the Third Sector'라는 정부기구를 설립하였다.

<표 6-1> 사회적 기업의 경제적·사회적 기준

사회적 차원	
(1) 지역사회 이익을 명시적으로 추구	사회적 기업의 주된 목표 중 하나는 지역사회나 특정 그룹의 사람들에게 봉사하는 것. 결국 지역 수준의 사회적 책임감을 촉진시킴.
(2) 주민들의 자발적 참여 동반	사회적 기업은 지역사회나 특정한 목표를 공유하는 그룹에 속하는 사람들의 자발적이고 역동적인 참여 결과
(3) 이해관계자에 의한 의사결정구조	주식회사 형태의 일반적인 기업과는 달리 사회적 기업은 다양한 이해관계자들에 의한 의사결정구조를 지님.
(4) 제한적인 이윤 분배	배당 등의 이익분배가 제한적이며, 이윤의 일정 부분 이상을 재투자하거나 사회적 목적성을 지닌 활동에 투자
경제적 차원	
(1) 경제 활동의 영위	정통적인 비영리기관과는 달리 자선사업이나 이익의 재분배만을 주된 목적으로 하지 않으며, 지속가능한 제품의 생산과 서비스제공에 주력, 이러한 영리활동이 사회적 기업을 지속가능하게 하는 근거로 작용
(2) 높은 수준의 자율성 확보	자율적 계획 하에 자발적으로 참여하는 사람들과 조직에 의해 생성. 일부분은 공공보조금에 의존하지만, 정부나 여타 기관의 직·간접적 통제는 받지 않음
(3) 높은 경제적 위험 내재	사회적 기업의 재원은 회원들과 근로자에 의존하므로 사업 시작 시기에 경제적 위험이 동반됨
(4) 최소한의 유급노동자를 요구	비영리기관과 마찬가지로 사회적 기업은 재정·비재정적인 자원, 자원봉사인력과 유급인력을 모두 활용. 사회적 기업에서 수행되는 활동은 최소한의 유급인력만을 요구

원자료 : Borzaga·Defourney(2001), The Emergence of Social Enterprise.
출처 : 박철훈, "사회적 기업의 이해: 기원과 목적 및 경영성과", 『2011년 (예비)사회적 기업 시·군 업무담당 공무원 교육자료집』, 경상북도, 2011.8, p. 5.

사회적 기업의 인증요건으로는 첫째, 조직형태면에서 민법상 법인·조합·상법상 회사 또는 비영리민간단체 등 대통령이 정하는 조직형태를 갖추어야 한다(사회적 기업 육성법 제8조). 둘째, 유급근로자를 고용하여 재화와 서비스의 생산·판매 등 영업활동을 수행하여야 한다. 셋째, 취약계층에게 일자리나 사회서비스를 제공하는 등 조직의 주된 목적이 사회적 목적의 실현이어야 한다. 전체 근로자 중 취약계층을 30% 이상 채용하거나 전체 서비스의 30% 이상을 취약계층에게 제공하고, 이윤의 2/3이상을 사회적 목적에 사용하여야 한다. 여기서 취약계층이란 자신에게 필요한 사회서비스를 시장가격으로 구매하는 데에 어려움이 있거나 통상적인 조건에서 취업이 특히 곤란한 계층으로, 실제 소득이 전 국민가구 월평균 소득의 60% 이하인 계층, 고령자, 장애인, 성매매 피해 여성, 장기실업자 등 고용노동부 장관이 취업 상황 등을 고려하여 인정한 자를 말한다. 넷째, 서비스 수혜자, 근로자 등 다양한 이해관계자가 참여하는 의사결정구조를 갖추어야 한다. 의사결정의 구조는 총회, 주주총회, 이사회, 운영위원회/운영협의회 등이 있다. 다섯째, 인증 신청일의 직전 월 기준으로 해당년도 동안에 영업활동을 통한 총수입이 해당조직에서 지출되는 총 노무비의 100분의 30(30%) 이상이어야 한다. 영업활동은 최소한 6개월 이상 영위하여야 신청이 가능하다. 여섯째, 해당기관의 정관이나 규약 속에 사회적 기업육성법 제9조에서 정한 기재사항 10가지가 반드시 포함되어야 한다(법 제8조 제1항 6호). 일곱째, 회계연도별로 배분 가능한 이윤이 발생한 경우, 이윤의 3분의 2 이상을 사회적 목적을 위해 재투자하여야 한다(정관상 명시). 고용노동부에서는 이상에서 제시한 조직형태, 유급근로자를 고용한 최소한의 수익성, 사회적 목적 실현, 취약계층의 고용비율이나 사회서비스 제공, 다양한 이해관계자가 참여하는 민주적인 의사결정구조, 정관과 규약, 이윤의 사회적 목적 재투자 등의 인증요건을 고려하여 심사한 후 '사회적 기업'을 인증·지원하고 있다.

2018년 말 현재 사회적 경제 기업은 2만4893개, 취업자는 25만 5541명이다. 사회적 기업 근로자 가운데 60% 이상이 취약계층일 정도로 사회적 경제는 일자리 증가에도 기여하고 있다.[90]

오늘날 우리 사회는 급속하게 고령화 사회로 진입하고 있으며 고령화에 따라 사회서비스에 대한 수요는 꾸준하게 증가하고 있으나, 사회서비스는 이를 뒷받침하기에 대단히 부족하다. 그러므로 고령화 사회에 대비하여 사회서비스를 확충하고, 사회서비스 확충을 위한 일자리를 창출 하는 것은 동반성장·공정사회의 시대정신과도 적극 부합하며, 이것은 사회적 기업의 목적이자 역할이다. 이처럼 사회적 기업은 부족한 사회서비스 공급확대를 위하여 고용창출 방안을 모색하고 수익을 창출하여 사회적 목적에 맞게 재투자함으로써 공공성과 수익성의 상충적 가치를 동시에 추구하는 데 큰 의미를 두고 있다.

---

90) 에너지경제, 2019. 7. 5.

· **사회적 기업의 성공 사례**

   무함마드 유누스의 마이크로 크레딧의 사례

   2006년 노벨 평화상을 받으며 세계적인 주목을 받은 방글라데시 그라민 은행 총재 무함마드 유누스(Muhammad Yunus)가 주인공이다. 유누스는 가난한 시골마을의 빈곤이 초래하는 비극 속에서 어마어마한 사회적 기회와 사회적 기업 활동의 씨앗을 발견하였으며 이후 전 세계가 빈곤 구제를 이해하는 방법을 크게 바꿔놓았다. 그는 1976년 그라민 은행을 만들어 최초로 무담보 소액 대출인 마이크로 크레딧(Micro Credit)[91]을 실시했다. 30여 년 동안 지금 무려 600만 명이 넘는 극빈층이 그라민 은행에서 대출을 받았고, 그 중 절반 이상이 자립에 성공하였으며, 대출된 돈 역시 거의 100%가 그라민 은행으로 돌아왔다. 그의 성공으로 담보나 보증이 없는 가난한 사람에게는 돈을 빌려줄 수 없다는 금융권의 상식이 깨졌다. 그는 이 성공을 바탕으로 사회적 기업의 범위를 보다 넓히고 있다. 이 사회적 기업은 무

---

91) 이와 유사한 제도로 사회적 기업에 투자하는 펀드와 저소득층을 위한 소액신용대출을 포괄하는 것으로 임팩트 금융(Impact Finance)이 있다. 이는 재무적인 수익뿐 아니라 긍정적인 사회적 영향력을 동시에 추구하는 금융이다. 펀드를 조성하는 사회적 기업에 투자하는 것이 주를 이룬다. 영국은 아예 정부 주도로 임팩트 금융 전문기관을 설립했다. 2011년 7월말 설립된 '빅 소사이어티 캐피털(Big Society Capital)'이 그것이다. 데이비드 캐머런 총리가 야심차게 추진한 이 기구는 사회적 기업과 자선단체에 대한 투자를 맡는다. 10억 파운드(약 1조7000억 원)의 재원은 은행출자와 휴면예금, 복권기금에서 충당하기로 했다(중앙일보, 2011.9.8). 우리나라에도 초기 단계의 임팩트 금융이 있으며, 미소금융이 그 대표적인 예다.

함마드 유누스가 가장 먼저 시도한 그라민 은행과 2006년 프랑스 대기업 다농과 함께 만든 그라민 다농의 성공담으로써, 이 기업의 성공 요인은 인간의 또 다른 본성인 배려를 통해 사회 문제에 대한 해결이 가능하다는 것이다.[92]

유누스는 인간의 에너지와 창의성을 발현하는 것이 빈곤문제를 해결하는 답이라고 생각하고, 이러한 에너지와 창의성을 보여주는 것은 상대적으로 적은 액수의 돈으로도 가능함을 확신했다. 무함마드 유누스는 1976년, 무담보 소액대출로 방글라데시 지역 빈민들을 돕는 그라민 은행을 만들었다. 그라민 은행은 자리를 잘 잡았고, 그는 이를 바탕으로 25개의 사회적 기업들을 만들었다. 유누스가 사회적 기업을 만든 이유는 '부의 크기는 확대시키지만 그로 인해 발생하는 소수의 극심한 빈곤을 무심히 바라만 보는' 자본주의의 문제점에 주목한 데서 비롯됐다. 그는 '자본주의가 인간을 오직 최대 수익에만 집중하는 일차원적인 존재로 여기기 때문'이라고 문제의 원인을 짚는다. 그렇기에 기업가나 투자자가 주변을 돌아볼 시간도 없이 최대 수익에만 집중하게 되고, 빈곤한 사람들의 삶이 악화돼도 남의 일로 여기게 된다는 것이다. 결국 그는 '인간의 다양한 본성을 발현하자'는 제안을 한다. 그래야 이익 추구가 아니라 사회적 혜택이라는 다른 목표를 추구하는 기업가들도 나올 것이고, 이를 지지하는 투자자나 소비자들도

---

92) Yunus, Muhammad(2003), *Banker to the Poor: Micro-lending and the Battle Against World Poverty*, New York: Public Affairs. Bornstein, David(2005), *The Price of a Dream: The Story of the Grameen Bank*, University of Chicago Press.

나올 수 있다는 것이다.[93]

그라민 은행은 변화를 이끌어 냄으로써 성공했다. 유누스는 1972년 미국에서 조교생활을 하다 방글라데시의 독립을 위해 귀국했다. 그리고 시작한 일이 치타공대경제학과 학과장이었다. 그는 학생들을 가르치는 일에 재미도 느꼈고, 학자로서의 꿈도 가지고 있었다. 그러나 1974년과 1975년 자연재해를 동반한 기근이 그를 학교에서 끄집어냈다. 경제 이론만 가지고 기근을 떨칠 수 없다고 생각해 직접 가난한 사람들을 만나게 된 것이다. 사실 그도 처음에 가난은 게으르고 일을 잘못하기 때문에 생기는 것이라고 생각했지만 밤낮을 가리지 않고 일하는 여성 일용노동자 '수피야 베굼'이 가난의 굴레에서 헤어나지 못하는 모습을 보고 생각을 바꾸게 된다. 그녀는 당장 입에 풀칠을 하기 위해 고리대금업자에게 푼돈을 빌렸다가 그 대가로 모든 노동력과 그 결과물을 빼앗기고 있었다. 가난한 사람을 돕는데 드는 비용이 수십억 달러가 아니라 단돈 몇 달러라는 사실은 그에게 큰 충격이었다. 유누스는 이러한 문제를 해결하기 위해 여러 은행을 찾아가 빈민들에게 작은 돈을 빌려주자고 설득했지만 은행은 꿈쩍하지 않았고, 결국 자신이 직접 그런 은행을 만들기로 결심했다. 세계 극빈층들의 유사한 충격은 빌 게이츠로 하여금 창조적 자본주의 주창하게 만들었다.

유누스는 학자로서의 안락하고 보장된 삶을 버리고 아무도 가지 않은 길을 가는 불안정한 삶을 택한다. 그의 도전은 큰 성공을 가져

---

93) Sinclair, Paul(2006), "Grameen Micro-Credit & How to End Poverty from the Roots Up", www.oneworldobepeople.org

왔다. 그라민 은행에서 돈을 빌린 600만 명 이상의 빈민들 중 절반 이상은 자립에 성공했다. 또 담보도 보증도 없이 빌려준 돈도 100% 가까이 돌아왔다. 2006년 유누스의 노벨평화상 수상으로 마이크로 크레딧이라는 금융계의 새로운 패러다임은 방글라데시를 넘어 세계 각지로 뻗어 나갔다. 그리하여 세계적인 기업들이 먼저 유누스에게 사회적 기업을 만들자는 제안을 하기도 했다. 가장 성공한 사례가 2006년 유제품 부문 세계 최대기업인 프랑스 다농(Groupe Danone)과 함께 세운 그라민 다농(Grameen Danone)이다. 다농은 선진국뿐만 아니라 개발도상국의 가난한 사람들에게도 양질의 식품을 제공하고 싶어 했다. 그럼으로써 사회적 책임[94]을 다하고 싶어 했다. 다농의 임원진들이 사회적 책임을 다할 방법을 고민할 때 유누스의 활약을 알게 된 것이다. 그라민 다농이 사회적 기업으로 안정적으로 자리를 잡을 수 있기까지는 사회적 기업에 대한 유누스의 신념과 다농의 철저한 경영 시스템이 만든 조화의 공이 더 컸음을 알 수 있다.

그라민 다농의 첫 제품은 영양 강화 요구르트 '쇽티 도이'다. 먼저 다농은 최고의 제품을 만들기 위해 일반적인 제품을 만들 때와 똑같이 완벽한 자료 수집을 마쳤다. 방글라데시 사람들이 어느 정도 단

---

[94] 기업의 사회적 책임(CSR: Corporate Social Responsibility)이란 기업이 경제적 책임이나 법적 책임 외에도 폭넓은 사회적 책임을 적극 수행해야 한다는 것으로, 기업 경영방침의 윤리적 제정, 제품 생산 과정에서 환경파괴·인권유린 등과 같은 비윤리적 행위의 여부, 국가와 지역사회에 대한 공헌 정도, 제품 결함에 대한 잘못의 인정과 보상 등을 내용으로 한다. 국제표준화기구(ISO)는 CSR을 표준화한 ISO26000의 국제규격을 제정한다고 공표했으며, CSR라운드라 불리는 이 규정은 환경경영, 정도(正道)경영, 사회공헌을 그 기준으로 정하고 있다.

제품을 좋아하는지, 기존 제품 중 어떤 제품이 인기가 좋은지 등 여러 사례를 수집했다. 여기에 더해 방글라데시 어린이들에게 어떤 영양소가 필요한지를 파악해 그들의 영양 상태를 개선시키는 제품을 만들기 위한 노력도 추가했다. 제품 개발 이후 제품 컨셉트와 포장에 대한 테스트를 진행해 근육질의 사자를 캐릭터화 하는 마케팅도 진행했다. 자식 건강을 걱정하는 어머니들의 마음을 공략하는 판매 방법과, 제품의 맛과 영양소 파괴를 없애는 배달 방법까지 영업사원들에게 교육시켰다. 유누스는 사회적 기업의 목적을 지키기 위해 노력했다. 건강한 식품을 공급해 영양 상태를 개선하는 것은 기본이었다. 그는 이에 더해 제품의 생산과 유통과정에 지역민들을 활용해 그들의 일자리를 만들어 지역경제까지 활성화시킬 수 있도록 주의를 기울였다. 양질의 유제품이 싼 값에 판매되면서 대량생산의 유혹이 생기기도 했지만 유누스는 유혹을 단호히 뿌리쳤다. 대신 방글라데시의 소규모 도시 곳곳에 작은 공장을 지었다. 여러 지역의 경제를 고루 활성화하자는 사회적 기업으로써의 본연을 잃지 않기 위해서였다. 그라민 은행에서부터 그라민 다농까지 30년이 넘는 세월을 미지의 세계를 밟아 나가는 삶을 살아온 유누스와 그와 함께 사회적 책임을 다하는 사회적 기업을 만든 다농, 그 둘이 더해진 그라민 다농은 현재 '쇽티 도이'의 제품 용기를 먹을 수 있는 물질로 만드는 연구를 계속하고 있다.

  이상에서 살폈듯이 유누스는 그라민 은행을 만들어 마이크로 크래딧을 실시했고, 그 결과 600만 명이 넘는 극빈층이 대출을 받았으며,

그 중 절반 이상이 자립에 성공, 거의 100%의 돈이 회수되는 성공적인 신화를 만들었다. 더욱이 그는 지역경제 활성화 및 취약계층의 일자리 창출을 위해 제품의 원료인 우유도 지역 농민에게 구하고, 판매도 그라민 아줌마라 불리는 지역민들을 고용해 해결했는바, 이는 지역밀착형 산업 및 균형 발전에 적극 기여한 것으로 평가된다.

미국의 사회적 기업 사례

미국의 사회적 기업은 비영리조직들이 사회적 목적을 추구하기 위해 상업적 활동을 시작하면서부터 본격적으로 등장했다. 그러나 미국의 사회적 기업은 그 스펙트럼이 매우 넓어 비영리조직의 상업적 활동 외에 혁신적 방법을 통해 사회적 가치와 경제적 이익을 동시에 실현하려는 벤처기업도 사회적 기업에 포함된다. 첫째, TEA(Teach For America) 사례다. TEA는 1990년 웬디 콥이 창설했다. 유명대학 졸업자들을 교육시켜 소외지역의 교사로 파견해 미국 공교육의 고질적인 격차해소에 집중한다. 공교육의 질이 집값에 좌우되는 미국의 공교육 현실과 아이비리그로 대표되는 유명대학 졸업자들의 사회적 책임이 사회적 기업가 콥의 사회적 기업가정신으로 절묘하게 결합된 것이 TEA다. TEA는 사회적 문제 해결을 위한 혁신성은 갖추고 있지만 수익사업은 하지 않는다. 사회적 문제를 해결하기 위해 이윤을 창출하는 기업이란 잣대를 들이대면 TEA는 사회적 기업이 아니다. 하지만 사회적 기업과 사회적 해법을 추구하는 조직이라고 넓게 본다면 TEA도 그 울타리에 들어설 수 있다. 둘째, 프리랜서 유니온

(Freelancer Union) 사례다. 코넬 대학 로스쿨 출신의 노동변호사 새라 호로위츠가 2001년 만든 프리랜스 유니온은 전통적인 노동조합이 끌어안지 못하는 파트타임이나 파견 비정규직 노동자, 프리랜서, 가사도우미나 영세자영업자 등을 가입대상으로 삼고 있다. 정규직이 아니면 값비싼 의료보험 가입을 엄두도 내기 힘든 보건의료의 빈틈을 메우기 위해 호로위츠는 노동조합과 소비자협동조합의 방식을 결합해 '움직이는 사회안전망'이란 새 틀을 창안했다. 단체교섭을 포기하는 대신 조합원에게 30~50% 싼값에 의료보험을 제공한다. 2008년엔 자체 보험회사(Freelancer Insurance Company)도 설립했다. 2007년 6월 5만 명이던 조합원이 2011년 6월 현재 15만5,900명으로 4년 새 3배 이상 늘었다. 셋째, B기업(Beneficial Corporation) 사례다. B기업 운동은 '정승같이 벌어 정승같이 쓰고 싶어 하는' 영리기업에서 발현되는 사회적 기업가정신이다. 이 운동을 주도하는 비영리단체 B랩(B Lab)은 '공익을 추구하는 민간기업'이라고 B기업을 정의한다. B기업은 고유한 기업문화는 안중에도 없고 부재지주처럼 배당과 투자수익만 챙기는 주주자본주의에 반대한다. 기업의 주인은 주주만이 아니라 노동자와 소비자, 지역사회 등 광범한 이해당사자로 보고, 이윤의 지역사회 재투자를 당연한 일로 여긴다. 기업의 사회적 책임(CSR)을 마케팅 전략으로서가 아니라 존재이유로 삼고 실천하는 기업이다. '착한 기업' 가운데 B랩의 엄격한 심사를 거친 곳만 B기업 인증을 받는다. 자본 확충을 원하는 B기업에 대해선 기업문화를 존중하는 '착한 투자'가 제공된다. 2007년 6월 24개에 불과했던 인증 B기업은

4년 만에 422곳으로 늘어났다. 착한 기업, B기업이 착한 소비를 늘리는 선순환이 일고 있다. 넷째, 굿윌스토어(GoodWilStore), 그린웍스(Green-Works)의 사례다. 이들 기업은 현물기부품을 기초로 설립된 사회적 기업이다. 미국 뉴욕주 '굿윌스토어'의 경우는 고용된 유급직원만해도 1,700명에 달한다. 우리나라 16개 광역 지자체에 미국 굿윌스토어 10분의 1 규모의 사회적 기업이 하나씩만 생겨도 2,700여 개의 취약계층 일자리가 만들어질 수 있다.

이상 미국 사회적 기업에서 보는바와 같이 사회적 기업의 성공적 운영을 위해 현물기부에 대한 소득공제 활성화가 요구된다. 현재 제도는 있지만 기부 받는 단체들이 기부금 영수증 발급을 꺼려 활성화되지 못하고 있기 때문이다. 미국처럼 기부를 받은 단체는 인수증과 간단한 조견표 등을 제공하고, 기부자가 이를 토대로 소득신고를 할 수 있는 제도로 고쳐진다면 현물기부가 크게 활성화되고 관련 사회적 기업이 많이 생겨날 수 있을 것으로 기대된다.

유럽의 사회적 기업 사례

유럽에서 사회적 기업이 크게 확산하게 된 것은 1990년대 이후 유럽의 사회경제적 변화의 산물이라고 할 수 있다. 이 변화의 주요 내용은 고실업, 사회적 배제의 확산, 고령화, 가족구조의 변화이다. 새롭게 대두되는 이와 같은 변화의 대처방안으로 유럽 각국은 복지시스템의 전환을 도모하게 되었고, 이 과정에서 사회적 경제 조직들의 활동이 새롭게 부각되었으며, 이것이 사회적 기업 활성화의 배경이다. 당시 사회적 경제 조직들은 사회서비스의 공급이나 취약계층의 노동시장 진입, 낙후 지역의 재생과 같은 활동에서 정부의 파트너십을 형성하기 시작했고, 이 과정에서 유럽의 많은 나라는 이러한 활동이 활성화될 수 있는 기틀을 만들기 시작했다. 이탈리아의 사회적 협동조합(social cooperative), 벨기에의 사회적 목적회사(social purpose company), 포르투갈의 유한책임 사회적 협동조합(social service cooperative with limited liability), 스페인의 사회서비스 협동조합(social service cooperative), 영국의 지역공동체이익회사(community interest company) 등은 대표적인 사례이다.

EU차원의 관심과 지원도 유럽에서 사회적 기업이 활성화되고 있는 원인으로 작용한다. 특히 유럽은 사회적 기업들이 지역재생에 초점을 두고 활동하는 경우도 많은데, 이 과정에서 지자체를 비롯해 지역의 각 집단 간의 파트너십이 사회적 기업의 주요 활동 기반이 되기도 했으며, 각국의 상황을 구체적으로 살펴보면 다음과 같다.

첫째, 프랑스 사회적 기업 사례다. 프랑스에서 사회적 기업이 활성화되기 시작한 것은 사회적 배제에 대해서 대처하면서부터이다. 1990년대 들어 프랑스의 사회적 경제 조직들은 사회적 배제의 대처 방안으로 사회적 배제를 경험하는 이들에게 노동할 수 있는 권리를 보장해주고, 이를 창출하는 일자리가 지역사회에 이바지할 수 있게 하자는 주장을 강력하게 제기한다. 이들은 사회적 배제의 대처방안으로 이를 실현하기 위한 활동이 사회적 기업의 활성화로 나아간 것이다. 프랑스의 사회적 기업은 사회서비스를 제공하는 사회적 목적 기업과 취약계층에게 노동시장에 진입할 기회를 제공하는 노동통합기업으로 분류할 수 있다. 이 중 전자는 결사체나 협동조합의 형태로 나타나고 있어 전통적인 사회적 경제의 영역에 있다고 볼 수 있다. 그리고 후자는 대안 경제 운동의 영역에 있다고 볼 수 있다. 노동통합기업들은 교육 수준이나 직업능력, 건강, 주거 등의 문제로 취업하기 어려운 상황에 놓인 사람들에게 노동을 통해 생계를 유지할 기회를 제공하며, 이 과정에서 직업 훈련 및 직업 경험을 제공할 뿐 아니라 이들이 겪는 각종 어려움에 대한 지원을 함께 제공하기도 한다. 프랑스에서는 이를 '경제활동을 통한 사회 통합'이라고 통칭되고 있는데, 1998년에 제정된 "사회적 배제 예방과 극복을 위한 법"(일명 '반소외법')이 활성화의 기폭제가 되었다고 할 수 있다.[95]

둘째, 이탈리아의 사회적 기업 사례다. 이탈리아에서 사회적 기업은 사회복지가 상대적으로 취약하고 가족이 사회서비스 공급에서 큰 비중을 차지하는 남유럽 국가가 어떻게 증가하는 사회서비스 수요와 고용창출 문제에 대처하는지를 알려주는 중요한 사례이다. 이탈리아는 1991년에 사회적 협동조합법이 제정되면서 사회적 기업에 대한 법적 지위가 가장 먼저 확립되었다는 평가를 받는다. 이 법이 제정되면서 사회서비스를 생산하는 협동조합은 '사회적 협동조합'으로 명명된다.

이탈리아의 사회적 협동조합은 사회서비스를 공급하기 위한 사회적 경제 조직의 자발적 활동에서 비롯되었다. 사회적 협동조합은 사

---

[95] 김정원, 『사회적 기업이란 무엇인가?』, 서울: 아르케, 2009, pp. 69-71.

회, 보건, 교육 서비스를 담당하는 사회적 협동조합과 취약계층을 노동시장에 통합시키는 목적의 사회적 협동조합으로 구분하고 있다. 전자를 'A유형'이라 하고 후자를 'B유형'이라고 하는데, 이탈리아에서는 두 유형 간에 엄격한 구분을 둬서 두 가지 활동을 병행하는 것을 금지하고 있다. 이는 두 유형의 목적이 다른 데다 B유형 사회적 협동조합의 참여자가 사회서비스를 담당하기는 어렵다고 보는 것이 큰 원인이다. B유형 사회적 협동조합은 전체 근로자의 30% 이상을 취약계층으로 채워야 하는데, 여기서 취약계층은 장애인, 약물중독자, 알콜중독자, 문제가정의 약자, 집행유예 중인 죄인을 지칭한다.[96] 로스에 의하면 이탈리아의 사회적 협동조합은 약 7,000여개에 이르는데, 이 중 59%가 A유형이고, 33%가 B유형이며, 혼합 유형 또는 컨소시엄이 8%를 차지하고 있다.[97]

셋째, 영국의 사회적 기업 사례다. 영국의 사회적 기업은 사회운동과 캠페인에서 발생한 흐름과 17세기부터 시작된 자선 및 박애주의 전통을 기반으로 한 흐름으로 구분할 수 있다. 전자로는 소비자협동조합운동의 기원이 되었던 로치데일 협동조합이나 1970년대부터 스코틀랜드에서 시작되었다고 평가받는 사회적 경제운동을 들 수 있으며,[98] 후자로는 영국에서 존재하는 수많은 자선조직을 들 수 있다. 종종 영국의 사회적 기업이 유럽 내 다른 나라의 사회적 기업과 다

---

[96] 김정원, 위의 책, pp. 73-74.
[97] 모니카 로스, "이탈리아의 사회적 기업", 『국제노동브리프』, Vol. 4, No 6, 2006.
[98] 마이크 에이켄, "영국의 사회적 기업", 『국제노동브리프』, Vol. 4, No 6, 2006.

르다는 점이 강조되는 경우가 있지만, 이처럼 영국의 사회적 기업이 기반을 두고 있는 지점은 유럽의 다른 나라와 마찬가지로 사회적 경제다. 영국에서 가장 보편적인 형태의 사회적 기업은 노동자생산협동조합, 소비자협동조합, 주택협동조합, 신용조합과 같은 협동조합이다. 이 밖에 지역사회기업, 사회적 회사, 매개노동시장조직, 지역사회협동조합, 개발트러스트, 자선조직의 상업적 부문 등이 사회적 기업의 주요 유형이며, 최근에는 지역공동체이익회사법이 제정되어 사회적 기업의 확산에 유용한 기회가 만들어지기도 했다.[99]

영국의 사회적 기업의 예로는, 첫째, 2002년 설립된 단체인 프라임 타이머스(Prime timers)가 있다. 기업분야에서 활동했던 전문 인력을 다양한 방법을 통해 제3섹터인 비영리단체, 사회적 기업, 자선단체 등과 연결해주는 활동을 하고 있다. 즉, 영리기업에서 일하던 경영전문가들이 제3섹터에서 전문성을 발휘할 수 있도록 도움을 주는 중간지원조직이다. 전문직 시니어들에게 제3섹터와 관련된 전문교육과 멘토링을 제공하고, 일대일 심층 면접을 지속적으로 이어가면서 제3섹터서 필요한 전문 인력을 적재적소에 배치한다. 둘째, 포스섹터(Forth Sector)가 있다. 비교적 정부 지원에 의존하지 않고 활발하게 운영되고 있는 사회적 기업이다. 이는 정신질환자들을 고용해 직업교육을 시킨 뒤 산하의 여러 사업장으로 파견하는 사회적 기업이다. 산하 사업장으로는 게스트 하우스나 유기농 천연비누제조 판매장, 세탁소 등이 있다. 교육을 마쳐도 노동이 불가능한 사람들을 제외하고 수료생

---

99) 김정원, 앞의 책, 2009, p. 76.

의 약 30% 정도가 일반회사에 일을 얻고 있다. 나머지는 산하 사업장에서 계속 일을 한다. 셋째, 와이즈그룹(Wise Group)이 있다. 이는 스코틀랜드와 북잉글랜드 지역에 9개의 지사를 둔 대규모 사회적 기업이다. 이 그룹은 실직자들에게 구직 훈련과 직업 알선, 상담 등을 해주는 일종의 재취업 알선 서비스 기관이다. 이곳을 거쳐 가는 인력만 일 년에 1만8천명, 일 년 매출이 우리 돈으로 약 6백억 원에 이르는데, 이 중 40%가 영업이익이다. 외부 지원은 전혀 받지 않고 있다.

넷째, 키블(Kibble) 사례. 정부의 용역을 받아 소년원에서 지내고 있는 청소년을 교육한다. 불우 청소년들에게 직업교육도 시킨다. 중고 가전제품 수리·판매, 단독수리·구조 변경, 자동차 정비, 지게차 운전 등 교육 분야도 다양하다. 사업의 특성상 외부 의존도가 높다.

이상 유럽의 사회적 기업들은 경제적 측면과 사회적 측면에서 그 특성이 구분된다. 먼저 경제적 측면의 경우, 사회적 기업은 재정적 분배 행위를 수행하기 보다는 직접적이고 지속적으로 재화와 서비스를 생산하고 공급해야 하고, 정부나 민간 기업에게 재정적으로 의존하더라도 그들에게 통제받지 않으며, 모든 경제적 위험을 회피하지 않고 위험의 전부 또는 일부를 책임지고, 인센티브 시스템을 구축하고 자원봉사자를 활용하는 특성을 가진다. 다음으로 사회적 측면의 경우, 사회적 기업은 환경을 포함해서 지역 사회(local society)에 대한 기여의 목적을 명백하게 배치하고, 지역 사회의 요구에 반응하기 위해서 지역(local)의 지지자들인 시민집단에 의한 조직을 구축하며,

자본 소유에 기반을 두지 않는 1주 1표보다는 1인 1표의 의사결정구조로 조직을 만들고, 개방적인 조직 스타일을 가지며, 이해관계자들에게 일부의 이윤을 분배하도록 하는 특성을 가진다.

나아가 미국과 유럽의 사회적 기업의 차이점을 정리하면, 첫째, 태동 배경의 경우, 미국은 정부의 사회복지 예산 삭감으로 비영리조직들이 재정난에 봉착하자 이를 타개하기 위해서 영리활동을 시작하면서 사회적 기업이 등장했는데 비해, 유럽 각국은 1990년대부터 경기 불황과 실업문제를 해결하기 위한 방안의 하나로 사회적 기업에 관심을 갖기 시작했다. 특히 이탈리아와 영국은 관련 법률을 제정해 사회적 기업을 재정적으로 적극 지원해왔다. 둘째, 미국은 수입원의 발생을 강조한데 비해, 유럽은 사회적 기여를 강조한다. 셋째, 미국은 비영리 부문의 조직 유형인데 비해, 유럽은 결사체/협동조합 조직 유형이다. 넷째, 미국은 모든 비영리부문 행위에 초점을 둔데 비해, 유럽은 휴먼 서비스에 초점을 둔다. 다섯째, 미국은 시장경제 상황인데 비해, 유럽은 사회적 경제 상황이다. 여섯째, 미국은 법률적 틀이 취약한 반면 유럽은 법률적 틀이 공고한 편이다.

일본의 사회적 기업 사례

일본은 한국과 달리 사회적 기업에 대한 제도적 규정이 존재하지 않으며, 흔히 커뮤니티비즈니스(community business)라 불리는 마을만들기 조직이 사회적 기업으로 평가받고 있다. 커뮤니티비즈니스는 마을이나 일정 규모 이하의 지역 단위에서 지역주민들이 자발적으로

운영하는 소기업들을 일컫는다. 일본에서 커뮤니티비즈니스가 발달한 이유는 고령화라는 사회적 배경에서 찾을 수 있다. 일본은 이미 인구의 약 30%가 노인이다. 고령화가 진행되면서 일본 사회에는 크게 네 가지의 사회적 변화가 병행되었다. 첫째, 지역사회가 붕괴되었다. 사람들이 생활하던 시가지가 붕괴되고 도시로의 인구유출이 계속 증가하고 있다. 둘째, 사회가 성숙되고 시민참여가 증가했다. 자신이 속한 지역에 참여하고, 직접 의사결정과정에 관여하고자 하는 욕구가 높아지게 되었다. 셋째, 경제의 세계화, 대형 마트들이 증가하면서 자연스레 지역의 자원들은 경쟁력을 잃게 되었다. 지역에서 생산한 농산물을 지역에서 소비하는 활동이 이루어지지 않게 된 것이다. 넷째, 행정의 재정악화. 복지예산이 모자라니 공공서비스의 질이 떨어지게 되고, 연금으로 지급할 돈이 부족해지며, 결국 중앙정부에서 해야 할 역할이 지자체에 떠넘기는 법조항까지 만들기에 이른 것이다.

커뮤니티비즈니스의 예로는, 첫째, '쇼가와 커뮤니티 비즈니스'를 들 수 있다. 이는 나가노현의 쇼가와촌에 있으며, 사원의 80%가 60세 이상의 할머니들로 구성되어 있고, 공장시설은 사용하고 있지 않은 양잠용 건물이나 농협의 유휴시설을 활용하고 있다. 또 나가사키현에는 육아환경의 개선을 위한 NPO법인들이 많은데, 그 중 하나인 'NPO 법인 육아네트 나가사키'는 임대아파트에 공간을 만들고 저렴한 비용으로 지역주민들이 공간과 프로그램을 이용할 수 있게 하며, 웹사이트 운영이나 무료잡지 발간 등을 통해 지역 내 보육 문제에 대해 적극적 대처를 하고 있기도 하다.[100] 둘째, 가미카쓰(上勝) 커

뮤니티 비즈니스다. 도쿠시마(德島)현에 있으며, 전체 면적의 89%가 산지인 '단풍잎의 기적'을 이룬 산골마을로 노인들이 지역자원인 나뭇잎을 활용해 공동체 이익을 창출하여 성공기업으로 키운 마을기업 성공케이스다. 2010년 3월말 기준으로 1904명의 인구 중 절반에 가까운 946명(49.7%)이 65세 이상 노인이다. 이 마을 주민들은 단풍나무 잎 등 여러 가지 나뭇잎을 닦고 포장하느라 바쁜 나날을 보낸다. 나뭇잎은 평범했지만 일본 요리에는 빠질 수 없는 장식잎으로 쓰인다. 10여장의 나뭇잎을 포장한 팩을 500엔(약 7500원)에 판다. 종자가 특별해서가 아니다. 1999년 설립된 마을기업인 주식회사 이로도리(いろどり)가 각종 나뭇잎을 상품화하는데 성공했기 때문이다. 이로도리는 마을 지자체인 가미카쓰초(上勝町)와 주민들이 나뭇잎 판매를 하기 위해 만든 기업이다. 이로도리는 일본 전역의 요릿집에서 들어오는 장식잎 주문과 시세정보를 농가에 알려주고 나뭇잎을 위탁판매한다. 장식잎 유통을 처음으로 체계화했다. 지금도 70% 이상의 시장점유율을 유지하고 있다. 연간매출액은 3억 엔(약 45억원)에 달한다. 나뭇잎 사업이 성공하면서 마을엔 젊은 층이 들어오고 있다. 올해 89세의 하리키 쓰네코(針木恒子) 할머니와 며느리인 하리키 시게미(針木繁美·64)는 "하루에 50박스(500팩)를 공급해 마을 전체에서 1등을 한 적이 있다"고 말했다. 일부 농가는 나뭇잎만으로 연간 1000만 엔(약 1억 5000만원)이 넘는 소득을 올리고 있다. 요코이시 도모지(橫石知二·53) 이로도리 대표는 "나뭇잎 사업이 없었다면 가

---

100) 김정원, 앞의 책, 2009, pp. 81-83.

미카쓰의 인구는 1200명 정도로 줄어들었을 것"이라고 말했다. 현재 일본에는 6만여 개의 마을기업(사회적 기업 포함)이 설립돼 농가소득 증대와 마을 살리기를 하고 있다.[101]

· **발전 방안**

정책적 · 제도적 지원 방안

첫째, 정책 추진 기관의 통합화 방안이 요구된다. 최근 우리 사회에 사회적 기업에 대한 관심이 고조되고 있다. 고용노동부에서는 2007년부터 '사회적 기업 육성법'에 따라 사회적 기업에 대한 인증과 지원 사업을 추진해 오고 있으며, 행정안전부에서는 자립형지역공동체(현재 마을기업으로 명칭 변경), 지식경제부에서는 커뮤니티비즈니스, 농림수산식품부에서는 농어촌공동체회사 등 유사사업을 경쟁적으로 추진하고 있다. 따라서 유사 성격의 사업을 여러 중앙부처에서 경쟁적으로 추진할 경우 예산의 중복 배정, 추진 주체의 혼선, 사업의 비효율성이 초래될 수 있기 때문이다.

둘째, 성공 사례 분석을 통한 일자리 창출 및 매출액 증대 방안이 요구된다. 선진국의 사회적 기업은 일자리 창출에 있어 중요한 역할을 하고 있다. 영국 5만 5,000개, 이탈리아 1만 1,000개, 프랑스 8,400여개로 다양한 사회적 기업들이 활동하고 있으며, 이들 기업들이 국가 전체 취업자의 약 5% 내외를 고용하고 있다. 이에 비해 우

---

101) 중앙일보, 2011. 9. 22.

리나라의 사회적 기업의 고용인원이 경제활동인구 중 차지하는 비중은 0.03%정도에 불과하고 매출액이 GDP에서 차지하는 비중은 0.01%에 그쳐 아직까지는 유럽과 미국 등 선진국에 비해 낮다.[102]

셋째, 지역밀착형 맞춤형 고령자 사회적 기업 방안의 발굴·정착이 적극 요구된다. 지역마다의 여건을 고려한 지역밀착형 맞춤형 고령자 사회적 기업 방안을 강구할 필요가 있다. 경북도청은 '경북형 사회적 기업' 육성사업을 적극 추진하여 2014년까지 사업비 총 142억 원을 투입, 예비사회적 기업 130개를 선정해 인큐베이팅 과정을 거쳐 노동부가 인증하는 사회적 기업 100개를 육성하기로 했는바,[103] 이는 매우 고무적인 것으로 받아들여진다. 특히 농어촌이 많이 밀집해 있는 경북의 경우 기존의 사회적기업과 농어촌지역 사회적 기업이 갖는 차별성이 무엇인지, 기존 사회적 기업에 대한 농어촌지역 주민들의 인식은 무엇이고, 향후 농어촌지역에서 사회적 기업이 활성화되기 위해서는 어떠한 과제를 안고 있는지 면밀히 검토할 필요가 있다.

제도적 지원 방안

첫째, 양질의 사회적 기업가 양성 방안이 요구된다. 사회적 기업의 성공을 위해서는 역량 있는 사회적 기업을 발굴·투자하는 전문금융

---

[102] 김성숙, "지역밀착형 사회적 기업에 관한 연구-대구경북을 중심으로-", 『대구경북 지역밀착형 사회적 기업 연구심포지엄』, 대구경북사회적기업지원센터·고용노동부, 2010. 11. 26., p.1.
[103] 한국일보, 2010. 7. 26.

기관인 사회적 벤처캐피탈을 육성하고 창의적인 사회적 기업가가 배출·양성될 수 있는 교육·훈련 프로그램 및 매뉴얼 개발이 이루어져야 할 것이다. 한국의 사회적 기업 발전은 사회서비스와 고용창출이라는 정부의 정책적 수요가 주요 동인이었는데 비해, 공급측면에서 사회적 기업가나 사회적 경제조직, 민간조직의 이니셔티브(initiatives)는 미약한 것으로 평가된다. 2008년부터 시행된 정부의 '사회적 기업가 아카데미 사업', 성공회대와 한겨레신문사 등 민간조직이 참여하는 '사회적 기업가 학교' 등 다양한 주체들에 의한 여러 프로그램이 진행되고 있지만 그 교육수준은 미흡한 것 같다.[104] 따라서 사회적 기업이 발전하기 위해서는 수요와 공급이 적절히 균형을 이루면서 각각의 성장이 동반되어야 할 것이다

둘째, 자생적 사회적 기업의 활동영역 확대가 요구된다. 선진국의 사회적 기업의 활동영역은 다양한 것으로 나타난다. 장애인 작업장에서부터 재활용전문회사 중고가게, 제조업체에 이르기까지 일반 영리기업 못지않게 다양한 영역에서 사업을 하고 있다. 이들 국가에는 사회적 기업의 성장토대가 마련되어 있다. 사회서비스시장이 발달해 있고, 자금을 조달할 수 있는 자본시장이 구축되어 있으며, 교육훈련시스템과 지원인프라도 잘 갖추어져 있다. 또 미국이나 영국, 이탈리아, 프랑스 등은 시장과 자본, 인적자원 등 사회적 기업이 자생적으로 출현·성장·확산될 수 있는 생태계를 조성하여 사회적기업의 활성화에 기여하고 있다.

---

[104] 김성기, "사회적 기업가 키울 프로그램과 매뉴얼 개발이 병행돼야", 『나라경제』, 2011. May, p. 88.

셋째, 기초시장 규모의 확대가 요구된다. 사회적 기업이 성공하기 위해서는 정부가 복지예산 지출을 기초생활보장 중심에서 사회서비스 공급을 확대하는 방향으로 전환하고, 사회적 기업 생산물품에 대한 공공기관 우선구매제도를 확대 도입해 기초시장의 규모를 키워나가는 것이 요구된다.

넷째, 영리성에 입각한 효율극대화 방안이 요구된다. 기업 생존의 가장 기본 목표는 수익창출이다. 지속가능한 일자리 창출과 사회서비스 제공을 위한 사회적 기업을 운영하기 위해서도 수익창출은 피할 수 없는 조건이다. 수익창출을 위해서는 일반 기업과의 경쟁력을 갖추어야 한다. 현재 사회적 기업은 대부분 창립 초기단계로서 사업면허를 취득하고 보유하기 위한 유지비가 발생되어 경쟁력을 발휘하기 어렵다. 이러한 사회적 기업이 생존경쟁에서 살아남을 수 있도록 다양한 지원제도가 있지만 치열한 경쟁사회에서 사회적 기업으로서의 목적을 달성하기 위해서는 끊임없는 연구개발, 틈새시장의 발굴, 바우처 시장 확대 및 정부 위탁사업에 대한 성과평가 강화를 통한 기존시장의 효율성 제고방안이 적극 요구된다.

다섯째, 제도와 공사발주 및 확대시 정부나 지자체의 적극적 지원이 요구된다. 사회적 기업은 일반 기업과의 동등한 입찰조건에서 창립 초기의 불리할 수밖에 없는 현실이다. 입찰시 사회적 기업에 대한 적격심사의 가산점 부여와 정부·지자체 등 공공기관이 솔선하여 사회적 기업이 생산하는 재화나 서비스를 우선 구매하는 제도와 공사의 발주 및 확대시 정부·지자체의 적극적인 지원이 필요하다.

7장

사회적 시장경제와 조절 정책

· 사회적 시장경제의 생성배경

사회적 시장경제는 제2차 대전 후 서독에서 꽃피운 독특한 경제체제의 양상을 띠고 있으나 그 연원은 훨씬 과거로 거슬러 올라간다. 사회적 시장경제의 이론적·사상적 배경은 19세기에서 20세기 초에 걸친 구라파의 사상적 기류와 사회주의사상의 출현, 파시즘의 대두 등과 깊은 연관을 맺고 있다. 이 때문에 흔히 사회적 시장경제의 사조는 푸라이부르크학파의 질서자유주의(Ordoliberalismus)와 카톨릭 및 기독교의 사회이론, 그리고 자유사회주의(Freiheitlicher Sozialismus)등이 얽혀서 이루어진 것으로 보는 견해가 많다. 물론 직접적인 사상의 원인은 오이켄(Walter Eucken)을 중심으로 하는 질서자유주의자들과 이를 실천적인 경제정책의 이념으로 부각시킨 알프레드 뮐러-아르막(Alfred Müller-Armack)과 에르하르트(Ludwig Erbard) 등의 학자들이고, 2차 대전 이후 사회주의적 경제질서냐 혹은 시장경제로의 복귀냐의 문제가 거론되었을 때 사회적 시장경제의 기치로 전후 서독의 경제질서를 정립시킨 데서 그 현실적인 표현을 볼 수 있게 된다. 그러므로 사회적 시장경제는 실천적 작업을 위한 일종의 시안적(試案的) 성격을 지니고 있어서 이것이 바로 실천에 있어서 오해를 불러일으킬 소지를 안고 있다는 점이다.[105]

1991년 7월 1일 발효된 「국가조약」 제1조에는 「사회적 시장경제」를 독일 전역의 공통적 경제체제로 실현시킬 것을 조약의 기본정신으로 명시하고 있다. 그 밖에 시행규칙이나 추가적 합의에서도 「사회적 시장경제」의 실현에 장애가 되는 동독의 제도나 법률 혹은 관행은 더 이상 활용되지 않는다고 못 박았다. 한 마디로 「국가조약」은 동독에서 서독의 국가 기본이념이라고 할 수 있는 「사회적 시장경제」를 실현하는 내용이 지배하고 있다. 사회적 시장경제란 무엇이길래 「실제적인 통일」을 성사시킨 「국가조약」에서 그처럼 큰 비중을 차지하고 있을까?

· **사회적 시장경제의 의미**

사회적 시장경제란 개인의 경제적 자유를 최대한 보장하는 순수시장경제와 국가계획 하에서 생산과 분배가 통제되는 중앙경제의 장점을 종합하여 만들어 낸 서독 고유의 「제3의 혼합경제체제」라고 할 수 있다. 「사회적」이라는 의미와 「시장경제」라는 의미가 모두 표현된 이 경제체제는 경제적 자유의 실현을 우선으로 하되 만약 개인의

---

105) 김한규, "사회적 시장경제의 이론과 정책", 「추언 권병탁박사 환갑기념 논총」, 1989, p. 172.

자유가 사회적으로 바람직하지 못하면 국가가 조정을 하도록 구성되어 있다.

따라서 「사회적 시장경제」는 법치국가적 경제자유와 사회적 정의를 동시에 추구하는 것, 다시 말하면 알프레드 뮐러-아르막 교수가 표현한 바와 같이 「시장에서의 자유라는 원칙과 사회적 형평의 달성을 연결시키는 것」이라고 볼 수 있다. 그리하여 이는 개인의 자유는 최대한 보장하되 사회적인 부작용이 발생할 소지가 있으면 제한을 한다는 의미에서 「사회적 책임을 동반한 시장경제체제」(social responsibility market economy system)라고 볼 수 있다.

사유재산제도, 소비선택의 자유, 영리추구의 자유, 경쟁의 자유, 생산 및 거래의 자유, 직업 및 직장선택의 자유 등 자유주의적인 요소들은 시장경제의 기본이라고 할 수 있다. 시장경제가 사회적인 요소를 포함한다는 것은 경쟁과 효율이 만민의 복지증진을 위한 전제조건임과 동시에 이러한 자유는 사회적으로 바람직하지 못한 여파, 예를 들면 경제력 집중이나 공해 혹은 심각한 빈부격차 등을 초래한다면 그러한 개인의 자유는 사회적 견지에서 제한을 받아야 하고 그 제한자 역할은 정부가 맡는다는 것이 사회적 시장경제의 구상이다.

사회적 책임을 동반하는 시장경제를 실현시키기 위해서 서독에서는 여러 가지 법적·제도적 장치를 마련해 놓았다. 자본가의 독주를 막고, 근로자나 노조의 의사가 경영에 반영되도록 한 노사공동결정제도, 거시경제적인 투자계획과 심의를 통하여 산업구조 조정을 하는데 정부간의 의견을 교환·조정하는 투자조정제도, 근로자의 산업분야별

이윤참여 등은 기업집중이나 독과점으로 인한 경제과실의 편중을 방지하고 상대적으로 취약한 위치에 있는 근로자의 권익을 보호하는 장치이고, 1967년 제정된 경제안정 및 성장촉진법은 과도한 분배갈등을 지양하면서 성장, 물가안정, 높은 고용수준 및 국제수지의 균형을 해당 정책당국이 추구하도록 한 각종 행태규범을 규정해 놓은 서독의 독특한 경제법이다. 또 1973년에 개정된 독과점금지법은 기업흡수나 합병 등을 억제하고 불공정거래행위를 제재하는, 즉 영리활동이 자유와 사유재산제도의 일부를 제한하기 위한 장치이다.

사회적 시장경제의 기본원칙으로는 오이켄이 제시한 7가지 구성원칙과 4가지 규제원칙이 있다. 구성원칙이란 시장경제가 포기할 수 없는 완전경쟁, 자유로운 시장진입, 통화의 안정, 경제정책의 일관성, 사유재산제도, 계약자유의 보장 등이다. 규제원칙이란 앞서 언급한 시장경제의 사회적인 책임에 입각하여 독점방지, 비정상적 가격동향에 대한 정부개입, 노동이나 천연자원의 반사회적 사용방지 및 시장결과에 따르 소득분배의 교정 등이 규제원칙에 속한다.

오이켄이 원칙을 제시했다면 뮐러─아르막은 사회적 시장경제를 실무에 옮긴 사람인데, 그는 원칙의 실현을 위한 핵심적인 도구를 자유경쟁에서 찾았다. 즉 능동적인 경쟁은 자연히 「조정」되고 물가조정 등 정부개입을 통해서 경쟁이 「보완」되며 균형적인 성장 및 안정화정책을 통해서 경쟁은 안정될 뿐만 아니라 정부당국의 소득정책을 통해 경쟁이 교정되면서 사회적 시장경제는 실현된다는 것이다.

서독의 정책 중 사회적 요소를 특별히 많이 고려한 부분이 연금・

실업보험・의료보험 등 사회보장분야와 직업 및 직장선택의 자유를 확장하기 위한 장치의 마련이다. 높은 수준의 교육기회는 자연히 상위계층 자녀들에게 많이 주어지는 현실에서 출발기회가 다르면 진정한 의미의 직업선택의 자유는 제한받기 마련이다. 이 점을 감안하여 서독의 「연방교육촉진법」은 고등교육을 받는 학생들에게 생활급을 지급하되 부모나 가족의 소득과 가정환경을 고려하여 차등지급함으로서 하위계층 자녀들에게 직업선택의 자유를 확장시켜 주고 있다.

동서독의 경제통합을 보면서 동독인들이 사회주의 대신 마르크화를 선택했다고 평가하는 것은 너무 피상적인 평가다. 서독의 경제력이 큰 작용을 했음은 사실이지만 자유경쟁과 효율성 증대를 중시하면서도 사회주의 국가인 동독보다도 더 「사회적」인 사회보장과 복지제도를 서독이 보유하고 있었기 때문에 사회주의 국가의 모범생이었던 동독을 저항 없이 흡수・통합할 수 있었다는 점을 유의할 필요가 있다.106)

・사회적 시장경제의 원리

사회적 시장경제의 원리는 1940년대에 아르막에 의하여 체계적으로 정리되고 에르하르트에 의해서 경제정책으로서 구현되었다. 그 기원은 1920년대와 1930년대로 거슬러 올라간다. 즉 자유주의 시장경제에서 빚어진 여러 모순점을 해결하기 위해서 독일에서는 「질서가

---

106) 안두순, 『한반도 통일과 경제통합─독일의 경험에서 본 극복과제─』, 한국경제신문사, 1993, pp. 77-80.

잘 잡힌 자유주의」를 지향하는 학파가 태동한 데서 시작되었다. 그 대표주자인 오이켄은 이를 「질서자유주의 (Ordo-Liberalism)」라는 개념으로 정리하였는데, 이 개념은 시장메카니즘이 산업사회에서 경제질서를 유지하는 수단으로 가능한 한 간섭받지 않고 존속되어야 하지만, 그것은 어디까지나 독점이나 소외계층의 궁핍을 방지하고 공정경쟁질서를 유지하는 틀 위에서 존속되어야 한다는 의미로 쓰였다.[107] 즉 모든 개인이 자유를 누리면서 인간의 존엄성과 발전을 지향할 수 있도록 시장원리가 계속적으로 보장되면서도 국가의 질서유지적 개입의 필요성을 설명하는 것이다. 이는 자유주의적 경쟁이 스스로의 작용결과 「풍요 속에서의 빈곤」이라는 1920년대와 1930년대의 「경제 대공황」이라는 상황에 대한 해결책으로서 공정한 경쟁의 원칙을 부활하는 것을 제시하는 것이다.

질서자유주의 영향을 받아서 1940년대, 에르하르트와 아르막은 나찌 독일 이후 독일이 취해야 할 사회경제적 질서모델로서 「사회적 시장경제」라는 개념을 제시하였는데, 이는 서독 경제재건과 주요 방향의 열쇠로서의 역할을 했다. 사회적 시장경제의 원리[108]를 정리해 보면 다음과 같다.

첫째, 시장과 경쟁이라는 기구를 원칙적으로 유지·강화하는 것이다. 그 이유는 시장기구의 신축성 때문이다. 즉 기존 제도는 복잡하

---

[107] W. Eucken, *The Foundation of Economics*, William Hodge & Co., 1950.
[108] 장원석, "통일 이후의 사회경제체제". 1992년도 한국경제학회 발표논문, pp. 17-18 참조.

게 얽힌 인간의 소비 및 노동의 욕구와 가능성, 기타 생산요소들의 과부족을 서로 조정시켜 주고, 변화에 신속하고 유연하게 반응되는 다른 조정 메카니즘이 없기 때문이라는 것이다. 또한 보다 나은 수입 혹은 이득을 얻고자 하는 인간의 합리적 행동방식이 경쟁 메카니즘과 가격메카니즘을 통해 결국은 국민경제의 생산력증대와 공공의 후생증대로 연결되도록 하는 것을 그 어떤 다른 메카니즘에 기대할 수 없다.

둘째, 경제활동의 각 주체 및 이익집단과 사회 간에 형성된 사회적 동반관계를 지적한다. 여기서 사회적 동반관계란 쌍방의 이익을 정당하게 인정하는 합의된 행동방식을 도출하기 위해, 서로의 합의에 기초하여 규정한 평화롭고 바른 사회적 협정을 의미한다. 또한 모든 참여자와 관련자들을 결정과정에 포함시키는 것은 물론 상호간의 연대적 도움을 위해 동일한 이해관계를 가진 사람들이 서로 결속하는 것을 의미한다. 그 예로서는 노사자치제가 대표적인데, 임금·노동시간·그 외의 여러 노동조건들에 관해 독자적으로 교섭할 노동조합과 사용자단체의 자치권·경영에 관한 결정시 노동자의 공동참여·노동자의 생산자본에의 참여·연금보험이나 실업보험·의료보험 등 각종 사회보험제도의 보험료부담을 노동자와 기업이 분담하기로 하는 등의 자치를 행하는 것이다.

셋째, 강한 민주주의 국가의 조직적이고 책임있는 개입을 들 수 있다. 이점은 이전의 자유방임주의적 시장경제와 가장 큰 구별점이다. 아르막에 의하면「사회적 시장경제는 약한 국가를 요구하지 않으며, 오히려 강한 민주주의 국가를 요구한다. 우리는 그 속에서 경쟁질서의 순기능이 가능함을 본다」라고 하였다.

· 사회적 시장경제의 구체적인 정책

「사회적 시장경제」의 질서자유주의 사상 하에서 전후 서독에서는 건전통화원칙의 유지, 독과점저지를 위한 경쟁제한방지법의 제정, 노동자를 위한 재산형성정책, 기술이나 입지, 환경에 관계되는 경제기반정책 등에 노력해 왔다. 자유경쟁의 법칙·형식적인 구조뿐만이 아니라 그 사회적·경제적인 실질적 조건에도 미치는 여러 정책이 체계적으로 전개되었다. 그렇지만 동시에 국가시책은 원칙으로 경쟁질서의 그러한 틀의 형성이나 유지, 즉 경제질서정책(Wirtschaftordnungpolitik)으로 그쳐야 하는 것이 강조되고 경제과정에 대한 계획에 대해서는 모두 소극적인 태도가 취해졌다. 일상의 경제과정에서 행해지는 경제경과정책(Wirtschaftablaufspolitik)은 전면 중앙관리체제로 이끌 위험을 가졌다고 생각했기 때문에 확대되었다. 이러한 사회적 시장경제의 기본적인 속성[109]을 살펴보면 다음과 같다.

첫째, 시장의 경쟁관계에서 표출되는 개인의 자유에 관한 원칙이다. 즉 시장행위의 과정은 가능한 한 경쟁과정으로 나타나야 한다는 뜻으로 이런 의미에서 경쟁정책은 사회적 시장경제의 이념으로 보면 경제정책의 핵심분야를 이루게 된다.

둘째, 사회적 형평의 원칙이다. 이것은 시장 조정원칙의 또다른 한

---

109) 김한규, 앞의 논문, pp. 173-174 참조.

부분을 이룬다. 왜냐하면 시장을 통해 해결하기가 어려운 사회적 긴장과 얽힌 여러 문제는 합당한 사회정책적 조처로 그 해결의 실마리를 찾아야 할 것이기 때문이다. 여기서 유념해야 할 점은 이 경우 사회정책적 조처가 뜻하는 바는 결코 사회주의적인 복지국가가 지향하는 것과 같은 사회전체에 대한 사회적 보호를 하자는 것은 아니고 문제가 발생한 부분에 대한 안전장치를 설치하자는 것이다. 개인적인 실적이나 성과에의 동기유발이라든지 저축에의 강한 의지 등은 시장과정이 원활하게 작동하는 데는 필수적인 것이어서 충분한 고려의 대상이 되어야 한다는 것이다.

셋째, 경기정책이다. 모든 산업활동은 경제행위가 가지는 진동을 내재하고 있는데 그 이유는 시장지향이라는 것이 자유의 대가로써 일정한 마찰의 손실을 보여주고 있기 때문이다. 그래서 이러한 것들은 고용에 있어서, 또는 국제수지에 있어서 불균형으로 나타나든가, 아니면 화폐가치의 변동으로 나타나서 보완조처가 필요해지기 마련이다. 원칙적으로 화폐가치가 지속적으로 하락하게 되면 완전고용만이 아니라 국제수지의 균형도 지켜지지 않는다는 사실을 알 수 있다.

넷째, 경제성장정책에 있어서는 가능한 한 지속적인 경제발전을 도모하는데 법적 및 하부구조적인 조건이 매우 중요하다는 사실이다. 근본적으로 국가가 성장과정을 계획하는 것은 시장행위와는 배치되는 일인 바 이 뜻은 어떤 형태의 투자조정작업도 시장경제와는 맞지 않다는 것을 일깨워 주고 있다.

다섯째, 경제영역에서는 자연적, 기술적으로 보아 구조적인 이유에서 그 기능이 온전치 못한 시장이 있다는 것이다. 장기적으로 보아 구조적인 적응상의 문제가 있어서 어떤 분야나 지역에 어려움이 발생할 경우 구조정책이 적응에 도움을 줄 수 있을 것이다. 시장결과가 정치적 또는 군사적인 이유에서 별로 좋은 것이 아닌 경우에는 구조를 유지시키기 위한 조처는 가능한 한 분명하고도 효율적으로 이루어질 필요가 있게 된다.

여섯째, 원칙, 목표 및 수단은 가능한 한 상호 모순없는 관계가 성립되어야 할 것이라는 점이다. 그러니까 시장과정을 보완해 주거나 교정하기 위한 경제정책에는 개입의 기준점으로 시장과의 일치성이 그에 해당되는 사항이다. 이 뜻은 시장과정은 경제정책 때문에 왜곡되거나 훼손되는 일이 없어야 할 것이라는 말이다. 몇몇 영역에 있어서는 개입의 기준이 분명하게 제시되어야 할뿐더러 무엇보다 조처가 한시적이면서도 계속적인 통제·조절이 되어야 할 것이다.

위에서 언급한 여섯 가지 요소는 따로 분리된 것이 아니고 하나의 통일적인 성격을 지니는 것이다. 이는 부분적으로 또는 시장과 일치하지 않는 국가개입과는 달리 총체적인 경제정책이라고 할 수 있다.

・사회적 시장경제에 있어서 국가의 역할

사회적 시장경제가 이전의 자유주의적 시장경제와 다른 점은 경쟁에서의 공공이익을 함께 고려시키는 것과 경쟁질서유지를 위한 국가의 개입을 들 수 있다. 그러므로 사회적 시장경제는 국가의 개입을 합리화하고 있으며 그에 따라 설정한 국가의 역할은 다음과 같다.

첫째, 경쟁을 보장하는 것이다. 효율적인 경쟁질서가 확립되어 있어야, 다시 말해 개별 공급자와 개별 수요자의 독점적 시장 지배력이 배제되어 있어야 비로소 생산수단의 사적소유가 남용되거나 불공평으로 진행되지 않는다는 보장이 선다는 것이다. 국가가 시장경쟁을 보장하고 독점적 시장지배력의 발생을 방지함으로써 그 경쟁이 명실공히 소비자들 후생증대에 기여하는 방향으로 유도되도록 적절한 규칙을 마련하는 것, 그리고 그 규칙을 준수하도록 감독하는 것 등 이 모든 것은 결코 시장경제에 대한 침해가 아니라는 것이다.

둘째, 시장결과의 교정과 사회적 균형의 유지에 있다. 기능이 잘 유지되는 시장이라 해도 시장의 메카니즘에 의해 각 경제주체들에게 배분되는 소득은 개개인의 성취 혹은 기여도를 경제적으로 측정·평가해내고 그에 비례하여 배분했을 때에 한해서 공정하다는 평가가 가능하다. 또한 인간은 그의 생존에 필요한 물질적 기본욕구와 함께, 자신의 성취능력이나 기여도에 대해 평가받기에 앞서 인간다운 권리를 소유하고 있기 때문에, 사회적 욕구에 대한 보장은 시장 메카니즘에 의해서만 이루어질 수 없고 국가의 질서차원의 개입에 의해 교정되어야 한다는 것이다. 다시 말해서 국가는 재정운용과 공적 보험제도를 넘어 시장과정에서 형성되어 나온 이득을 육아수당, 임대보조, 연금, 사회원조 등 사회적 목적을 위하여 사용하도록 한다는 것이다.

셋째, 시장과정에서 수행되는 것을 보완해 주는 것이다. 국가는 사회정책이라는 과제를 수행해야 한다는 것으로서, 개인이 시장에서 조달해야만 하거나 사회적 원조로부터 얻는 성과 외에 많은 사회정책적 과제가 존재한다.

 넷째, 특정조건 하에서 시장원칙과 경쟁을 제한하는 역할을 해야 한다는 것이다. 시장과정 즉 경쟁의 질서가 인간의 자유로운 발달을 위협하거나 방해할 경우에는 경쟁을 제한하기까지 해야 한다. 이러한 제약의 예는 환경파괴에 대한 비용의 산출과 징수, 노동법과 재해방지법의 제정에서 잘 나타난다.

· 사회적 시장경제의 정책적 함의

 사회적 시장경제가 표방하는 경제정책의 기조는 고전적 자유방임적 자본주의를 지향하는 것이 아니고 케인즈류의 고압적 국가개입주의에 의한 수요창출정책을 내세우는 것도 아니다. 사회적 시장경제의 이념적 기초를 제공한 오이켄의 기조에서 보듯이 시장구조 하에서 자기책임성의 원칙과 사회공동체를 위한 협동적 비용부담원칙을 여하히 조화시켜 나가느냐에 그 기본이념을 두고 있음을 볼 수 있다. 즉 유효한 경쟁을 보장하기 위한 국가개입은 충분히 인정하되 그 정도는 최소한에 머무르는 소위 시장순응성 내지 시장과의 양립성을 강조하고 있다. 이와 더불어 경쟁을 제한할 수 있는 요인들을 강력하게 규제하는 데도 큰 비중을 두고 있음을 알 수 있다. 오이켄은 시장경제질서의 역동성(力動性)을 충분히 보장하되 작위적(作爲的)인 국가개입을 삼가야 한다고 강조하면서 화폐가치의 안정유지, 시장가격형성의 지지, 시장진입에의 제한 철폐, 경제정책의 일관성 등을 구성원칙으로 거론하고 또 독점의 규제, 누진세의 도입, 최저임금의 보장과 노동자 보호 등의 조정원칙을 주요 경제정책의 원칙으로 강조하였다.

결국 이러한 정책적 기조의 주요 논점은 국가개입의 당위성은 시장의 경쟁촉진과 독과점규제 등 질서정책에 국한시키면서 케인즈류의 운용과정정책식의 개입은 최소화하자는 데 그 뜻을 두고 있다고 할 수 있다. 이와 같은 질서자유주의적인 오이켄의 정책적 기조에 사회정책적 의미를 훨씬 강하게 포함시켜 표출된 것이 2차 대전 이후의 서독경제정책의 기본방향인 바, 여기서는 사회적 갈등의 해결을 정치적으로 제거하고자 하는데 주안점을 두면서 체제외적인 해결보다는 이의 해결을 체제내의 의무로 여기는 데 그 의미가 있다. 즉 시장경제 내지 자본주의는 그 내재적 속성으로, 이와 같이 볼 때 이는 사회정책적인 보완장치가 없이는 정상적인 기능을 발휘하기가 어렵다고 보아 시장성과 사회성의 양립가능성을 추구한 것이라고 생각할 수 있다.

사회적 시장경제라는 것이 서독의 여러 정치경제적 상황과 이념적 갈등의 산물인 것은 틀림없고 이의 실천적 결과가 일정한 성과를 거두어 전후의 서독은 사회적 형평과 사회적 평화의 면에서 상당부분 모범적인 사회를 구축해 내었다고 할 수 있다. 그간 이 기본노선은 여러 가지 상황의 변화 때문에 일정한 퇴색을 경험하여서 미래에도 이 논리가 정당성을 지니는 정책적 기초로 작용할 수 있을지는 많은 의문점을 던져주고 있음은 사실이다. 즉 개체의 이기주의가 보편적 이익에 선행한다는 원칙하에 개인적 합리성과 집단적 합리성이 괴리되는 현상을 어떻게 조화시킬 것인가의 문제가 심각하게 대두되고,

경제전반의 일정한 경직화 현상이 사회보장 망에 큰 원인이 있지 않는가의 문제이다. 물론 사회적 형평과 사회적 평화를 유지하는 점에 있어서 큰 의의를 부여할 수 있으나 향후의 문제는 이를 여하히 사회전체의 역동성 유지와 지속적인 연결을 가능케 할 것인가의 문제이다. 또한 독과점의 심화, 소득분배의 문제 등에도 실제 문제점이 드러나고 있고, 국가독점 자본주의적 요소도 강하게 표현되고 있어서 생산성 향상의 상대적 저위, 경제성장의 지지부진, 이에 따른 고율의 실업상태 등등으로 서독경제가 과거에 구가했던 위광은 상대적으로 떨어지고 있음을 지적해 볼 수 있다. 그러나 전체적인 삶의 질을 향상시킨다는 대전제에 있어서 비교 가능한 국가에 비해 볼 때 그 나름대로의 장점들이 실증되었으므로 전체적인 평가를 내리는 데는 신중할 필요가 있음을 유념하여야 할 것이다.110)

---

110) 김한규, 위의 논문, pp. 182-184 참조.

참고문헌

국내문헌

고용노동부(2015. 7), 사회적 기업 인증 업무매뉴얼, 1-421.

구본호·이규억 편(1991), 『한국경제의 역사적 조명』, 서울: 한국개발연구원.

김명숙(1988), "교육재정과 소득분배", 곽태원·이계식, 『국가예산과 정책목표』, 서울: 한국개발연구원.

김성기(2011. May), "사회적 기업가 키울 프로그램과 매뉴얼 개발이 병행돼야", 『나라경제』.

김성숙(2010. 11), "지역밀착형 사회적 기업에 관한 연구-대구경북을 중심으로-", 『대구경북 지역밀착형 사회적 기업 연구심포지엄』, 대구경북사회적기업지원센터·고용노동부.

김인환(1979, 12), "경제성장과 노동력수급구조", 영남대학교 대학원 박사학위논문.

김일곤(1986. 12), "한국경제의 발전과 과제", 『경제학연구』 제34집, 한국경제학회.

김정원(2009), 『사회적 기업이란 무엇인가?』, 서울: 아르케.

김한규(1989), "사회적 시장경제의 이론과 정책", 『추언 권병탁 박사 환갑기념논총』.

대한상공회의소(1990), 『한국자본주의론』, 대한상공회의소.

마이크 에이켄(2006), "영국의 사회적 기업", 『국제노동브리프』, Vol. 4, No 6.

모니카 로스(2006), "이탈리아의 사회적 기업", 『국제노동브리프』, Vol. 4, No 6.

박철훈(2011. 8), "사회적 기업의 이해: 기원과 목적 및 경영성과", 『2011년 (예비)사회적 기업 시·군 업무담당 공무원 교육자료집』, 경상북도.

배무기(1984), "교육투자와 소득분배", 주학중 편, 『한국의 소득분배와 결정요인』(상), 서울: 한국개발연구원.

안두순(1993), 『한반도 통일과 경제통합-독일의 경험에서 본 극복과제-』, 서울: 한국경제신문사.

장원석(1992), "통일 이후의 사회경제체제". 1992년도 한국경제학회 발표논문.

정무성 외(2011), 『사회적기업과 사회서비스』, 서울: 공동체.

조 순(1989), 『경제학원론』, 서울 : 법문사.

조용범 외(1988), 『한국자본주의 성격논쟁』, 서울 : 대왕사.

주학중(1987,), "소득분배", 『한국경제의 이론과 실제』, 서울대출판부.

홍석빈(2009 5/6), "사회적 기업의 지속 가능성", LG Business Insight.

동양문헌

공자, 『論語』, <顔淵篇>. <子路篇>.

관중, 『管子』, <牧民篇>.

맹자, 『孟子』, <梁惠王 上>. <騰文公 上>.

宮本憲一(1977), "現代的貧困と福祉政策-轉換期の財政改革と關聯して," 『安定成長下-の福祉政策-日本經濟政策學會年譜ⅩⅤ-』, 日本經濟政策學會偏.

藤田晴(1987), 『財政』, 東京 : 日本經濟新聞社.

林建久(1985), 『福祉國家 5, 日本の經濟と福祉』, 東京大學出版會.

丸尾直美(1990), 『豊かさ創造, -「ゆとりうるおい」の福祉展望-』, 東京 : 社會經濟國民會議.

서양문헌

Aristoteles, *Nicomach Ethics*: 『니코마키아 윤리학』, 김철수(1989), 『법과 사회정의』, 서울대학교 출판부.

Atkinson, A. B.(1983), *The Economics of Inequality*, Oxford: Clarendon Press.

Becker, G. S.(1964), *Human Capital- A Theoretical and Empirical Analysis, With special reference to education*,

Columbia Univ. Press.

Becker, G. S.(1975), *Human Capital*, 2nd eds., The University of Chicago Press.

Blaug, M.(1980), *The Methodology of Economics*, Cambridge Univ. Press.

Blum, R.(1977), *Soziale Markwirtschaft*, in : HdWW(5), Stuttgart.

Buchanan, J.(1975), and Flowers, M., *The Public Finances*, An Introductory Text-book―, 4th. ed., HOME WOOD : Richard D. Irwin, Inc.

Cohn, E.(1979), *The Economics of Education*, Balling Publishing Company.

Drucker, P. F.(1989), *The New Realities*, Harper & Row Publishers, Inc. 김용국 역(1991), 『새로운 현실』, 시사영어사.

Eucken, W.(1968), *Grundsätze der Wirtschaftspolitik*, Tübingen.

Eucken, W.(1950), *The Foundation of Economics*, William Hodge & Co.

Freeman, R. B.(1972), *Labour Economics*, Prentice Hall Inc.

Friedman, M.(1962), *Capitalism and Freedom*, University of Chicago Press.

Friedman, Milton & Rose(1980), *Free to choose*, New York: Avon Books.

Fromm, E.(1976), *To have or to be?*, Harper and Row Publishers.

Gilory, C. L.(July 1975), "Investment in Human Capital and Black- White Employment", *Monthly Labour Review*, vol. 98, No. 7.

Griliches, Z., and Jorgenson, D.(May 1966), "Sources of Measured Productivity Change : Capital Input", *American Economics Review*, 61.

Hayek, F. A. v.(1978), "Liberalism" in *New Studies Philosophy, Politics, Economics and History of Ideas*, Routledge & Kegan Paul Publications.

Hayek, F. A. v.(1978), "The Atavism of Social Justice", in *New Studies Philosophy, Politics, Economics and History of Ideas*, Routledge & Kegan Paul Publications.

Herder-Dorneich(1979), PH.: Soziale Ordnungspolitik, Stuttgart.

Hochman, H. M., and Rodgers, J. D.(September 1969), "Pareto Optimal Redistribution," *The American Economic Review*, 59.

Hume, D.(1670), *A Treatises of Human Nature*, 김철수(1989), 『법과 사회정의』, 서울대학교 출판부.

Hume, D.(1988), Political Discourses, Edinburgh, 1752, 박기혁, 『경제학사』, 서울: 법문사.

Karabel, J., and Halsey, A. H.(1977), "Educational Research : A

Review and Interpretation", in Serome Karabel and A. H. Halsey eds., *Power and Ideology in Education*, Oxford Univ. Press.

Kenya Report(1972), *Employment, Incomes and Equality : A Strategy for Increasing Productive Employment in kenya*, Geneva : ILO.

Keynes, J. M.(1926), *The End of Laissez Faire,* The University of Chicago Press.

Keynes, J. M.(1936), *The General Theory of Employment, Interest and Money*, London : Macmillan & Ltd.

Klein, L. R.(1952), *The Keynesian Revolution,* London : Macmillan.

Kuzets, S.(1966), *Modern Economic Growth*, New Haven : Yale University Press.

Locke, J.(1690), *Two treatises on Government*, 김철수(1989), 『법과 사회정의』, 서울대학교 출판부.

Marshall, A.(1890), *Principle of Economics*, London: Macmillan & Co Ltd.

McNamara, R. S.(September 1973), *Address to the Board of Governors,* Nairobi, Kenya.

Mincer, J.(1958. August), "Investment in Human Capital and Personal Income Distribution", *Journal of Political Economy.*

Mincer, J.(1970), The Distribution of Labour Incomes ; A Survey, With special reference to the Human Capital Approach", *Journal of Economic Literature*, Vol. 8.

Pilz, F.(1981), *Das System der Sozialen Marktwirtschaft*, München.

Randall, A.(1981), *Resource Economics, ¬An Economic Approach to Natural Resource and Environmental Policy¬*, Ohio; Gird Publishing Inc.

Rawls, J.(1971), *A Theory of Justice*, Balknap: Harvard Univ. Press.

Robinson, J. and Eatwell, J.(1973), *An Introduction to Modern Economics,* Revised ed., McGraw-Hill Book Company.

Rogers, D. C., and Ruchlin, H. S.(1971), *Economics and Education*, The Free Press.

Schultz, T. W.(1961), "Investment in Human Capital", *American Economic Review*, Vol. 51.

Schultz, T. W.(1971), *Investment in Human Capital*, The Free Press.

Schumpeter, J. A.(1954), *History of Economic Analysis*, London School of Economics and Political Science.

Shaffer, H. G.(1961), "Investment in Human Capital : Comment," *American Economics Review*, Vol. 52, No.4.

Sheehan, J.(1973), *The Economics of Education,* London : George Allen & Unwin, Ltd.

Sinclair, P.(2006), "Grameen Micro-Credit & How to End Poverty from the Roots Up", www.oneworldobepeople.org

Singer, H, W.(July-August 1968), "Debate on the next Development Decade," in *Cares*, FAO; Rome.

Singer, H, W.(March 1965), "Social Development : Key Growth Sector", in *International Development Review.*

Solow, R.(August 1957), "Technical Change and the Aggregate Production Function", *Review of Economics and Statistics*, 39.

Thurow, L.(1970), *Investment in Human Capital,* Wadsworth Publishing Co.

Wagner, A.(1890), Finanzwisenscaft, 유호근(1981), 『현대재정학』, 서울: 법문사.

Yunus, M., (2003), *Banker to the Poor: Micro-lending and the Battle Against World Poverty*, New York: Public Affairs. Bornstein, David(2005), *The Price of a Dream: The Story of the Grameen*, New York: Oxford University.

기타

에너지경제, 2019. 7. 5.
조선일보, 2008. 10. 17.
중앙일보, 2011. 9. 22.
한국경제신문, 2019. 6. 24.
한국일보, 2010. 7. 26.

통계자료

자료: OECD, 「Education at a Glance」, 각 년도(2010-2014).
자료 : OECD(2016), 「Education at a Glance」.
자료: 『2016년 소득분배지표』, 통계청, 2017.
자료: 『2016년 소득분배지표』, 통계청, 2017.
자료: 『정부의 SOC투자규모추이』, 기획재정부·한국교통연구원.

ㄱ

가격론(price theory)	14
가격선	75
가격설정자(price-setter)	216
가렛 하딘(Garret Hardin)	222
가치의 보장수단	91
가치증식	92
가치척도	90
간접적 통화정책	93
감각물가	102
값비싼 정부	149
값싼 정부	128, 149
강단사회주의	130
개방(glasnost)	54
개혁(perestroika)	54
객주제도	50
거래비용	80
거래적 동기	89, 99
거시경제학	15
결과로서의 평등	190
경기정책	277
경기조절기능	128
경세제민(經世濟民)	13
경쟁적 시장경제	46
경제	12
경제경과정책	276
경제권력의 집중화	147
경제문제	20
경제민주주의	147
경제발전단계	28
경제분석의 역사	18
경제성장	11, 26
경제성장정책	277
경제순환	24
경제의 황금률	65
경제인	22
경제적 복지	229
경제적 이윤	81
경제적 자유주의	47
경제적 후생	32
경제정책	93
경제질서	60
경제질서정책	276
경제체제	25, 38
경제표	24
경제학(economics)	13
경화(硬貨)	92
계획경제	226
계획경제체제	42
고령화	241
고용	15, 33, 212
고전적 자유주의	48
고전주의적 조화관(調和觀)	149
고전학파	25
곳센(Gossen)	29
공감	194
공개시장조작	93
공공재	185, 216, 217, 238

공금리정책	93	교환	13, 23
공급의 법칙	71	교환가치	29
공급중시 경제학		교환수단	90
(supply-side economics)	36	구성원칙	131, 272
공동소비	217	구성의 오류	15
공동체의식	152	구조적 인플레이션	104
공산당선언	26	국가독점자본주의	52
공산주의사회	27	국민계세주의	138
공상적 사회주의자	48	국부론	13
공유자원	222	국제적 분업	56
공유지의 비극	222	굿윌스토어(GoodWilStore)	256
공장제수공업(manufacture)	49	宮本憲一	200
공적부조	123	권위적 사회주의	44
공정기준	125, 140	귀납적인 방법론	28
공정성	229	규제원칙	272
공유화(公有化)	144	규칙성(regularity)	24
공짜재화	186	그라민 다농	
공해문제	202	(Grameen Danone)	252
공해세제도	208	그린웍스(Green-Works)	256
공헌도기준	140	근로소득모형	162
과잉상품(상품공황)	27	근로자재산형성정책	145
과잉생산	51	글로벌 금융위기	242
과정정책적 요소	135	금리와 물가	30
과학적 인식	16	금융자본주의시대	52
관리가격 인플레이션	104	금융자산의 사회화	145
교육격차	241	금융정책	93, 106
교육경제학	151	금융자산의 사회화	145
교육재정정책	180	기계화 혁명	182
교통문제	202	기독교사회이론	130

색인

기수주의	73
기업의 사회적 책임	252
기초적 욕구전략	121
기회균등으로서의 평등	190
깡띠용(Richard Cantillon)	154

ㅣㄴ

노동	23
노동가치설	27
노력과 보상의 일치원리	190
노사공동결정제도	271
노사공영제(勞使共榮制)	131
노사관계	11
누진도(累進度)	141
누진소득과세	126
뉴딜정책	53
능력원칙	190
능력주의사회	174

ㅣㄷ

다비드슨(D. Davidson)	30
담합	215
대량생산혁명	182
대부자금설	34, 98
대처리즘(Thatcherism)	226
더로우(L. Thurow)	176
도덕적 해이	223
도시문제	202
독과점기업	215, 235

독점금융자본주의	52
독점도이론	188
독점자본	52
독점자본주의	46
독점적 시장경제	46
동태이론	30
들뜬 소비	78
등비용선	85
등생산량곡선	85
따뜻한 자본주의	59

ㅣㄹ

라샬(F. Lassalle)	27
라이돌(H. Lydall)	188
래퍼(A. Laffer)	36
레닌(W. I. Lenin)	27
레이거노믹스	55
레이거니즘(Reaganism)	226
렌달(Alan Randall)	199
로널드 레이건	57
로버트(P. C. Robert)	36
로버트슨(D. H. Robertson)	31
로셔(W. Roscher)	28
로치데일 협동조합	259
뢰프케(W. Ropke)	31
루스벨트	53
루카스(R. Lucas)	35
룩셈부르크(R. Luxemburg)	27
리스트(F. List)	28

리카도(D. Ricardo)	26, 188
린달(K. G. Lindal)	30

ㅁ

마가렛 대처	57
마셜(A. Marshall)	15, 31, 73
마을기업	265
마이크로 크레딧 (Micro Credit)	249
마진(margin)	81
막스 웨버(Max Weber)	22
만델(E. Mandel)	27
만물초지능혁명	183
만유인력의 법칙	24
매개변수적 기능	129
맬더스(T. R. Malthus)	26
맹거(C. Menger)	29, 73
머니터리즘	105
메이어(T. Mayer)	35
명령경제	39
명령경제체제	42
무역마찰	11
무역차액	47
무임승차자 문제	218
무차별곡선	77
무함마드 유누스 (Muhammad Yunus)	249
물가	102
물류비용	205

뮐러-아르막 (Alfred Müller-Armack)	269
미시경제학	14
미첼(W. C. Mitchell)	29
민서(J. Mincer)	155
민영화	54
밀(J. S. Mill)	26

ㅂ

바그너(A. Wagner)	28
바란(P. Bara)	27
바로(R. Barro)	36
반시장적 사고방식	117
배출부과금제도	208
베블런(T. B. Veblen)	29
베커(Gary Becker)	155
변증법적 역사철학	26
보이지 않는 손 (invisible hand)	47
보호무역정책	28
복지국가 재정	136
복지병	55
본원적 기능	90
부(富)	13
부(負)의 소득세(negative income tax)제도	143
분배	13, 26
분배의 공정	139, 188
분배의 평등화	140, 188, 189

분배정의(分配正義)	118	사적 한계편익	220
분배정책	136, 179	사적유물론(史的唯物論)	26
분배평등화	142	사회간접자본	204
분업	23	사회경제적 후생	184
분업의 이익	79	사회계급	24
불안정(flimsy)	129	사회과학	13, 16
불완전고용	33	사회보장	123
불완전한 정보	232	사회보장제도	123
불확실성	232	사회보험	123
브란너(K. Brunner)	35	사회복지	124
비경합성	217	사회서비스 협동조합	257
B기업 (Beneficial Corporation)	255	사회성(社會性)	136
		사회안전망	242
비대칭성	232	사회자본	234
비대칭적 정보	223	사회적 경제	260
B랩(B Lab)	255	사회적 기업	243
비배제성	217	사회적 동반관계	275
비생산계급(상공업자)	24	사회적 목적회사	257
비용상승 인플레이션 (cost-push inflation)	105	사회적 불평등	193
		사회적 비용	221, 234
비용편익분석	152, 234	사회적 시장경제	130, 270, 273
빅뱅(Big-bang)	226	사회적 시장경제의 원리	274
빅셀(J.G.K. Wicksell)	30	사회적 이동	161, 174
빈(Wien) 학파	31	사회적 편익	234
		사회적 한계편익	220
ㅅ		사회적 협동조합	257
사용가치	29	사회적 환경	185
사적 비용	221	사회정책	132
사적 한계비용	220	산업민주주의	147

산업예비군	27	선발가설	160
산업자본주의	46, 48	성장기준	127
산업혁명	25	세계 대공황	128
상대적 박탈감		세계화	56
(relative deprivation)	139	세계화폐수단	92
상대적 빈곤	192	세이(J.B. Say)	33
상부구조	27	소득격차	241
상업자본주의	50	소득불평등 심화	241
새뮤엘슨(P. A. Samuelson)	32	소득불평등	240
생계비지수	103	소득재분배정책	179
생산	13	소득정책	106
생산경제	24	소비	13
생산계급(농민)	24	소비자 행동이론	73
생산성 독점도 절충이론	188	소비자균형점	78
생산수단(生産手段)	144	소비자물가지수	103
생산양식	27	소비자주권	46
생산자균형점	85	소유지향적인 삶	148, 194
생산자물가지수	103	소유집중도	139
생산자주권	46	솔로우(R. Solow)	154
생산함수	82	쇼가와 커뮤니티 비즈니스	263
생활권	209	수요	71
생활의 질	149, 186	수입물가지수	103
생활표준	149	수정자본주의	52, 53, 54
서브프라임모기지		수확체감의 법칙	83
(비우량주택담보대출)	226	순사회적 편익	234
서비스요금지수	103	순생산	24
서전트(T. Sargent)	36	순수경제학의 요소	30
선대제도		순수공공재	217
(putting-out system)	49	숲의 이론	15

색인 299

쉬몰러(G. V. Schmoller)　　28
슐츠(T. W.Schultz)
　　　　　　104, 154, 155
슘페터(J. A. Schumpeter)　18
스위지(P. M. Sweezy)　　　27
스태그플레이션　　　　　　36
스루츠키(E. Slutsky)　　　　76
시스몽디(J. Sismondi)　　　48
시장경제　　　　　　　　　39
시장경제체계　　　　　　 211
시장경제체제　　 40, 41, 184
시장과의 양립성　　　　　131
시장사회주의　　　　　　 117
시장성(市場性)　　　　　 136
시장순응성　　　　 131, 280
시장의 실패　　　　149, 215
시장질서　　　　　　　　116
시차설　　　　　　　　　　34
신고전학파　　　　　　　　31
신시장주의　　　　　　　　54
신자유주의 자본주의　　　 57
신자유주의　　31, 46, 54, 150
신케인즈학파　　　　　　188
신화폐수량설　　　　　　　35
실물이자론　　　　　　　　98
실업　　　　　　　　　　　11
실업률　　　　　　　　　　36
실용주의　　　　　　　　　59
실험정신　　　　　　　　　59

ㅇ

아나톨 칼레츠키
(Anatole Kaletsky)　　　　57
아리스토텔레스(Aristotle)　153
안전성　　　　　　　　　186
애덤 스미스(Adam Smith)
25
양극화 심화　　　　　　 240
양극화　　　　　　　　　169
에너지자원　　　　　　　　11
에르하르트(Ludwig Erbard)
269
역사학파　　　　　　　　　28
영국병　　　　　　　　　227
예비사회적 기업　　　　 266
예비적 동기　　　　　 89, 99
예산선　　　　　　　　　　75
오염권판매제도　　　　　208
오웬(R. Owen)　　　 26, 48
오이켄(W. Eucken)　31, 131
올린(B. Ohlin)　　　　　　30
와이즈그룹(Wise Group)　261
와인트롭(S. Weintraub)　188
완전경쟁시장　　　　　　223
완전고용　　　　　　　　212
완전정보　　　　　　　　223
왈라스(L. Walras)　　 29, 73
왈레이스(N. Wallace)　　　36
외부경제　　　　　　　　219

외부불경제	220
외부성	218
원초적 상황	114
원칙(principle)	135
유동성선호설(theory of liquidity preference)	34
유동성선호설	33, 98
유럽발 재정위기	242
유통경제	24
유통수단	90
유효수요	32
은행자본	52
이윤	81
이윤극대화	40
이자	33, 212
이자율 결정이론	98
이자율	101
이타주의(利他主義)	116
인간성 회복	187
인간성	186
인공적 환경	185
인적자본	152, 156
인적자본론	152
인적자본투자	151
인플레이션	11
인플레이션율	36, 103
임금상승 인플레이션	104
임팩트 금융 (Impact Finance)	249
잉여가치설	27

ㅈ	
자기책임성의 원칙	131, 280
자발적 교환	118
자발적 참가	194
자본론	27
자본의 유기적 구성	51
자본이득세	141
자본이전수단	92
자본제생산	50
자본주의 1.0	56
자본주의 2.0	56
자본주의 3.0	56
자본주의 4.0	56, 57
자본주의	25
자본축적	26
자산의 사회화	145
자생적 질서(自生的 秩序: spontaneous order)	61
자연과학	16
자연이자율	30
자연적 불평등	193
자연적 환경	185
자연질서(natural order)	23
자유무역	56
자유방임적 자본주의	57
자유방임주의	26, 212
자유방임주의의 종언	43

자유방임주의제도	23	제2차 산업혁명	182
자유사회주의	269	제3섹터	245
자유시장경제	211	제3의 혼합경제체제	270
자유화	56	제3차 산업혁명	182
작위적 질서(作爲的秩序: man-made order)	61	제4차 산업혁명	182
		제국주의	52
재분배정책	179	제도학파	28
재산권법제	117	제본스(W. S. Jevens)	73
재정기조설정	150	제본스(W. S. Jevons)	29
재정정책	93, 106	제욕설	34
재할인	94	조정원칙	132, 281
재할인율	94, 95	존재지향적인 삶	148, 194
재할인율정책	93	좀바르트(W. Sombart)	28
적응성 경제	58	종속이론	160
적응성 혼합경제	58	죤 로크(John Locke)	194
적하(滴下: trickle down)	121	주인-대리인 문제	236
적하효과	149, 191	준공공재	217
전비조달론	105	중금주의	47
전통경제체제	39	중농주의(physiocracy)	23
정보격차	241	중농주의적 조화관	128
정부규제	235	중농주의학파	24
정부의 실패	149, 234	중상주의(mercantilism)	46, 47, 54
정의의 법(law of justice)	25		
정치꾼(politician)	231	지급준비금	96
정치적 자유주의	48	지급준비율제도	95
정태이론	30	지급준비율	95
제1섹터	245	지대 추구 행위	237
제1차 산업혁명	182	지불수단	91
제2섹터	245	지수물가	102

지역 사회	261
지역공동체이익회사	257
지위갈등이론	160
질서자유주의	132, 269, 274
질서정책	135
질서정책	281
집계생산함수이론	188
징수기술적 기준	128

ㅊ

창조적 자본주의	59
채권	101
채권가격	101
천민자본주의	191
천원지방(天圓地方)	87
청교도 윤리	22
체제수렴론	44
초과수요 인플레이션	105
초과수요설	104
총량개념	15
총비용	81
총수입	81
충동 소비	78
취약계층	247
친시장적 사고방식	117

ㅋ

카탈라틱 (Katallaktik)	118
카탈락시게임	118

칼 마르크스(Karl Marx)	26
칼도어(N. Kaldor)	32
칼렉키(M. Kalecki)	188
커뮤니티비즈니스	262
케건(P. Cagan)	35
케네(F. Quesnay)	23
케인즈 혁명	33, 105
케인즈(J. M. Keynes)	12, 31
케인즈 경제학	55
케인즈 학파(Keynesian)	91
케임브리지 방정식	31
케임브리지학파	31, 105
코즈(R. Coase)	80
쾌적성	186
쿠즈네츠(S. Kuznets)	191
클라스(J. B. Clark)	30
클라인(L. R. Klein)	33
키블(Kibble)	261

ㅌ

탈규제화	54
토마스 모어(Thomas More)	26
토마스 아퀴나스(St. Thomas Aquinas)	23, 153
통화공급	102
통화긴축	94
통화완화	94
통화주의(monetarism)	34, 105
통화주의자(monetarist)	34

통화준칙(monetary rule)	35	프리랜서 유니온	
투기적 동기	89, 100	(Freelancer Union)	255
투자	100	플라톤(Plato)	23, 153
투자이론	188	피구(A. C. Pigou)	31
투자조정제도	271	피부물가	102
		피셔(I. Fisher)	104
ㅁ		필요도기준	140
파레토 개선	146, 193, 195		
파레토 기준	197	**ㅇ**	
파레토 최적	195, 243	하부구조	27
파레토 최적소득재분배	196	하부시설	186
파레토 효율	197, 243	하비슨(F. Harbison)	164
파레토(V. Pareto)	76	하이에크(F. A. von. Hayek)	31
파생적 기능	90	학교교육투자모형	161
판로설	33	학력사회	174
패티(W. Petty)	164	한계대체율체감	77
편의(expediency)	135	한계생산력	190
편익권	185, 200	한계생산력설	34
편익의 재분배	203	한계생산물	82
평균생산물	82	한계생산물균등의 법칙	84
평등기준	140	한계생산성	157
평등화정책	148	한계효용	76
포스섹터(Forth Sector)	260	한계효용균등의 법칙	75
푸라이부르크학파	269	한계효용이론	30, 73
푸리에(C. Fourier)	26	한계효용학파	29
프라임타이머스		합리적 기대가설	35
(Prime timers)	260	합리적인 소비	78
프랑스 다농		해로드(R. F. Harrod)	32
(Groupe Danone)	252	해외원조	11

행복	21
헤겔	26
현대적 빈곤	200
현명한 소비	78
협동적 비용부담원칙	131, 280
형평(衡平)	114
호크만-로저스(H.M.Hochman and J. D. Rodgers)	243
혼합경제	39
혼합경제체제	43, 44, 215
화폐	23
화폐가치	31
화폐수량설	104, 105
화폐이자율	30
환경권	185
환경오염	11
환경재	200
환율	11
효용	76
효용극대화	40
효용함수	76, 197
효율(效率)	114
효율기준	126, 198
효율성	229
후생경제학	32
흄(D. Hume)	194
힉스(J. R. Hicks)	31, 32, 76